FORÇAS ARMADAS E POLÍTICA NO BRASIL REPUBLICANO

Volume 2

FORÇAS ARMADAS E POLÍTICA NO BRASIL REPUBLICANO

A Nova República (1988-2018)

ORGANIZAÇÃO
Maria Celina D'Araujo
Lucas Pereira Rezende

Volume 2

FGV EDITORA

FAPERJ
Fundação Carlos Chagas Filho de Amparo à Pesquisa do Estado do Rio de Janeiro

Direitos desta edição reservados à
FGV EDITORA
Rua Jornalista Orlando Dantas, 9
22231-010 | Rio de Janeiro, RJ | Brasil
Tel.: 21-3799-4427
editora@fgv.br | www.editora.fgv.br

1ª edição – 2024

Preparação de originais: Sandra Frank
Projeto gráfico de miolo e diagramação: Abreu's System
Revisão: Fatima Caroni
Capa: Estúdio 513, sobre foto: manifestação popular em apoio ao movimento das Diretas Já (MG, 1984, data provável). Arquivo Tancredo Neves (TN), FGV CPDOC, OMF foto 1086-33.

Dados Internacionais de Catalogação na Publicação (CIP)
Ficha catalográfica elaborada pela Biblioteca Mario Henrique Simonsen/FGV

Forças armadas e política no Brasil republicano, volume 2 : a Nova República (1988-2018) / organização: Maria Celina D'Araujo, Lucas Pereira Rezende. – Rio de Janeiro : FGV Editora, 2024.
316 p.

Inclui bibliografia.
ISBN: 978-65-5652-297-5

1. Brasil – Forças armadas – Atividades políticas. 2. Brasil – Forças armadas – História. 3. Brasil – Política e governo – 1988-2018. I. D'Araujo, Maria Celina. II. Rezende, Lucas Pereira. III. Fundação Getulio Vargas.

CDD – 322.50981

Elaborada por Mariane Pantana Alabarce – CRB-7/6992

Sumário

Apresentação

Prezadas(os) leitoras(es),

Por que e para que falar sobre forças armadas? Em 2024, completam-se 60 anos do golpe militar que nos legou mais de duas décadas de ditadura. E, referendando o que é dito no volume 1 desta coletânea, a eleição de Jair Bolsonaro à presidência da República em 2018 e as movimentações políticas das forças armadas brasileiras antes, durante e depois de sua eleição trouxeram de volta ao centro do debate político do Brasil o papel que os militares têm nas vidas social, política e jurídica do país. Esse envolvimento histórico dos militares com assuntos políticos no Brasil é demonstrado no primeiro volume, dedicado ao período que vai da Proclamação da República, marcada pelo primeiro golpe de Estado promovido pelas forças armadas, até o fim da ditadura militar. Em sequência, este segundo volume trata da Nova República, indo da Constituição de 1988 até a eleição de Bolsonaro, período no qual teríamos uma nova página de comprometimento com a democracia por parte das instituições brasileiras – o que incluía (ou deveria incluir) as forças armadas do país.

Este volume começa com uma introdução de Adriana Marques e Alexandre Fuccille inventariando a emergência e o desenrolar dos estudos de militares e defesa no país, especialmente em sua vertente institucionalizada na graduação e na pós-graduação dentro das universidades civis e dos quartéis. Mostra-se que, por um lado, a partir dos anos 1990 as universidades abriram-se ao tema, mas que, por outro, a corporação militar foi gradativamente construindo seus próprios cursos de forma que a disjuntiva forças armadas e sociedade permaneceu praticamente inalterada. Longe da socialização desejada por Morris Janowitz como forma de democratizar os militares, o encapsulamento do ensino e da produção científica militar evidencia que o avanço dos estudos nessa temática não tem levado a um diálogo mais promissor sobre a legitimidade dos saberes das universidades, muito menos à formação de uma cultura compartilhada acerca das relações forças armadas e sociedade e dos conceitos de defesa e segurança no Brasil.

O capítulo 1, de Maria Celina D'Araujo, "Justiça Militar no Brasil e os limites da transição democrática" discorre sobre a instância da Justiça afeita ao julgamento de crimes militares cometidos por componentes das forças armadas. A autora lembra que essa Justiça, de acordo com o Código Penal Militar de 1969, estabelecido em plena ditadura e ainda em vigor, também pode julgar civis. Com evidências da literatura e de dados internacionais, a autora mostra que uma Justiça Militar com tribunal permanente mesmo em tempos de paz e como braço do Poder Judiciário é um anacronismo em todas as democracias. Trata-se de uma justiça corporativa que julga seus pares e que, por isso mesmo, costuma ser mais benevolente com seus camaradas. Nessa esfera ficam mais explícitas algumas das prerrogativas militares, posto que a Justiça Militar continua sendo a principal instituição do Brasil ainda regulada, em quase toda a sua totalidade, pelos instrumentos criados pela ditadura militar em seus anos mais duros. Trata-se de um anacronismo que atenta contra a qualidade da democracia no Brasil sem que o Congresso Nacional, o Executivo federal, o Poder Judiciário e a sociedade se manifestem a respeito.

O capítulo 2, "Um *think tank* civil em um Ministério da Defesa militarizado: nascimento, breve vida e morte lenta do Instituto Pandiá Calógeras", de autoria de Juliano da Silva Cortinhas, mostra a implementação de uma instância civil dentro do Ministério da Defesa em 2013, durante o governo do PT, e sua frágil e curta existência. Com apoio em literatura internacional e em experiências similares noutros países, o autor demonstra as funções a que o Instituto Pandiá Calógeras (IPC) foi destinado e a gradativa corrosão a que foi submetido, evidenciando a maneira hostil, nem sempre subliminar, com que os militares entendem a participação dos civis em assuntos de defesa. Trata-se de pesquisa que reúne análise acadêmica a trabalho de campo, posto que o autor fez parte desse projeto fracassado. Corroborando o que se passa com as prerrogativas de uma Justiça Militar corporativa, esse capítulo mostra com fartas evidências a rejeição dos comandantes das forças armadas a postulados democráticos e uma ação conjunta com profissionais civis na discussão e definição de prioridades e estratégias de defesa. Na visão da corporação, os assuntos da defesa devem estar insulados nos quartéis e as capacidades civis devem estar alheias e distantes desses homens de farda que julgam ter o monopólio da definição do que é mais importante para o país e a sociedade se sentirem seguros. Nessa perspectiva, temos uma sociedade sem voz para dizer como e contra quais ameaças deve ser protegida, um misto de prepotência militar e infantilização da sociedade.

Anaís Medeiros Passos assina o terceiro capítulo, "A atuação das forças armadas na regulação da ordem social: as operações de garantia da lei e da ordem (1985-2020)". Mais uma vez, evidencia-se um cenário em que, cultural e politicamente, a manutenção da paz e da segurança na sociedade, em situações dadas como críticas, fica adstrita às orientações das forças armadas. A função de atuarem na ordem interna foi definida pela Constituição de 1988, que, em seu art. 142, prevê a possibilidade do uso militar na garantia da lei e da ordem (GLO). A presença de militares em funções de polícia é comum na América Latina, região marcada pela desigualdade e pela violência. No caso do Brasil, é tradição dar protagonismo aos militares em momentos de crises sociais, e a autora argumenta que essa atividade vem refletindo, desde a Carta de 1988, uma política de aliança entre elites políticas e militares para dominarem espaços físicos e sociais, submetendo a população a situações de ausência de liberdade e abuso de poder. Usualmente essas ações estão associadas ao combate contra drogas e criminalidade, fazendo a população refém de uma série de medidas e regulamentos impostos pelos militares responsáveis pelas operações, usualmente, mas não exclusivamente, praticadas em favelas do Rio de Janeiro.

A autora elenca várias delas, observando estratégias de convencimento da população local para cooperar com as forças de repressão por meio de ações cívico-sociais. As populações atingidas por essas operações passam a ter suas vidas reguladas pelos militares da União e as polícias dos estados, em nome de uma política de pacificação, que tem demonstrado poucos ganhos, uma vez que recorrentes turbulências continuam sendo produzidas por milícias e organizações criminosas voltadas para o tráfico de drogas e conquistas de territórios. Uma das mais importantes colaborações desse capítulo é examinar o impacto dramático dessas ações de GLO sobre as populações locais.

Carlos Artur Gallo assina o capítulo 4, "Da resistência à negação: uma análise da relação entre as forças armadas e a Comissão Nacional da Verdade". Novamente, nos deparamos com a intransigência das forças armadas em dialogar com a sociedade, desta feita negando-se a aceitar que a história possa ser contada também pelas vítimas de uma disputa política em determinado momento histórico.

Instalada em meados de 2012 pelo governo de Dilma Rousseff, torturada por militares durante a ditadura, a CNV foi, sem dúvida, o mais forte embate entre as forças armadas e o governo desde 1988,[1] embora oficialmente as principais patentes militares da ativa, com algumas exceções, tenham se mantido em silêncio. No entanto, a reação em círculos e clubes militares da reserva mostrava a disposição dos militares em deslegitimar o governo e os trabalhos da comissão. O boicote foi praxe na corporação para destruir ou desviar arquivos que pudessem atestar o envolvimento das forças armadas com morte e desaparecimentos.

A CNV, ainda que com pouca estrutura, foi encarregada de examinar todos os crimes políticos cometidos de 1946 a 1988, mantendo como princípio que a Lei de Anistia de 1979 deveria ser respeitada. Com isso, temos dois limites sérios: os crimes não seriam restritos ao período da ditadura militar (1964-1985), fazendo supor que aquele período não seria uma exceção, nem seria possível responsabilizar qualquer pessoa por qualquer crime contra direitos humanos (mortes, torturas e desaparecimentos), conforme disposto pela Lei de Anistia.

Gallo narra as etapas do trabalho até chegar ao relatório final, em fins de 2014. Esse relatório foi peremptoriamente negado pelos quartéis como um simulacro e uma invenção para comprometer as forças armadas. A partir de então, a Comissão de Anistia, criada no governo Fernando Henrique Cardoso, em 2002, e a quem cabia definir quem eram as vítimas da repressão pelo Estado para fins de indenização, foi sendo atacada e desmobilizada. Esse capítulo, assim como os anteriores, mostra mais uma vitória dos militares em zelar por

1 Houve, ainda, dois eventos significativos de insubordinação que levaram à demissão de comandantes das forças armadas pelo chefe do Executivo. No imediato posterior à intentona de 8 de janeiro de 2023, o comandante do Exército, general Júlio César de Arruda, foi demitido por se recusar a atender a demandas do presidente Lula da Silva, comandante em chefe das forças armadas. Em março de 2021, de forma inédita na história do país, os três comandantes das forças – general Edson Pujol, almirante Ilques Barbosa e brigadeiro Antônio Carlos Bermudez – se demitiram conjuntamente sob protesto por ordens ainda pouco conhecidas do então comandante-em-chefe, Jair Bolsonaro, que os declarou demitidos na sequência. Um terceiro evento de insubordinação passou a ser investigado, à época da redação final deste livro, quando os comandantes do Exército e da Força Aérea, general Marco Antônio Freire Gomes e brigadeiro Carlos Almeida Baptista Júnior, supostamente se recusaram a aceitar um pedido de golpe de Estado feito por Bolsonaro, tendo inclusive o primeiro ameaçado prender o então presidente caso este insistisse na demanda. No entanto, os três eventos aconteceram após o recorte temporal desta coletânea.

sua versão da história e em definir quais acervos históricos e públicos devem ser legítimos de registro e publicização. O relatório final, em três volumes, é uma inexorável fonte histórica, mas também um espaço de disputa pela memória. Nessa disputa, as forças armadas foram novamente as vencedoras, apesar dos avanços conseguidos na catalogação e descobertas de novas fontes documentais sobre vários setores sociais e regionais do país, afetados de diferentes maneiras pelas políticas de repressão da ditadura.

O capítulo 5, "A educação dos militares brasileiros", é coautorado por Ana Penido e Suzeley Kalil. O Brasil, por definição constitucional, conta com quatro sistemas de ensino, sendo três deles dedicados às forças armadas: um para a Marinha, outro para o Exército e mais um para a Aeronáutica. O quarto está voltado para o conjunto da sociedade não conectada com a vida militar. Grande parte da vida de um militar se passa dentro de escolas militares alocadas dentro dos próprios quartéis, o que permite uma reprodução simbólica e ativa de valores, costumes e atitudes, em especial no que toca à política e à memória histórica.

O ensino militar passou a ser institucionalizado em todo o mundo, basicamente a partir do século XIX, com o intuito de formatar tecnicamente uma profissão diferenciada cuja finalidade última seria a guerra. Em tempos atuais, uma questão adicional se coloca: o que devem fazer os militares quando não estão em guerra?

Penido e Kalil nos trazem que um oficial no Brasil passa 30% de seu tempo na ativa fazendo cursos, convivendo fundamentalmente com os mesmos colegas que serão os mestres das futuras gerações. A cadeia de cursos básicos e de aperfeiçoamento foi se ramificado com o tempo, e tornou-se obrigatória não só para ascensão na carreira, mas também para a melhoria de salários e proventos na reserva.

O ensino militar também comporta escolas de níveis fundamental e médio, bem como cursos para cadetes equivalentes à graduação em universidades. Em algumas ocasiões, tentou-se reduzir o ensino militar apenas para faixas etárias de adultos aptos à carreira, mas a pressão corporativa acabou mantendo essa rede de escolas, o que, por sua vez, significa maior orçamento para as forças armadas e maior capilaridade, inclusive propagandística, junto à sociedade.

Um eixo central no ensino militar é a formação do "espírito de corpo", que tem como meta aprender a obedecer e a respeitar a hierarquia, valores que se contrapõem à vida social, em geral, em que a liberdade individual e a administração de conflito de interesses pautam a vida democrática. As autoras recorrem a vasta literatura, especialmente internacional, para mostrar como se deu a construção epistêmica da temática e, no caso do Brasil, passam uma lente atenta para o caso da Academia Militar das Agulha Negras (Aman), a mais importante escola militar para a formação de futuros oficiais do Exército, a maior das forças e a que tem dado as diretrizes para a participação dos militares na política nacional.

No capítulo 6, "Forças armadas e serviços de inteligência no Brasil", Priscila Brandão e Marco Cepik fazem uma retrospectiva dos mecanismos de espionagem no Brasil desde a ditatura, e apontam os limites impostos pela corporação militar para que modernos serviços de inteligência fossem introduzidos no país durante a Constituinte e depois da Constituição de 1988. Ao mesmo tempo, descrevem a expansão de atividades atribuídas às forças armadas em questões de segurança interna, o que se tornou possível graças ao art. 142 da Constituição.

Com funções ampliadas para além das definições clássicas de defesa nacional, as forças armadas foram recriando seus órgãos internos de segurança e informação enquanto o governo tentava compor um sistema de inteligência civil, cuja primeira iniciativa mais sólida foi a Agência Brasileira de Inteligência (Abin), criada em 1999. O que se observa ao longo desse capítulo é a existência de uma vasta capilaridade de órgãos de inteligência, em sua maior parte de origem militar e policial, sem que haja um sistema de controle que lhes dê a devida transparência e sem que se possa aferir sua eficácia e seus limites. O Congresso e a classe política têm sido os grandes mudos nessa problemática tão vital para a segurança nacional e, por conseguinte, para a sociedade.

No sétimo capítulo, "A cooperação em defesa como instrumento da política externa brasileira: a criação e os anos iniciais da Unasul e do Conselho de Defesa Sul-Americano", Lucas Pereira Rezende analisa o uso da nova diplomacia de defesa pelo Brasil durante a existência das instituições nomeadas no título. Partindo do entendimento de que os alinhamentos pós-Guerra Fria diferem da lógica das alianças até o fim da bipolaridade, o texto apresenta como o Brasil buscou robustecer sua inserção internacional na América do Sul, em especial nos dois primeiros mandatos de Lula da Silva e o primeiro de Dilma Rousseff, através do conceito da nova diplomacia de defesa. Com o ocaso do Sistema Interamericano de Defesa, criado pelos EUA durante a Guerra Fria, a política externa brasileira lançou mão de iniciativas de cooperação em defesa para construir um novo regime regional, sem a presença dos Estados Unidos e no qual o

Brasil tinha a função de liderança, cujo ápice se deu com a criação do Conselho de Defesa Sul-Americano (CDS). Para tanto, o autor faz um levantamento dos planos de ação do CDS, do papel do Brasil na construção e manutenção da Unasul em seus anos iniciais, dos acordos bilaterais em defesa celebrados pelo Brasil com seus vizinhos sul-americanos e de iniciativas de cooperação militar capitaneadas pelas forças armadas brasileiras entre 2003 e 2022, mostrando como a cooperação em defesa contribuiu para os objetivos da chamada política externa ativa e altiva desenvolvida no período.

No entanto, após a reeleição de Dilma Rousseff, tanto a cooperação em defesa quanto a própria atenção à Unasul e ao CDS são diminuídas, até sua interrupção definitiva nos governos Michel Temer e Jair Bolsonaro. Objetivos como a criação de uma identidade sul-americana comum em defesa não foram desenvolvidos, tampouco tiveram êxito os planos de desenvolvimento da indústria regional de defesa, com a interrupção dos planos do desenvolvimento de um Vant (drone) e um avião de treinamento comum, tal qual a Escola Sul-Americana de Defesa. A experiência da nova diplomacia de defesa pelo Brasil, além de vida curta, não trouxe os benefícios esperados pela teoria, como o incremento na integração regional e um maior equilíbrio nas relações civil-militares brasileiras.

Maria Cecília de Oliveira Adão e Suzeley Kalil, no oitavo capítulo, "Forjando o escudo de Minerva: as mulheres nas forças armadas brasileiras", tecem longa abordagem sobre a problemática da incorporação feminina nas forças armadas, evidenciando, ao longo do texto, que este é um dos principais desafios mundiais para a igualdade de direitos entre os sexos desde o século XX. Sintomaticamente, apenas países marcados por democracias estáveis, a exemplo da Noruega, têm sido bem-sucedidos no enfrentamento do tema. A partir do que dizem as autoras, pode-se concluir que este tópico é o que mais obriga a reflexões sobre masculinidade, capacidade de trabalho e disciplina, *ethos* corporativo, noção de valentia e de honra, apologia da guerra e do guerreiro e valorização do mundo hierárquico masculino, concepções essas que excluem da corporação militar a noção tradicional de mulher como ser dependente, frágil e emotiva. Ou seja, permanece na caserna brasileira uma visão medieval sobre os conceitos de guerra e paz.

Se a misoginia ainda é uma vertente deplorável da sociedade brasileira, isso é redimensionado quando se trata dos quartéis. Assim, com Adão e Kalil aprendemos como a incorporação foi lenta e seletiva, e que, apesar de variações entre as três forças, as mulheres são ainda uma alijada minoria, alocada, principalmente, em situações-meio e subalternas. A valer a legislação atual, nessas funções as mulheres nunca poderão ter uma carreira igualitária nem ocupar todos os postos, em especial os de comando e em combate. Nesse campo, os argumentos contra a igualdade têm sido demolidores.

No capítulo 9, "A questão LGBT nas forças armadas do século XXI: notas sobre a realidade ibero-americana (Espanha, Portugal, Argentina e Brasil)", Alexandre Fuccille aborda a questão da diversidade sexual nas forças armadas, também um dos temas mais contundentes na vida militar a partir do final do século XX. Como parte da agenda democrática, a legitimidade das escolhas e das orientações sexuais também atingiu os quartéis. Cada país reage ao tema com imposições culturais e limitações sobre o que convenciona definir como "guerreiro". A inclusão das mulheres nos quartéis, como vimos do capítulo 8, de Adão e Kalil, foi um processo demorado e que ainda está incompleto. Mais grave é, segundo Fuccille. a aceitação da questão LGBTQI+. Os países com democracia estável sentiram-se mais confortáveis para adotar essa pauta dos direitos humanos, enquanto outros simplesmente o tratam ainda como crime, em resquícios de políticas preconceituosas e arcaicas já amplamente superadas no mundo desenvolvido e democrático. Depois de apontar as polêmicas sobre o tema, o autor compara quatro países ibéricos – Espanha, Portugal, Argentina e Brasil. Os dois primeiros, recém-saídos de ditaduras, assim como Argentina e Brasil, apresentam avanços substantivos na legislação militar, contemplando os direitos de diversidade sexual no meio militar. A Argentina, na América do Sul, junto com o Uruguai, foi o país dessa região que mais avançou no controle civil democrático sobre as forças armadas, nisso incluindo o tratamento dado às questões de gênero, tema envolto em preconceitos e subjetividade. O Brasil, a exemplo de outros temas como Justiça Militar, controle civil, incorporação feminina, civilinização da educação militar, também ocupa uma posição pífia e arcaica.

Apesar dos avanços em outros países dentro do tema aqui discutido, Fuccille destaca que, mesmo onde esses direitos avançam, as ambiguidades e contradições estão sempre presentes. Trata-se de um campo de disputa por direitos ainda em construção, quer do ponto de vista teórico ou em termos de políticas públicas. No caso do meio militar, as adaptações, em geral, são mais lentas e, em alguns casos, quase impossíveis, e não apenas por questões religiosas, mas também por práticas e valores que enaltecem uma ideia clássica de masculinidade militar.

Kai Michael Kenkel, Maíra Siman e Victória M. S. Santos analisam, no capítulo 10, "Operações de paz e relações civil-militares: o engajamento brasileiro na missão de estabilização no Haiti (Minustah)", missão de paz peculiar, decorrida entre 2004 e 2017, sempre liderada em seu braço militar, de forma inédita, pelo Brasil.

Como introito, expõem como foram construídas as missões de paz pela ONU, que pressupunham incialmente "consentimento do Estado anfitrião, imparcialidade e uso mínimo da força". Explicam as cinco gerações desse tipo de missão até chegarmos à quinta, a de estabilização, colocada em prática no Haiti, destacando implicações daí decorrentes para países com baixo controle das relações civil-militares.

Nesses casos, essas missões foram vistas como forma de protagonismo para países em ascensão internacional, como era o caso do Brasil na época, e como atividade que poderia trazer benefícios internos para suas forças armadas, tais como: vantagens do convívio com tropas de países com democracia estável; enfrentamento de problemas sociais, policiais e sanitários; e uma ocupação militar para as forças armadas subutilizadas. A ação militar do Brasil no Haiti foi basicamente a de enfrentar a criminalidade de gangues e promover ajuda humanitária, o que acabou funcionando como inspiração para outras missões da ONU. Serviu principalmente como modelo falido para as operações de pacificação no Brasil, a exemplo das Unidades de Polícia Pacificadora (UPPs) e da organização das operações de garantia de lei e da ordem, as supracitadas GLOs. A maior parte dos "generais do Haiti" tiverem papel de destaque no governo Bolsonaro, acentuando a tendência própria da caserna de defini-los como estrategistas excepcionais e eficientes administradores de crise. Um resultado não antecipado dessa missão foi o fracasso da missão dentro do Haiti e o fortalecimento do protagonismo militar no Brasil e, portanto, mais limites à democratização de nossas relações civil-militares.

Piero Leirner, no capítulo seguinte (11), "Amazônia e forças armadas: ideologia e ação política", concentra-se nas prioridades das forças depois da ditadura. Sem a ameaça do comunismo internacional, sem rivalidades militares significativas com a Argentina e sem os inimigos internos do tempo da Guerra Fria, a corporação militar elegeu como eixo central de suas preocupações a Amazônia, de há muito entendida simbolicamente na caserna como alvo da "cobiça internacional".

Deixando de lado os estudos clássicos dos naturalistas estrangeiros, a Amazônia brasileira tem sido objeto de leituras épicas, sempre conectadas com a formação da nação e do Estado, e só recentemente se transformou em tema crucial para a segurança do Brasil, a partir da construção de um discurso inovador sobre o que vem a ser a ameaça de guerra, ou melhor, um discurso que mescla guerra e política de forma inédita. Nesse discurso, populações indígenas passaram a ser vistas como inimigas potenciais, assim como o foram os guerrilheiros do Araguaia – estes mortos depois de derrotados.

O texto de Leirner fornece elementos importantes sobre a região em dois sentidos. De um lado, mostrando a complexidade das interpretações que lhe foram dadas ao longo do tempo e, de outro, usando-a como ponta de lança para repensar a questão da guerra a partir da perspectiva de uma atividade que mescla de forma inédita política e armas, configurando aquilo que o autor chama de guerra híbrida, conceito recente e polêmico que vem sendo amplamente acionado em assuntos militares. Para tanto, Leirner discorre sobre projetos voltados para a região quer em termos de povoamento, quer em termos de explorações mineral e agrícola. O fracassado Projeto Calha Norte sintetiza algumas dessas preocupações. A novidade das últimas décadas é a tentativa de ocupação militar da região usando, para tanto, o deslocamento de tropas e a criação de novos agrupamentos militares para a região, bem como o preconício que vem sendo dado ao Comando Militar da Amazônia e a alguns de seus ex-comandantes.

No último capítulo, "A política militar nos governos do Partido dos Trabalhadores: o exemplo das operações de fronteira (2003-2016)", José Augusto Zague e Suzeley Kalil dedicam-se e examinar uma política pública militar de segurança, qual seja, a defesa das fronteiras durante os governos do PT. Metodologicamente, apoiam-se em fontes documentais produzidas por núcleos de excelência na organização e sistematização de dados e informações temáticas. As operações de fronteira realizadas pelas forças armadas são definidas pelos autores como operações de GLO, posto que nesses casos os militares assumem funções típicas da Polícia Federal, particularmente no combate ao tráfico internacional e ainda no encalço do que ficou chamado de "novas ameaças", posição essa defendida pela Organização dos Estados Americanos (OEA).

Embora do ponto de vista internacional o governo brasileiro não aceitasse o uso policial das forças armadas na dinâmica de segurança interna, foi exatamente isso o que aconteceu. Desde o início de seus primeiros governos, Lula da Silva, para amenizar desconfianças quanto a seu passado de sindicalista com vínculos socialistas, optou por compor com as forças armadas de forma a lhes dar prestígio e protagonismo. A ação nas fronteiras e as operações de GLO foram a maneira para fazer essa composição e, ao mesmo tempo, alimentar o protagonismo dos militares na ordem interna. No entanto, a iniciativa mais importante do governo Lula a esse respeito foi a Minustah, que funcionou como laboratório para treinamento e normalização do emprego das forças armadas em segurança pública – como trabalhado no capítulo de Kenkel, Siman e Santos.

No governo de Dilma Rousseff foi criado o Plano Estratégico de Fronteiras, do qual resultou o Sistema Integrado de Monitoramento de Fronteiras (SIsFRON) e o Plano Ágata. Ambos acionam polícias federais, estaduais e militares das três forças no combate a crimes de fronteira e narcotráfico. Todas as etapas das ações desses mecanismos de segurança são descritas ao longo do trabalho, mostrando o reducionismo da política de defesa à política de segurança interna. A visão de parte da imprensa brasileira colabora para essa dissonância cognitiva ao legitimar a ação militar como atividade de segurança contra criminosos do narcotráfico. Dessa forma, segundo os autores, a imprensa ajudou a criar uma imagem positiva dos militares como aqueles que protegem a população e, por conseguinte, como atores essenciais para o ordenamento social e político do país.

Ainda que tenha sido mencionado e tratado em diversos capítulos nos dois volumes desta coletânea, foi uma opção nossa, dos organizadores, não tratar dos militares e o governo Bolsonaro neste livro, uma vez que a disrupção nas relações civil-militares experimentadas foram tamanhas que cabe levantar a hipótese de fim da era política denominada como Nova República. Fugiria, portanto, do tema pensado para este volume, que foi tratar dos militares na vida política republicana no contexto de organização político-social após a promulgação da Constituição cidadã de 1988. Mas atos como a intentona de 8 de janeiro de 2023 em Brasília, com a invasão do Congresso Nacional, do Supremo Tribunal Federal e do Palácio do Planalto por cidadãos que, entre outras pautas, pediam a intervenção das forças armadas para alterar o resultado da eleição presidencial de 2022 e a remoção do poder do recém-empossado presidente Lula da Silva, em favor do perdedor do pleito, o ex-militar Jair Bolsonaro, mostram o quão viva ainda é a visão, de parte da sociedade, das forças armadas como um poder político, mesmo 60 anos depois do golpe militar de 1964. Todavia, esperamos que os textos aqui selecionados nos sirvam de base para, com o distanciamento necessário, nos debruçarmos sobre o histórico dos militares e da sociedade brasileiros que possibilitou o retorno das forças armadas, através do voto, ao centro do poder no Brasil.

Agradecemos a todas as autoras e autores que tão gentilmente se dispuseram a contribuir para esses dois volumes, por suas paciências e sapiências, assim como à Fundação de Amparo à Pesquisa do Estado do Rio de Janeiro (Faperj), que financiou a publicação dessa coletânea, e à Editora FGV, que nos recebeu de braços abertos junto ao seu seleto grupo de autores. Por fim, agradecemos a vocês, leitoras(es), e esperamos que esta contribuição lhes traga mais incentivos para pensar criticamente nossa história, nossas instituições e nossa democracia.

Uma boa leitura a todas(os)!

Maria Celina D'Araujo
Lucas Pereira Rezende

Introdução
Os estudos de defesa no Brasil

Adriana Marques
Alexandre Fuccille

O campo de estudos de defesa vem ganhando densidade no Brasil nos últimos anos. O envolvimento tardio da academia com essa temática em nosso país reflete tanto a grande pluralidade da comunidade acadêmica vinculada a esse campo quanto a pouca atenção que a sociedade e o governo brasileiros dispensam às questões relativas ao uso da força e ao aparelho militar.

Os 21 anos em que as forças armadas brasileiras estiveram no comando de um regime autoritário que cerceava o desenvolvimento do ensino e da pesquisa em ciências humanas explica em parte a resistência da academia em considerar o setor de defesa, e os militares em particular, objetos de estudo que mereçam atenção. Haveria nesse sentido uma preocupação em não legitimar o discurso e as ações da instituição militar durante o período da ditadura por meio de investigações acadêmicas.

As agendas de pesquisa da ciência política e posteriormente das relações internacionais, a partir da década de 1990, também contribuíram para que os temas relacionados às questões militares fossem relegados a segundo plano. Na ciência política os estudos sobre a transição de regimes autoritários para democracias, nos quais as forças armadas eram consideradas atores políticos importantes, foram perdendo espaço para análises formalistas centradas no funcionamento de outras instituições estatais, já que a instituição militar deixou de ser vista como uma ameaça à democracia. Já as relações internacionais, por seu turno, com o fim da Guerra Fria e a crítica às teorias que priorizavam os assuntos estratégico-militares fizeram com que a agenda de pesquisa voltada aos estudos de defesa se tornasse pouco atrativa ou mesmo ultrapassada para muitos pesquisadores da área.

Já a pouca atenção da sociedade e da classe política em relação à temática da defesa antecede o período da ditadura militar (1964-1985) e tem pouca afinidade com as mudanças estruturais nos contextos internacional e nacional pós-Guerra Fria. A percepção de que o Brasil não tem inimigos, a convivência pacífica com os vizinhos sul-americanos e a escassa participação do país em guerras fazem com que a sociedade dê pouca importância à existência de um aparelho militar bem preparado para enfrentar as ameaças externas. A participação rotineira dos militares em atividades subsidiárias e no controle da ordem pública, por sua vez, é, historicamente, a face mais visível da atuação das forças armadas brasileiras, o que reforça a percepção de que a instituição militar deva ser acionada sempre que as outras agências estatais falharem no cumprimento de suas missões.

Todas as forças políticas que governaram o Brasil utilizaram o aparelho militar em missões que guardam pouca relação com as missões tradicionais desempenhadas pelas forças armadas nos Estados Unidos e na Europa ocidental. Em nosso país, em particular, equivocadamente a instituição militar é considerada motor do desenvolvimento e da formação da cidadania. Essas percepções, inclusive, estão cristalizadas nos documentos públicos normativos de defesa que começaram a ser produzidos em meados da década de 1990 (sendo a primeira experiência a Política de Defesa Nacional/PDN de 1996 sob Fernando Henrique Cardoso) e nos programas eleitorais – ainda que bastante aquém do desejável – das principais forças políticas que governaram o Brasil nos últimos 30 anos.

Esta introdução aos estudos de defesa está organizada em quatro seções. A primeira, de maneira sucinta, apresentará a constituição e a consolidação do campo de estudos sobre defesa nacional nos Estados Unidos da América (EUA), país que é uma grande referência para os militares brasileiros. A segunda seção abordará o processo de criação do campo de estudos de defesa no Brasil no contexto pós-autoritário. Já a seção seguinte discutirá o processo de institucionalização dos programas de pós-graduação com ênfase em temas relativos à segurança e à defesa no país, as conexões desse processo com os editais de fomento das agências governamentais voltados para esses temas e o perfil da agenda de pesquisa em defesa na atualidade. Por fim, na quarta e última seção, nos dedicaremos a analisar a produção acadêmica em estudos de defesa nos encontros da Associação Brasileira de Estudos de Defesa (Abed) e na revista da entidade, a *Revista Brasileira de Estudos de Defesa* (*RBED*), fechando com um breve balanço crítico do desenvolvimento do campo de estudos até o presente momento.

Para a confecção desta introdução foram consultadas a bibliografia internacional que discute questões correlatas, a bibliografia nacional sobre o tema, documentos governamentais, programas partidários, dados e informações disponíveis na plataforma Sucupira e nos sítios eletrônicos dos programas de pós-graduação. Os autores também se beneficiaram das fontes, dados e informações coletados durante o período em que fizeram parte da diretoria da Abed e das gestões posteriores.

A constituição do campo de estudos sobre defesa nacional nos Estados Unidos

As dificuldades enfrentadas pela comunidade acadêmica brasileira durante o processo de institucionalização dos estudos de defesa não são uma particularidade nacional, nem latino-americana. Nos EUA, onde os estudos estratégicos alcançaram um prestígio acadêmico sem igual durante a Guerra Fria, também não foi fácil estabelecer um campo de estudos acadêmicos sobre os temas relativos à defesa. A experiência estadunidense em transformar a defesa em um objeto de estudo pode iluminar alguns aspectos do processo de institucionalização do campo em curso no Brasil.

Na década de 1940, num período em que os Estados Unidos se engajaram em dois eventos internacionais de proporções mundiais (a Segunda Guerra Mundial e a Guerra Fria) que representavam uma ameaça direta à sobrevivência do Estado, os pioneiros nos estudos sobre defesa nacional tentavam, quase sempre sem sucesso, convencer a opinião pública e o governo da importância do desenvolvimento de um campo de estudos relativos a essa temática nas universidades norte-americanas.

Em 1940 Edward Mead Earle publicou dois artigos bastante significativos, um na revista *Political Science Quartely* e outro no *Journal of the American Military Institute*. Em ambos, direcionados a públicos distintos, as preocupações centrais do autor eram defender a tese de que os estudos sobre defesa nacional deveriam ser uma preocupação vital dos cientistas sociais e políticos, uma vez que a guerra é um fenômeno social fundamental, e propor a elaboração de um programa de estudos e pesquisas que contribuísse efetivamente tanto para o conhecimento do poder militar estadunidense quanto para a formação de recursos humanos. A ocorrerem concomitantemente na academia e nas forças armadas, tais desafios deveriam dar conta de como analisar e empregar o poder militar, e seria fundamental para tal superar um quadro em que os planos de guerra eram elaborados com base em lições aprendidas nos últimos conflitos: havia pouca integração entre as três forças com o aparelho militar e, destes com setores-chave da administração federal. Ante esse quadro, era necessário acelerar os estudos para transformar a defesa nacional em um objeto de estudo.

A criação do Instituto de Estudos Avançados (IAS, na sigla em inglês) em Princeton, em 1930, foi o primeiro passo no processo de institucionalização dos estudos sobre defesa nacional nos EUA. O IAS era uma faculdade sem alunos onde os acadêmicos dedicavam-se somente à pesquisa e ao debate qualificado com os pares. Os "seminários de Princeton", como ficaram conhecidos, começaram a receber, a partir de 1933, um número significativo de palestrantes ilustres de diferentes áreas do conhecimento e orientação política. Historiador de formação, Earle era um grande defensor do que hoje chamamos de interdisciplinaridade. Muitas figuras-chave do Departamento de Estado, do Pentágono e da Academia passaram pelo IAS ao longo de várias décadas.

O prestígio acadêmico de Earle lhe franqueava o acesso a importantes círculos empresariais (que financiavam as pesquisas produzidas no âmbito do IAS), governamentais (que passaram a recrutar os pesquisadores treinados nos seminários de Princeton) e do estamento militar (que assimilou a tese de que a estratégia é uma ciência). Criou-se assim o tripé que sustentou a institucionalização do que conhecemos como estudos estratégicos: financiamento privado de empresas vinculadas ao setor de defesa, aporte governamental para a produção de pesquisas aplicadas e a inserção de professores civis nas escolas militares e no debate sobre a grande estratégia e a estratégia militar.

A Carnegie Corporation, fundada a partir de uma doação do magnata do aço Andrew Carnegie, teve um papel fundamental no fomento à pesquisa sobre a grande estratégia estadunidense, financiando não apenas os empreendimentos acadêmicos de Edward Earle mas também vários outros programas de pesquisa e pós-graduação com foco nos estudos estratégicos que foram sendo gestados nas grandes universidades dos EUA a partir da década de 1950.

A Research and Development (Rand) Corporation exemplifica com bastante propriedade o estreito vínculo que se estabeleceu entre o mundo empresarial, o estamento militar, o governo e a comunidade acadêmica nos EUA. Criada em

1948 a partir de um projeto da Força Aérea estadunidense elaborado imediatamente após a Segunda Guerra Mundial para conectar o planejamento militar com as decisões de pesquisa e desenvolvimento, a Rand foi um dos primeiros *think tanks* do país focado na temática militar, empregando um importante contingente de pesquisadores civis que tiveram um papel relevante na construção da estratégia nuclear norte-americana durante a Guerra Fria.

Enfim, essa articulação singular efetivamente se consolidou e frutificou, gerando dezenas de centros de reflexão distribuídos por todo o país alimentados por estudiosos, estrategistas e tomadores de decisão que lançaram a reflexão e a teorização no campo dos estudos estratégicos a um novo patamar, bem como redundou num modelo de relações civil-militares mais aberto e transparente do que o verificado na América Latina.

Os estudos de defesa no Brasil

No Brasil, a trajetória do que convencionamos chamar de estudos de defesa é bem diferente da estadunidense apresentada acima. Foi somente a partir da segunda metade da década de 1980, com o fim do período ditatorial, que os temas relativos à defesa começam a ser estudados de forma sistemática nas universidades. Até então, as pesquisas existentes eram iniciativas individuais.[1] Similarmente ao que se passou com os estudos sobre política externa até a Nova República, as instituições oficiais dominaram os debates nessa seara.

No ano de 1985, era criado o Núcleo de Estudos Estratégicos da Universidade Estadual de Campinas (NEE/Unicamp) e, no ano seguinte, a Universidade Federal Fluminense também fundava seu núcleo com outra sigla (Nest). Sobre a utilização do termo *estudos estratégicos* nos dois casos cabem algumas considerações. Os fundadores do Nest, os professores René Dreifuss e Eurico de Lima Figueiredo, estudaram no Reino Unido, respectivamente na Escócia e na Inglaterra, durante a década de 1970, e lá entraram em contato com a então recente tradução do *Da Guerra* feita por Howard e Paret e com a agenda dos estudos estratégicos em voga nos Estados Unidos. O falecimento precoce de Dreifuss

---

1 Uma breve "arqueologia" desse período é apresentada por nós em um artigo da *RBED* (Marques e Fuccille, 2015).

inviabilizou o projeto dos professores de Niterói de transformar o Nest em um centro de pesquisa influente como seu congênere de Campinas. Essa situação foi revertida com a criação do Programa de Pós-Graduação em Estudos Estratégicos da Defesa e da Segurança (Ppgest), em 2008, que será discutido posteriormente.

No caso do núcleo de Campinas, a utilização do termo *estudos estratégicos* não decorreu da afinidade de seus fundadores com a agenda dos estudos estratégicos em sua versão anglo-americana. Sobre essa questão, Eliézer Rizzo de Oliveira afirma em depoimento que,

> na verdade, o título "estratégia" aí não explica... Não mostrava muito bem o próprio núcleo, porque tinha, de fato, uma pessoa que cuidava de estratégia, mas a gente tratava mesmo das relações entre forças armadas e sociedade [...] Eu acho que foi um pouco... O Cavagnari ganhou essa. Isso era muito confortável para ele. Eu gostava mais de um título, se eu não estou trazendo uma memória desatualizada, que seria uma espécie de Núcleo de Estudos de Forças Armadas e Sociedade, que tinha em Portugal [...] Na verdade, o que nós fizemos era mais forças armadas e sociedade do que Estudos Estratégicos [Castro e Marques, 2015:131].

O depoimento de Oliveira evidencia alguns dos principais aspectos da constituição do campo de estudos de defesa no Brasil. O primeiro ponto a destacar é a centralidade do debate sobre as relações entre civis e militares na agenda de pesquisa.

Já registramos em outro texto que a escassa produção acadêmica sobre as instituições militares no país até o final da ditadura tinha como principal preocupação o comportamento político dos militares, e os estudos partiam do pressuposto de que as forças armadas atuavam politicamente como representantes de uma determinada classe social. O viés ensaísta dessa produção explica-se, em parte, pela predominância da abordagem marxista e da tradição sociológica nas ciências sociais desse período, mas, no caso específico dos estudos sobre as instituições militares, o contexto político foi determinante. Em uma época em que a sociologia era facilmente confundida com o socialismo, e isso representava risco de morte, a tarefa de transformar a defesa em um objeto de estudo era praticamente impossível.

A paulatina reinserção do estamento militar no regime democrático permitiu que a reflexão sobre a defesa nacional pudesse ser feita com mais liberdade acadêmica, e esse processo, além de condição política, era também um dos temas que mobilizavam a nascente comunidade de cientistas políticos no Brasil pois, independentemente de qual fosse a definição de democracia adotada pelos analistas, a subordinação militar ao poder civil era tida como vital para a manutenção do regime democrático em todos os modelos teóricos que orientavam a discussão sobre o tema naquele período.

Tal contexto político e acadêmico marcou os primeiros anos do Núcleo de Estudos Estratégicos da Unicamp. O livro *A tutela militar*, organizado por João Quartim de Moraes, Vilma Peres Costa e Eliézer Rizzo de Oliveira (1987) exprime a preocupação dos pesquisadores que fundaram o núcleo de Campinas com os possíveis retrocessos e o padrão de relações civil-militares reinante durante o governo Sarney. A tese de que vivíamos sob uma democracia tutelada foi sendo matizada a partir da análise do comportamento do segmento militar durante o processo de *impeachment* do presidente Fernando Collor de Mello. A constatação de que os militares já não representavam uma ameaça importante à democracia levou a uma inflexão na agenda de pesquisa do NEE.

O projeto "Forças armadas e democracia: o papel do Legislativo", iniciado em 1997 no NEE, visava analisar quais eram os papéis, as prerrogativas, as responsabilidades e as contribuições do Poder Legislativo e o efetivo funcionamento das condições jurídico-políticas da subordinação ou da autonomia das forças armadas relativamente às instituições políticas no Brasil. Esse projeto estampa o número comemorativo dos 50 anos da Fundação de Amparo à Pesquisa do Estado de São Paulo por meio da revista *Pesquisa Fapesp*, de maio de 2012, como uma das pesquisas mais relevantes que foram financiadas pela agência.

Ao mudar o foco das análises do comportamento político dos militares para a atuação da classe política nos temas de defesa nacional, a pesquisa do NEE chamou a atenção para o outro vértice das relações civil-militares: se as forças armadas aos poucos iam se ajustando ao regime democrático, a classe política, por sua vez, não assumia a contento sua responsabilidade no controle do aparelho militar. E isso ocorria, em grande medida, pela falta de interesse e conhecimento dos tomadores de decisão acerca de qual deveria ser o papel das forças armadas.

Enquanto os resultados da pesquisa sobre o Legislativo estavam sendo divulgados, o Executivo trabalhava na criação do Ministério da Defesa, o que se efetivou em junho de 1999 durante a presidência de Fernando Henrique Cardoso com uma participação apenas protocolar do Congresso Nacional. O conjunto de entrevistas realizadas pelos professores Maria Celina D'Araujo e Celso Castro com militares que foram figuras-chave durante as primeiras décadas da Nova República no âmbito do projeto de história oral do Centro de Pesquisa e Documentação de História Contemporânea do Brasil da Fundação Getulio Vargas (FGV Cpdoc) revela várias nuances do processo de criação desse ministério, como as desavenças entre as três forças sobre a configuração do novo órgão e a pouca articulação entre a burocracia militar e o Itamaraty.

Esses fatores agregavam um conjunto de obstáculos à difícil tarefa da direção política sobre o aparelho militar. O quadro traçado pelos analistas brasileiros que estudaram esse período não era igual ao que tanto preocupava Edward Earle nos Estados Unidos dos anos 1940, sendo, em realidade, bem pior. À falta de articulação entre as agências estatais envolvidas na reestruturação do setor de defesa somava-se a histórica autonomia desses atores em relação ao poder político.

O Arquivo de Política Militar Ana Lagôa (AAL), criado em 1996 na Universidade Federal de São Carlos (UFSCar) a partir dos esforços do professor João Roberto Martins Filho, disponibilizou à comunidade acadêmica uma farta documentação cobrindo o período do regime militar, posteriormente ampliada para abranger material sobre assuntos estratégicos e militares em geral.

O processo de reestruturação do setor de defesa no Brasil foi acompanhado de modestas iniciativas governamentais para fomentar uma agenda de estudos estratégicos nos moldes do que ocorreu no mundo acadêmico anglo-americano. Um exemplo disso foi a criação de um Centro de Estudos Estratégicos (CEE) no âmbito da Secretaria de Assuntos Estratégicos (SAE) da Presidência da República durante o governo Itamar Franco.

O CEE contou com a participação de alguns professores da Universidade de Brasília (UnB) da área de relações internacionais, como Alcides Costa Vaz, mas não se estabeleceu um intercâmbio estruturado entre a nascente comunidade acadêmica de estudos de defesa e os órgãos governamentais no Brasil como ocorreu nos EUA. A trajetória dos Encontros Nacionais de Estudos Estratégicos (Enees) é bastante representativa da distância entre o governo e a academia no que diz respeito ao estudo da defesa nacional. Iniciativas meritórias como os Enees, cuja primeira edição ocorreu em 1994 em parceria da SAE com o então Núcleo de Análise Interdisciplinar de Políticas Públicas e Estratégia da Universidade de São Paulo (Naippe/USP) – sob coordenação do professor Braz Araújo – perderam-se a partir do IV Encontro Nacional ao mesmo tempo que o termo estratégia/estratégico era banalizado e verificava-se uma crescente militarização na organização da agenda temática a ser discutida.

Como decorrência, ganhou força a adoção do termo *estudos de defesa*. A este respeito, Manuel Domingos Neto ressalta que

> Estudos de Defesa remete muito mais à reflexão acadêmica do que [a]o estratégico. Porque o que é o estratégico, efetivamente, em termos de concepção militar, senão a conciliação entre as finalidades e as capacidades e os meios? Ou seja, é uma coisa aplicativa, é muito mais especializada; não compreende o raciocínio mais distanciado e aprofundado da organização militar [...]. Mas se você botar o nome *defesa*, você não está fugindo do assunto e está indicando que você lida com a violência a partir de um sentido de legitimidade. E a legitimidade vem do quê? Da proteção do coletivo [Castro e Marques, 2015:181].

O depoimento de Domingos Neto desvenda uma parte da operação intelectual que fez com que o termo *estudos de defesa* se tornasse hegemônico, mas outros fatores pesaram nesse processo. A comunidade de defesa enfrentava dificuldades fora e dentro da universidade para se consolidar. Se a sociologia lembrava o socialismo para os condutores do regime repressor de 1964, a segurança nacional lembrava a Doutrina de Segurança Nacional (DSN), de triste memória para todos e todas que sofreram direta e indiretamente as consequências do período autoritário. Essa lembrança assombrou por muito tempo os pesquisadores que trabalham com temas relativos a geopolítica e relações internacionais na academia brasileira.

Nesse contexto, consolidar uma agenda de estudos estratégicos dentro da área de relações internacionais no Brasil era uma tarefa inglória. Talvez por isso, a única iniciativa que espelhou fielmente a agenda anglo-americana de estudos estratégicos na década de 1990 foi o Grupo de Estudos Estratégicos (GEE), criado em 1991 pelo professor Domício Proença Júnior no Instituto Alberto Luiz Coimbra de Pós-Graduação e Pesquisa de Engenharia (Coppe) da Universidade Federal do Rio de Janeiro (UFRJ).

A grande expansão da área de relações internacionais no Brasil garantiu algum espaço acadêmico à agenda tradicional de estudos estratégicos em seus programas de pós-graduação, como veremos adiante, permitindo também um espaço institucional para que os *estudos de defesa* se afastassem do estigma da segurança nacional e se vinculassem a uma discussão sobre a inserção internacional do país e o papel das forças armadas nesse esforço.

Por fim, havia o desafio de dissociar os estudos de defesa do debate sobre a segurança pública no Brasil, espelhando uma preocupação legítima da comunidade de defesa com relação à possível apropriação do debate abstrato acerca da ampliação do conceito de segurança e da existência de ameaças não militares à ordem internacional (comumente e equivocadamente apresentadas sob a rubrica "novas ameaças"), que poderiam direcionar as forças armadas a tarefas que deveriam ser desempenhadas pelas polícias e outras agências estatais. O conceito de segurança multidimensional adotado pela Organização dos Estados Americanos (OEA) e a pressão dos EUA para que as forças armadas latino-americanas se engajassem diretamente no combate ao narcotráfico reforçava esse temor.

A partir da segunda metade dos anos 2000, a comunidade de defesa encontrou as condições necessárias para iniciar um movimento de aglutinação dos pesquisadores que se identificavam com esse campo de estudos. A criação de programas de pós-graduação com áreas de concentração em assuntos de defesa e os editais das agências de fomento à pesquisa voltados especificamente para questões de segurança internacional e defesa impulsionaram o processo de institucionalização do campo de estudos de defesa na universidade brasileira.

Os programas de pós-graduação (PPGs) e a agenda de pesquisa em defesa[2]

O edital San Tiago Dantas, da Coordenação de Aperfeiçoamento de Pessoal de Nível Superior (Capes), propiciou a criação de uma ousada experiência interinstitucional no ano de 2001, que foi a única que se perenizou: o Programa de Pós-Graduação em Relações Internacionais San Tiago Dantas, com sede na cidade de São Paulo, é conduzido por professores de três universidades do estado de São Paulo, a saber, a Universidade Estadual Paulista (Unesp), a Universidade Estadual de Campinas (Unicamp) e a Pontifícia Universidade Católica de São Paulo (PUC-SP). O referido edital tinha como objetivos relativos à área

2 Esta seção foi desenvolvida com os últimos dados disponíveis no *site* da Capes sobre a avaliação quadrienal dos PPGs, ou seja, contemplando o quadriênio 2017-2020.

de relações internacionais: estimular a formação de recursos humanos em nível de pós-graduação; fortalecer e ampliar os PPGs existentes e contribuir para a criação de novos programas de pós-graduação.

Em 2003, foi inaugurada uma área de concentração em paz, defesa e segurança internacional com duas linhas de pesquisa voltadas para os estudos de defesa no programa: segurança regional e estratégia, defesa e política externa. Em 2010, o San Tiago Dantas teve seu doutorado reconhecido pela Capes e dezenas de doutores concluíram suas teses desde então. A área de concentração em paz, defesa e segurança internacional é constituída pelas seguintes linhas de pesquisa: "pensamento estratégico, defesa e política externa"; "estudos de paz, resolução de conflitos e gerenciamento de crises"; "estudos de segurança internacional, segurança regional, novos temas e abordagens"; "conflitos internacionais e violência nas sociedades contemporâneas". A disciplina guerra e estratégia é obrigatória para todos os estudantes vinculados a essa área de concentração.

O Programa de Pós-Graduação em Estudos Estratégicos da Defesa e Segurança da Universidade Federal Fluminense (Ppgest/UFF) começou seu funcionamento em 2008 no âmbito do Departamento de Ciência Política. Também nesse ano teve início o curso de graduação em Relações Internacionais da UFF, com ênfase em estudos estratégicos. Em 2012, com a criação do Instituto de Estudos Estratégicos (Inest), o Curso de Relações Internacionais e o Ppgest passaram a fazer parte do novo instituto. É importante ressaltar que a pós-graduação em estudos estratégicos começou a ganhar forma com a reativação do Nest em 2003 e a criação de uma área de concentração em estudos estratégicos no Programa de Pós-Graduação em Ciência Política da UFF (PPGCP) em 2006.

O Ppgest contava inicialmente com três áreas de concentração: teoria e análise de relações internacionais e de segurança internacional, análise e avaliação de políticas públicas de defesa nacional, e indústria de defesa e poder político. Em 2011, as duas últimas áreas foram aglutinadas em uma nova área de concentração chamada defesa nacional e poder político. As áreas de concentração do curso passaram a contar com as linhas de pesquisa "O pensamento sul-americano a respeito da defesa e da segurança" e "Políticas públicas de defesa nacional e indústria de defesa no período republicano". Mais recentemente, o Ppgest fez um novo ajuste na sua estrutura e concentrou todas as suas linhas de pesquisa na área de concentração "Estudos estratégicos". As linhas de pesquisa do programa também foram ajustadas e agora são "Segurança internacional e políticas de defesa", "Políticas públicas e indústria de defesa" e "Política externa e de defesa". Todos os estudantes do programa devem cursar disciplinas obrigatórias com foco nos "Estudos estratégicos". Na avaliação quadrienal da Capes 2013-2016, o Ppgest alcançou nota suficiente para a abertura do curso de doutorado, que começou a funcionar em 2019. Anteriormente, muitos de seus professores orientaram teses de doutorado em ciência política na UFF, na área de concentração em estudos estratégicos, que funcionou até 2012 e foi extinta após a criação do Inest. Entre 2006 e 2012, por exemplo, a área de estudos estratégicos do Departamento de Ciência política da UFF titulou 24 doutores, entre os quais 10 militares. Esta é uma particularidade levada para o Ppgest em relação aos outros PPGs voltados para os estudos de defesa das universidades brasileiras, provavelmente decorrente dos esforços do decano professor Eurico de Lima Figueiredo em aproximar o mundo militar do mundo acadêmico.

A mais recente iniciativa com aderência ao campo dos estudos de defesa é o Programa de Pós-Graduação em Estudos Estratégicos Internacionais (Ppgeei) da Universidade Federal do Rio Grande do Sul (UFRGS), que iniciou os cursos de mestrado e doutorado em 2011. O Ppgeei aponta como seu objetivo "associar a área de Relações Internacionais aos Estudos Estratégicos, pelo qual existe grande demanda dos setores acadêmico, governamental (especialmente nas áreas de defesa, diplomacia e assessoramento internacional), empresarial e da sociedade civil em geral". Com quadro altamente qualificado, o programa possui uma área de concentração em segurança, integração e desenvolvimento, e uma das três linhas de pesquisa é dedicada à segurança internacional.

Vale destacar que em 2015 o Ppgeei assinou um acordo de cooperação com o Comando Militar do Sul – do Exército brasileiro – que prevê a realização de um exame especial de seleção para o ingresso de militares nos cursos de mestrado e doutorado. Os aprovados no processo seletivo serão alocados na linha de pesquisa "segurança internacional".

Além dos programas de pós-graduação descritos, podemos encontrar algumas linhas de pesquisa em outros programas em quase todas as regiões do Brasil. O Programa de Pós-Graduação em Ciência Política da UFRGS, um dos mais antigos na área de ciência política, conta com uma linha de pesquisa em "política internacional e defesa". O Programa de Pós-Graduação em Relações Internacionais da Universidade de Brasília (UnB), pioneiro na área de relações internacionais no Brasil, tem uma linha de pesquisa em "segurança internacional e democracia". O Programa de Pós-Graduação em Relações Internacionais da Pontifícia Universidade Católica do Rio de Janeiro (PUC-Rio), outro com larga trajetória em relações internacionais, possui uma linha de pesquisa em "conflito, violência e pacificação". Mais recente, um dos primeiros programas no Nordeste, o Programa de Pós-Graduação em Relações Internacionais da Universidade Estadual da Paraíba (UEPB) passou a contar com uma linha de pesquisa em "política externa e segurança".

Por fim, há o movimento das escolas militares de Comando e Estado-Maior das três forças armadas que decidiram, nos últimos anos, submeter seus PPGs à avaliação da Capes.[3] Essas iniciativas levaram à necessidade de adequação do corpo docente, formado anteriormente apenas por militares, muitos sem titulação reconhecida pelo Ministério da Educação (MEC), e possibilitaram a contratação de professores oriundos das universidades e sem vínculo com a carreira militar. Mas, como se trata de um processo recente, ainda é cedo para analisar em que medida a criação desses programas poderá representar uma oportunidade para a expansão e o fortalecimento da comunidade epistêmica de estudos de defesa.

Até o momento, o que podemos afirmar em relação aos PPGs das escolas militares é que os editais das agências de fomento governamentais voltados à indução de pesquisas em defesa por estimularem a parceria entre estabelecimentos de ensino militares e universidades impulsionaram o ingresso de oficiais militares da ativa e da reserva que serviam nas escolas de Comando e Estado-Maior e na Escola Superior de Guerra, no Rio de Janeiro, em PPGs reconhecidos pelo MEC. Em função dos acordos firmados no âmbito de projetos interinstitucionais financiados pelos programas Pró-Defesa e Pró-Estratégia, iniciativas voltadas à indução e fortalecimento dos estudos de defesa *lato sensu*, vários militares ingressaram nos cursos de mestrado e doutorado das instituições que lideravam esses projetos. Os programas de pós-graduação que mais receberam militares durante a vigência desses acordos foram os da UFF, a saber, Estudos Estratégicos da Segurança e da Defesa e Ciência Política, e o Programa de Pós-

3 A Escola de Comando e Estado-Maior do Exército (Eceme) iniciou o curso de mestrado em ciências militares em 2012 e o doutorado em 2016. A Universidade da Força Aérea (Unifa) começou o mestrado profissional em ciências aeroespaciais em 2012 e o doutorado profissional em 2020. A Escola de Guerra Naval (EGN) começou o mestrado profissional em estudos marítimos em 2013 e seu doutorado profissional em 2020. Seguindo essa tendência, a Escola Superior de Guerra (ESG) também criou o Programa de Pós-Graduação em Segurança Internacional e Defesa e seu mestrado acadêmico teve início em 2019. Por fim, a Escola Superior de Defesa, criada em 2021, teve seu mestrado acadêmico aprovado em 2023.

-Graduação em Administração da Escola Brasileira de Administração Pública e de Empresas da Fundação Getulio Vargas.

Outro reflexo da parceria entre universidades e escolas militares no âmbito dos projetos financiados pelos programas Pró-Defesa e Pró-Estratégia é a participação de professores das instituições que lideravam esses projetos nos PPGs das escolas militares. O exemplo mais significativo dessa prática é a constituição do corpo docente do Programa de Pós-Graduação em Ciências Militares da Escola de Comando e Estado-Maior do Exército (Eceme) que conta ou contou com professores da Universidade Federal de Pernambuco (UFPE) e da UFRGS. As duas instituições universitárias lideravam quatro projetos de pesquisa em parceira com a Eceme em 2016. Ainda é prematuro para sabermos se este tipo de associação influenciará ou não a identidade dos PPGs conduzidos pelas escolas militares no futuro, mas, olhando o panorama no curto prazo, o que podemos constatar é que até este momento a balança tem pendido em favor do corporativismo militar.

Podemos listar vários exemplos de como o corporativismo militar tem prevalecido nas relações entre a academia e as escolas militares, mas, talvez, o mais expressivo seja o espaço que estas últimas conquistaram em pouco tempo no processo de avaliação de periódicos e PPGs conduzido pela Capes. A Escola de Guerra Naval, que teve seu mestrado profissional reconhecido apenas em 2013, já era responsável pela coordenação dos PPGs *stricto sensu* profissionais da área de ciência política e relações internacionais de 2014 a 2022.

Uma busca na base de dados do Conselho Nacional de Desenvolvimento Científico e Tecnológico (CNPq) nos permite traçar o perfil dos grupos de pesquisa cadastrados no sistema e fazer algumas inferências sobre a origem disciplinar e agenda dos pesquisadores que estão estudando defesa no Brasil atualmente.

Na consulta parametrizada do Diretório de Grupos de Pesquisa do CNPq utilizando o termo de busca *defesa* e os filtros "nome do grupo" e "nome da linha de pesquisa" podem ser localizados 134 grupos de pesquisa certificados e em funcionamento. Deste total, somente 48 grupos têm identidade com o campo de estudos de defesa. A mesma busca com o termo *estudos estratégicos* localiza 24 grupos de pesquisa, sendo que deste total apenas nove tratam de assuntos relativos à defesa. Com o termo *militares* são encontrados 35 grupos de pesquisa, dos quais 20 grupos se encaixam nos estudos de defesa. Repetindo a busca com o termo *segurança internacional*, aparecem 29 resultados com linhas de pesquisa que têm aderência aos estudos de defesa. Eliminando os resultados repetidos em todas as buscas, chegamos a 85 grupos de pesquisa que se dedicam a estudar temas relativos à defesa.[4]

Desses 85 grupos de pesquisa, é de destacar que 46 estão cadastrados na grande área de ciência política. Nessa amostra, identificamos 32 grupos de pesquisa vinculados a cursos de relações internacionais, seis grupos cujos líderes estão em departamentos de ciência política ou ciências sociais e nove grupos estão alocados em escolas militares. Onze grupos estão cadastrados na área de defesa sendo sete oriundos de escolas militares e o restante de outras instituições. Algumas áreas que possuem menos grupos (alguns deles registrados em escolas militares), mas merecem ser citadas, são – em ordem decrescente – história, administração, direito, geografia, psicologia, engenharia, antropologia, educação, ciência da informação e enfermagem. É interessante cotejarmos estes números à luz do que revelam os dados dos projetos de pesquisa contemplados pelos editais Pró-Defesa e Pró-Estratégia. O Programa Pró-Defesa, até sua quarta edição, financiou 50 projetos de pesquisa. Desses, 31 são das áreas de engenharia, majoritariamente, ciências biológicas e outras ciências duras e 19 são das áreas de ciências humanas e ciências sociais aplicadas. Já o Programa Pró-Estratégia em sua única edição financiou 19 projetos e o padrão das áreas contempladas pelo edital se repete. O programa apoiou 11 projetos de engenharia, um da área de ciência da computação, um da área de astronomia/física, um da área interdisciplinar de meio ambiente, três da área de administração e dois da área de ciência política e relações internacionais.

A área de engenharia é indubitavelmente a que mais recebe financiamento de editais voltados para os assuntos de defesa, contudo o número de grupos dessa área cadastrados no CNPq que declaram realizar pesquisa aplicada ao setor de defesa é muito pequeno. Encontramos apenas três grupos de pesquisa cadastrados na área de engenharia, dois baseados no Instituto Tecnológico de Aeronáutica (ITA) e um no Centro Tecnológico do Exército (CTEx), que se dedicam ao desenvolvimento de produtos ou técnicas aplicados ao setor de defesa.

Em relação às áreas de ciências humanas e ciências sociais aplicadas, a situação é bem diversa. A área de ciência política e relações internacionais, que responde

---

4 Esta busca foi realizada em janeiro de 2024, na esteira dos dados da última avaliação quadrienal da Capes conhecida.

por mais de 50% da pesquisa em defesa (conforme os números do CNPq), teve apenas oito projetos financiados pelos dois editais citados. O Programa Álvaro Alberto de Indução à Pesquisa em Segurança Internacional e Defesa Nacional, lançado em 2014, conseguiu reverter em parte essa assimetria por contemplar apenas programas das áreas de ciências humanas e ciências sociais aplicadas. Dez projetos foram financiados pelo Programa Álvaro Alberto, oito deles da área de ciência política e relações internacionais, um da economia e um da administração. Todavia tal experiência não voltou a se repetir.

Por fim, o último edital lançado na área foi o Procad-Defesa (Programa de Cooperação Acadêmica em Defesa Nacional – Edital nº 15/2019), já sob o governo Bolsonaro e que não deixa de refletir a crescente militarização do Estado brasileiro também no ensino e pesquisa, particularmente na pós-graduação durante esse governo. Um dos critérios de elegibilidade, "[era o de que seria] conferida prioridade a projetos que contemplem a parceria entre instituições civis e militares", na prática acabou se tornando mandatório ao invés de recomendatório uma vez que todos os 15 projetos aprovados têm parcerias com escolas ou institutos militares. Vale ressaltar que as humanidades ou ciências sociais aparecem de forma bastante diminuta nas propostas contempladas,[5] reforçando a análise anteriormente descrita.

Outro aspecto dos últimos editais de fomento à pesquisa que reforça o avanço do corporativismo militar sobre a agenda dos estudos de defesa é a definição das áreas temáticas prioritárias desses editais. Nos últimos anos, é evidente a gestão do Ministério da Defesa para atrelar as áreas temáticas que serão contempladas pelos editais aos projetos estratégicos das forças armadas, o que beneficia significativamente as escolas militares. Os resultados dos últimos editais Pró-Defesa e Procad não deixam dúvidas a esse respeito. Com seus PPGs estabelecidos e seus doutores militares formados, as escolas militares agora podem liderar projetos de pesquisa e estão captando boa parte dos recursos destinados aos estudos de defesa e invertendo a relação que existia com as universidades quando esses programas de fomento foram concebidos.

---

5 A relação de projetos aprovados pode ser conferida em: <www.gov.br/defesa/pt-br/assuntos/ensino-e-pesquisa/copy_of_defesa-e-academia/procad-defesa-i>. Acesso em: 18 dez. 2023.

A produção acadêmica no âmbito da Abed

Nesta seção, analisaremos a produção acadêmica em estudos de defesa nos Encontros Nacionais da Associação Brasileira de Estudos de Defesa (Enabeds) e no periódico da entidade, a *Revista Brasileira de Estudos de Defesa* (*RBED*).

A associação que hoje reúne os membros da comunidade epistêmica de defesa foi criada em 2005, a partir da evolução do Grupo de Trabalho (GT) "Forças armadas, Estado e sociedade" que então funcionava na Associação Nacional de Pós-Graduação e Pesquisa em Ciências Sociais (Anpocs). Para nossa análise consideramos o período de 2007 – ano do primeiro Enabed realizado na Universidade Federal de São Carlos (UFSCar) – a 2022, ano do último encontro realizado Universidade Federal Fluminense (UFF). Os números e resultados são substantivos.

Desde 2007, mais de 1.300 trabalhos/*papers* foram apresentados nas diferentes reuniões. A partir de 2016, quando ocorreu o IX Encontro Nacional da Associação Brasileira de Estudos de Defesa, em Florianópolis, o evento passou a ser bienal, refletindo a maturidade da comunidade e um maior adensamento no número de apresentações e sua estruturação em torno de áreas temáticas (ATs) – ao invés de simpósios temáticos (STs) ou mesmo sessões avulsas, como ocorria anteriormente –, intercalado por Encontros Regionais da Associação Brasileira de Estudos de Defesa (Erabeds).

Fizemos um levantamento e tabulação dos trabalhos apresentados ao longo dessa mais de uma década em torno de sete grandes eixos, definidos como (1) ciência, tecnologia, indústria e gestão de defesa; (2) ensino, formação profissional e pesquisa em defesa; (3) estudos estratégicos; (4) família, gênero e forças armadas; (5) forças armadas, Estado e sociedade; (6) história militar; (7) segurança internacional e defesa, e pudemos perceber mudanças que valem a pena ser assinaladas. Nos seus primeiros anos, as apresentações se concentravam em torno dos eixos 7, 6 e 3, respectivamente, e os eixos menos demandados eram o 4, 1 e 2. Contudo, a partir do IX Enabed e até o presente momento, há uma mudança significativa: os mais procurados foram 7, 3 e 5 (nessa ordem), e os com menos inscritos eram os eixos 2, 6 e 4 (em número decrescente de trabalhos registrados).

Não é possível cravar com exatidão o que esses números expressam, mas ilações possíveis com base nos eixos e títulos dos trabalhos apresentados podem ser feitas na direção de que houve um deslocamento quiçá expressando uma preocupação maior com o envolvimento dos militares no cenário doméstico, um acentuado decréscimo da participação em operações de paz bem como o desengajamento em experiências integracionistas regionais como as abrigadas no interior da Unasul, ao lado de uma expressiva redução de estudos sobre história militar anteriormente vigorosa no surgimento da Abed e a não alteração de perfil em áreas que precisam ser fomentadas como educação e pesquisa em defesa, bem como a relacionada a família, gênero e forças armadas (por exemplo, a temática vinculada à comunidade LGBTQIA+ é absolutamente invisível em nosso país no segmento de defesa).

O periódico *Revista Brasileira de Estudos de Defesa*, mantido pela Abed e lançado em 2014, é outro importante vetor para analisar a produção acadêmica que se dá no interior da comunidade de estudiosos vinculados à temática. Nossa análise cobriu um total de 18 números publicados, indo até ao volume 10, número 1, relativo ao primeiro semestre de 2023, última edição disponível quando da redação desta introdução. De um início difícil, onde poucos se disponibilizavam a publicar em um periódico sem *Qualis* e outros eram céticos quanto à capacidade de a publicação se consolidar, chegamos a um quadro onde o *Qualis Periódicos* 2017-2020 (último disponível) aponta sua classificação nos estratos superiores (A3) e com uma média de três submissões para cada artigo publicado.

Em termos de distribuição, sem levar em conta as apresentações/editoriais (a nomenclatura se altera conforme a edição) que abrem cada edição da *RBED*, temos um total de 148 artigos publicados, 11 ensaios e uma entrevista, além de 26 resenhas. Enfim, números eloquentes que demonstram a força e a prolificidade da comunidade epistêmica nacional que se dedica aos temas de defesa e correlatos.

Por meio de análise bibliométrica realizada através da leitura dos resumos, perfilamos a produção científica da *RBED* que foi aglutinada de acordo com as categorias/eixos de estudo já utilizados com respeito aos Enabeds acima expostos. É interessante notar que somados artigos e ensaios perfazendo um total de 174 publicações, quase 50% delas se concentraram em "segurança internacional e defesa" e "estudos estratégicos", com ligeira vantagem do primeiro eixo aqui apontado. Esmagadoramente de perfil metodológico qualitativo, mais de 4/5 deles vieram de acadêmicos e pesquisadores vinculados a instituições públicas, com predominância de localização na região Sudeste (47%), onde não só se localiza a maioria dos PPGs na área, mas também as escolas de Comando e

Estado-Maior das três forças (EGN, Eceme e Ecemar/Unifa) bem com a Escola Superior de Guerra (ESG).

Em suma, verifica-se que em menos de uma década de existência a *RBED* espelha um perfil próximo às áreas mais demandadas nos Enabeds (sendo os trabalhos com menos publicações concentrando-se em "família, gênero e forças armadas" e "história militar"). Outrossim, em razão de os estudos se referirem a uma área dura do Estado e dado o histórico das relações civil-militares no Brasil, é compreensível que a maioria das pesquisas venha de membros ligados a instituições públicas. É desejável que se pense em mecanismos de desconcentração da produção na região Sudeste, seja por meio de esforços da associação e por meio de editais públicos/estatais dedicados, uma vez que as regiões Norte e Centro-Oeste têm uma participação bastante rarefeita, exceção feita à UnB. De toda forma, essa deficiência desnuda que a imensa área amazônica, onde se situam muitos dos desafios de defesa neste momento, segue sem a devida participação e reflexão da comunidade acadêmica.

***

Reconhecendo que toda e qualquer proposta de classificação tem suas limitações quando se trata de abarcar a pluralidade de abordagens temáticas, teóricas e metodológicas de um campo de estudos, procuramos, nesta introdução, examinar a trajetória dos estudos de defesa no Brasil, cujo processo de institucionalização se confunde com o processo de construção da democracia no país. Da década de 1990 até meados da década de 2010, verificamos a expansão e a dinamização da agenda de pesquisa em defesa bem como a criação e o fortalecimento de programas de pós-graduação e linhas de pesquisa nas universidades brasileiras. A academia também começou a comunicar de forma mais frequente os resultados das pesquisas, especialmente nos periódicos das ciências sociais, que, de acordo com os dados relativos aos grupos de pesquisa do CNPq, é a área que mais produz conhecimento sobre defesa e a que menos recebe fomento do governo federal.

Verificamos ainda o processo de aproximação e um maior intercâmbio entre as universidades e as forças armadas. No entanto, o resultado da interação entre a academia e as escolas militares aqui no Brasil difere grandemente do que ocorreu em outros países, especialmente na experiência norte-americana, que é a grande referência das forças armadas brasileiras desde a Segunda Guerra Mundial em quase todos os aspectos, mas que, curiosamente, se distancia no tocante aos estudos de defesa. A transformação da defesa nacional em um objeto de estudo nas universidades estadunidenses ensejou a inserção da academia no debate e na formulação da política de defesa e o nível de articulação alcançado entre os estudiosos, os estrategistas e os tomadores de decisão, produziu um modelo de relações civil-militares conformado ao regime democrático.

No Brasil, por outro lado, a transformação da defesa em objeto de estudo não produziu resultados concretos no que diz respeito à participação da academia na formulação da política de defesa nem no que concerne às relações civil-militares, que retrocederam a patamares anteriores aos estabelecidos durante a Nova República desde o governo Bolsonaro. Além disso, à medida que as escolas militares foram capacitando seus quadros e tendo suas demandas atendidas pela Capes, elas passaram a disputar os espaços acadêmicos e os recursos financeiros com as universidades em uma atitude bastante diferente do que ocorre nos EUA. Contudo, esses percalços, a nosso ver, não devem eclipsar os consideráveis avanços na reflexão e diálogo crítico que temos identificado nos estudos de defesa.

1. Justiça Militar no Brasil e os limites da transição democrática

Maria Celina D'Araujo

Introdução

O tema da Justiça Militar no Brasil, com instâncias especializadas compostas por pares, começa a frequentar o rol de preocupações de estudiosos das forças armadas e das polícias militares, em particular, na ciência política e no direito. Exemplo disso é a seção Tendências/Debates da *Folha de S.Paulo* em 3 de setembro de 2022.[1] Dois artigos de autoria de advogados (Daniel Sarmento e Gabriel Sampaio) examinavam o tópico: "A Justiça Militar deve ser extinta?". Nesse caso, os autores estão se referindo a dois sistemas da Justiça Militar: a Justiça Militar da União, relativa às forças armadas, que tem como órgão máximo o Superior Tribunal Militar (STM), e a Justiça Militar dos estados, que julga policiais militares. O debate tinha como mote a absolvição de um policial militar em São Paulo depois de pisar no pescoço de uma mulher negra de 51 anos durante a pandemia do coronavírus (Druzian, 2020). A absolvição foi concedida por um quórum com maioria de policiais: quatro policiais e um juiz civil.

A favor da extinção, Sarmento e Sampaio argumentam que a Justiça Militar é "uma instituição anacrônica, corporativista e antidemocrática" e ainda leniente quando julga os pares. No caso da Justiça Militar da União, argumentam, com razão, que ela, ao contrário da Justiça Militar dos estados, também pode julgar civis acusados pela prática de crime militar. Esta prerrogativa do STM, alertam eles, contraria normas da ONU, da Corte Europeia de Direitos Humanos e da Corte Interamericana de Direitos Humanos quanto ao respeito ao estado democrático de direito "a cuja jurisdição o Brasil se submete". Atentam ainda

---

1 Disponível em: <www1.folha.uol.com.br/opiniao/2022/09/a-justica-militar-deve-ser-extinta-sim.shtml>. Acesso em: 9 set. 2022.

para a questão de custos-benefícios alegando que o aparato necessário para essa justiça é antieconômico. De fato, os custos da Justiça Militar são comparativamente muito maiores do que os da Justiça federal e das justiças do Trabalho e Eleitoral, como mostraremos.

A favor da manutenção dessa justiça, Fernando Luiz Carvalho Dantas explica, na segunda coluna da *Folha de S.Paulo*, que é uma instituição constitucional responsável pela manutenção da integridade das forças armadas e das polícias.[2] Além do mais, usa o argumento mais frequente e preconceituoso de que há uma sobrecarga na Justiça Comum, o que impediria julgamentos rápidos necessários para o bom funcionamento das forças de defesa e segurança. Ou seja, julgamentos lentos podem ser suportados por cidadãos comuns, embora a mesma Constituição diga o contrário. De outra parte, sabemos que a Constituição de 1988 foi elaborada sob a pressão das forças armadas, que fizerem ali inscrever várias prerrogativas, entre elas a Justiça Militar tal como tinha sido concebida pelo regime militar.

Outro exemplo de como o debate ganha preeminência na academia é a nota do *Observador da Segurança e da Soberania*, n. 6, de 2022.[3] Ali estão listadas algumas situações esdrúxulas em que a Justiça Militar se aplica:

> Um *soldado do Exército foi preso após convidar crianças para vê-lo se masturbar na janela de sua casa no Espírito Santo. O comandante da Aeronáutica Carlos Almeida Batista Jr. curtiu posts racistas no Twitter [...]. Dois soldados do Exército foram presos em Salvador por assaltar mulheres; sargento do Exército bêbado atirou em sem-teto durante festa em Brasília.* Embriagado, *militar do Exército sacou uma arma e apontou para pessoas em uma praça de alimentação em um shopping, no Mato Grosso do Sul. Sargento do Exército foi preso em Natal depois de efetuar disparos em via pública. Polícia civil do Distrito Federal prendeu um cabo do Exército suspeito de estuprar uma menina de 13 anos.* A Polícia Federal aponta associação criminosa de militares *para tráfico de drogas em aviões da FAB.* O que todos esses casos têm de diferente em relação a crimes cometidos por civis? [grifos no original].

---

2 Disponível em: <www1.folha.uol.com.br/opiniao/2022/09/a-justica-militar-deve-ser-extinta-nao.shtml>. Acesso em: 9 set. 2022.

3 Disponível em: <https://thetricontinental.org/pt-pt/brasil/de-olho-na-caserna-boletim-mensal-4/>. Acesso em: 10 set. 2022.

A resposta dada é que todos serão investigados por uma Polícia Judiciária Militar e julgados por uma Justiça Militar, a dos estados ou da União que, em geral são mais inclinadas a proteger os pares, especialmente os de altas patentes. Se condenados, cumprirão penas em prisões exclusivas. Destoando disso, no entanto, temos a questão referente ao consumo de entorpecentes nos quartéis, tema que atinge principalmente jovens conscritos e que é punido com mais rigor do que na Justiça federal, que já faz distinção entre porte para consumo e para tráfico.[4]

Esses pontos serão examinados com mais detalhes neste capítulo. Mostraremos que, em relação à Justiça Militar da União, o Brasil, longe de seguir a lógica internacional, tem aumentado suas prerrogativas judiciais e seu escopo de ação. O impacto disso sobre as relações civil-militares é direto. Para comprovar essas teses, usaremos algumas análises internacionais e dados empíricos nacionais acumulados em nossas pesquisas.

Nosso argumento é o de que a existência per si da Justiça Militar tal como a existente no Brasil é uma indicação clara de que a mudança nas instituições previstas pelas transições rumo à democracia não se aplicou ao Brasil.[5] A Justiça Militar da União, expressa por seu órgão máximo, o STM, é, certamente, um dos principais enclaves autoritários do país.

Funções e amplitude da Justiça Militar no Brasil

Em primeiro lugar, é preciso lembrar que todos os países têm códigos militares específicos para determinar os critérios de justiça na instituição. A função precípua da Justiça Militar em todo o mundo é fazer valer a ordem, a disciplina, a obediência e a hierarquia dentro dos quartéis e nos campos de operação. Isso pode ser feito com ou sem tribunais especializados ou corporativos. No Brasil,

---

4 O art. 290 do Código Penal Militar estabelece como crime "receber, preparar, produzir, vender, fornecer, ainda que gratuitamente, ter em depósito, transportar, trazer consigo, ainda que para uso próprio, guardar, ministrar ou entregar de qualquer forma a consumo substância entorpecente, ou que determine dependência física ou psíquica, em lugar sujeito à administração militar, sem autorização ou em desacordo com determinação legal ou regulamentar: Pena - reclusão, até cinco anos". A Lei de Drogas de 2006 (Lei nº 11.343) faz a distinção entre tráfico e porte para consumo. Este último não é, em princípio, objeto de criminalização.

5 Sobre o assunto, ver, por exemplo, Gallo (2019) e D'Araujo (2018, 2019).

a Justiça Militar é parte do Poder Judiciário, ou seja, há um setor especializado dentro do Judiciário, um tribunal permanente para julgar crimes militares previstos em lei mesmo em tempos de paz. Mais do que isso, contrariando as mais importantes normas internacionais, civis continuam sendo julgados pela Justiça Militar da União, ou seja, pelo Superior Tribunal Militar (STM) em obediência ao Código Penal Militar (CPM), um texto produzido em 1969, nos tempos mais duros da ditadura militar (1964-1985). Em 2017, esse protagonismo foi ampliado quando a Lei nº 13.491 de 13 de outubro de 2017 permitiu que militares das forças armadas em missões policiais de garantia da lei e da ordem (GLO) passassem a ser protegidos legalmente por essa justiça. Essa lei foi exigência militar para que as forças armadas liderassem a intervenção federal na segurança pública do Rio de Janeiro no decorrer do ano de 2018.

Os ajustes corporativos de 2017 vieram para evitar controvérsias sobre a quem caberia julgar os homicídios dolosos cometidos por militares contra civis durante ações de GLO quando as forças armadas exercem, de fato e de direito, o papel de polícia. Isso porque a Justiça Militar dos estados prevê que, no caso desses crimes dolosos cometidos por um policial contra a vida de um civil, a ação terá como segunda instância o Tribunal de Justiça estadual, ou seja, o Tribunal do Júri, a chamada Justiça Comum. Assim, o julgamento nesses casos passa por conselhos internos compostos por pares policiais para efeitos do inquérito que é encaminhado ao Tribunal de Justiça estadual.

Julgamento por pares é tabu para as forças armadas: dada a cultura institucional insulada, entendeu-se que seus componentes, mesmo nesses casos, só poderiam ser submetidos a julgamentos no âmbito de uma corte castrense composta por seu estamento mesmo quando em funções policiais. Nas palavras do general Vilas Boas, os militares precisam de segurança jurídica para policiar as ruas, ou seja, têm de estar amparados pela Justiça Militar da União.[6] Significativamente, esta prerrogativa legal de um tribunal corporativo, ao lado da estabilidade no emprego, são as principais motivações para que jovens sigam a carreira militar (Miranda, 2018).

A aprovação dessa lei de 2017 teve tramitação singular no Congresso. Em 2016, projeto de mesmo teor foi aprovado na Câmara dos Deputados para regular a ação das forças armadas no policiamento da cidade do Rio apenas durante as

---

6 *DefesaNet*, 2 out. 2017. Disponível em: <www.defesanet.com.br/cm/noticia/27295/Comandante-do--Exercito-diz-que-inseguranca-juridica-pode-inibir-acao-de-tropas-no-Rio/>. Acesso em: 14 set. 2022.

Olimpíadas que ocorreram no Rio de Janeiro nesse ano. No ano seguinte, por manobras parlamentares, já durante o governo Michel Temer, ela se tornou definitiva em votação no Senado, mas não sem a oposição de alguns senadores. Entre eles tivemos, por exemplo, Roberto Requião, Cristóvão Buarque e Jorge Viana que viram nessa lei uma licença para matar, uma maneira inconsequente de fazer frente à crise da segurança pública no Rio de Janeiro ou um exagero, posto que desde os anos 1990 as forças armadas atuaram em operações de GLO sem que houvesse tal necessidade.[7]

Desde 1934 o STM faz, constitucionalmente, parte do Poder Judiciário. A Constituição brasileira de 1988, bem como a reforma do Judiciário aprovada em 2004, em nada alteraram a concepção dessa corte cujo último regramento central foi feito pela ditadura militar. Embora a extinção de algumas leis de exceção decretadas pela ditadura tenha retirado do tribunal várias de suas atribuições políticas, o Código Penal Militar em vigor, assim como o Código do Processo Penal Militar, datados de 1969, nos tempos mais duros da ditadura, continuam praticamente intactos, agora com o adendo da proteção da Justiça Militar da União quando envolver operações policiais das forças armadas na segurança pública.

As tentativas de alterar a ação judiciária das forças armadas em tempos de paz e de democracia não têm muita receptividade no Brasil. Como em outras organizações solidificadas, as resistências à mudança são imensas, tratando-se, nesse caso, de uma instituição corporativa que além de deter o monopólio da força tem alto prestígio político e social. Para alguns analistas na área de direito (Souza, 2018a; Carvalho, 2018; Caamaño, 2009), a Justiça Militar da União, em suas funções e desenho institucional, está prevista na Constituição e não é, portanto, suscetível de questionamentos políticos ou legais. Quem defende a constitucionalidade dessa justiça não está equivocado. Ela está presente no art. 122 da Carta de 1988. Sabemos, contudo, que disposições constitucionais podem se tornar anacrônicas e podem ser revistas, especialmente quando uma Constituição é tão detalhista como a nossa. Até o fechamento deste capítulo, setembro de 2022, a Carta de 1988 já havia sido emendada 125 vezes.

---

7 Ver resumo do debate no *SenadoNotícias*, 10 out. 2017. Disponível em: <www12.senado.leg.br/noticias/materias/2017/10/10/militar-que-matar-civil-em-operacao-de-estado-sera-julgado-na--justica-militar>. Acesso em: set. 2022.

De maneira geral, os crimes militares são aqueles que afetam as forças armadas em sua capacidade de defesa, de resistência e de combate. Além disso, são considerados crimes militares, em geral, recusar-se a servir às forças armadas, ausentar-se sem justificação, desertar, trair a instituição ou o colega em suas funções, assassinar colega, render-se ao inimigo por covardia e desrespeitar os direitos humanos dos que se renderam.

De outra parte, as infrações disciplinares, ou crimes não propriamente militares, estão referidas a falhas comportamentais nas relações formais com chefes e colegas, conduta inadequada em geral, discussões internas, excesso de bebida alcoólica, descuidos com aparência, insubordinação com os comandantes e consumo de drogas ilícitas como já foi mencionado. Em ambos os tipos de crime, o debate internacional converge no sentido de sugerir reformas na Justiça Militar que impliquem mais transparência, mais direitos de defesa e mais respeito aos direitos humanos, de civis e de militares e, especialmente, de mulheres nas questões de assédio – tema que ainda não consta no rol de crimes militares no país. Os direitos dos militares é tema do livro de Ogilvie e Norton (2014), destinado a salvaguardar os direitos humanos dessa categoria, em especial em casos de homofobia, assédio sexual e moral e estupro. Para tanto, propõem a elaboração de relatórios mais detalhados e criação de *ombudsmen*, ouvidorias, sugerindo que os direitos devem ser os mesmos para todos os cidadãos ingleses. Outro foco nos direitos humanos remete ao julgamento de civis por cortes militares.

Além disso, infrações consideradas de menor potencial ofensivo são julgadas diretamente pelo superior, o que, no caso do Brasil, é conhecido como "justiça do comandante". Nesse caso, se um militar receber uma punição que julga injusta não poderá legalmente recorrer ao STM e terá de apelar para a Justiça Comum. Os excessos nessas situações são geralmente silenciados, pois para um subalterno processar seu comandante na Justiça é necessário ter determinação a ponto de não se deixar frear pelo medo de revanches internas. Para Arruda (2007), estas situações geram, entre os subordinados, um forte sentimento de injustiça.

Fique claro, mais uma vez, que a existência de Justiça Militar não implica a configuração de um tribunal especializado dentro do Poder Judiciário. Todos os servidores públicos têm seus códigos de conduta e até mesmo as associações profissionais, mas não contam com tribunais específicos. Os Estados Unidos, por exemplo, têm uma das mais discutidas e estudadas justiças militares do mundo, mas não têm um tribunal especializado. A Justiça Militar naquele país é regulada pelo Uniform Code of Military Justice (UCMJ), constantemente submetido a revisões e que continua dando poderes excepcionais aos comandantes, em geral homens, que são, no cotidiano, os responsáveis por julgamentos e penas. Lá, os casos de assédio e abusos sexuais contra mulheres são reiteradamente repercutidos na imprensa por não terem recebido punições adequadas.[8]

Confundir Justiça ou direito militar com tribunais militares é corrente. O mesmo se passa quando se fala do direito do trabalho. Para grande parte dos brasileiros, acabar com os tribunais do trabalho é acabar com direitos dos trabalhadores. Na Justiça federal temos varas especializadas em temas cíveis e criminais com variadas ramificações. Nada, pela lógica, impediria a existência de varas especializadas em leis trabalhistas e militares. Em ambos os casos, interesses corporativos lutam por manter essas esferas imunes à mudança para manter carreiras próprias e altos salários. No caso dos militares, a situação é mais grave porque, diferentemente da Justiça Trabalhista, sua clientela é pequena, cerca de 360 mil militares da ativa. As justiças especializadas com tribunais específicos são acompanhadas por um Ministério Público próprio, com carreiras específicas e altos salários. Logo, a existência desses tribunais obriga a formação de outras instituições, como se pode ver na figura 1.

Figura 1 | Organograma do Ministério Público no Brasil

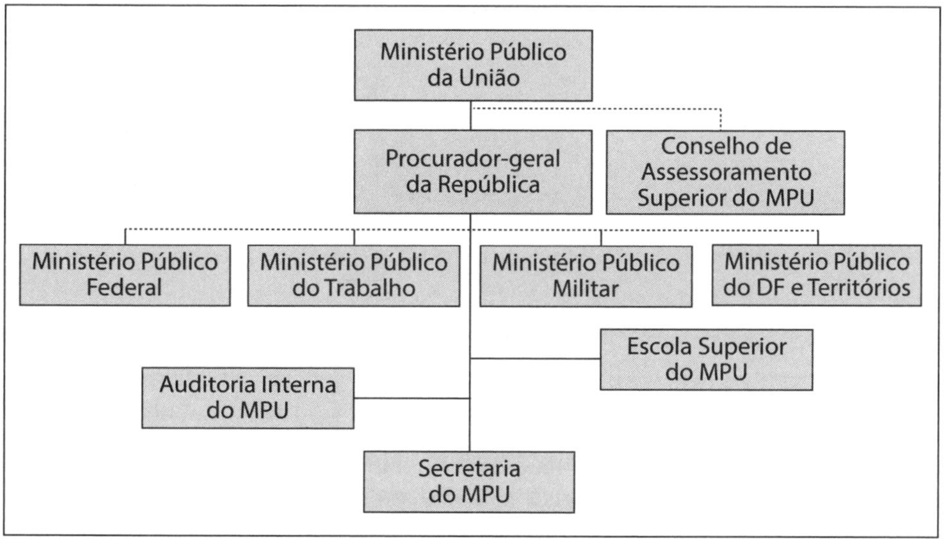

Fonte: elaborada pela autora a partir do *site* do Ministério Público da União. Disponível em: <www.mpu.mp.br/institucional/organograma>. Acesso em: fev. 2024.

8 Sobre o Uniform Code of Military Justice, ver, por exemplo, Meier e Hill (2018).

Outra explicação necessária é que, em vários países, podem existir cortes marciais em tempos de paz, mas especialmente em tempos de guerra, em situações em que não exista um Tribunal Militar permanente. São cortes *ad hoc* para situações excepcionais e que, obviamente, seguem regulamentos rígidos. No entanto, em caso de guerras, com as modernas tecnologias, imagens podem ser transferidas para fora do campo de operações e julgadas na Justiça Ordinária permitindo maior espaço para a defesa.

Nas últimas décadas, a ação, os limites, as prerrogativas e a independência da Justiça Militar, em suas várias modalidades, com ou sem tribunais permanentes, têm sido uma das preocupações nas Nações Unidas e do debate internacional sobre direitos humanos. Isso tornou-se especialmente relevante quando as questões de gênero e de direitos humanos continuaram avançando em relevância dentro dos quartéis, em todas as missões militares, muitas delas agregando civis, e na sociedade em geral.

No caso do Brasil, comportamentos de civis que forem considerados desrespeitosos para com instituições ou quadros das forças armadas, mesmo em tempos de paz, estão previstos nos arts. 299 e 300 do Código Penal Militar (CPM) como crime militar. Nesses casos, esses crimes resultam em prisão sumária em flagrante e as chances de defesa são mais difíceis do que na Justiça Comum. Esta prática institucional legitima uma maneira de agir da Justiça Militar da União que se contrapõe às diretrizes das modernas democracias e, mais do que isso, aumenta seu viés de enclave autoritário aproximando-os de situações como a da China e da Rússia em que as forças armadas são braço político do Poder Executivo, dentro ou fora de um partido político (Wuthnow e Saunders, 2017).

A importância dessas discussões está declaradamente explícita no relatório do Conselho do Alto Comissariado das Nações Unidas para Direitos Humanos, de janeiro de 2015,[9] que dispõe sobre independência, imparcialidade, competência do Judiciário, incluindo as cortes militares em suas modalidades (tribunais permanentes ou *ad hoc*). O relatório trata, basicamente, do direito de todos a julgamento isento, com proteção processual. Há fortes recomendações para que

9 Ver, por exemplo, UN Human Rights Committee General Comment nº 36 – Article 6: Right to life Supplementary written submission from Penal Reform International. Disponível em: <https://cdn.penalreform.org/wp-content/uploads/2015/06/HRC-Article-6-supplementary-submission.pdf>. Acesso em: set. 2022.

civis não sejam julgados por cortes militares, a não ser em casos excepcionais, posição adotada pela Corte Europeia de Direitos Humanos.

Pesquisadores que, como Vashakmadze (2010), Duxbury e Groves (2016), Kremmydiotis (2016), Kyle e Reiter (2021) examinam vasta gama de países detalhando como se estrutura a Justiça Militar em situações particulares, tipologias que tendem a seguir, que vão, por exemplo, de um contínuo da predominância absoluta da Justiça Comum até o extremo oposto, em que tribunais militares são independentes no julgamento de seus temas criminais e administrativos.[10]

Assim como no sul da Ásia (McLaughlin, 2016), na América Latina a Justiça Militar foi herdada das metrópoles e precede a existência de estados independentes (Rial, 2010a). Nesse contexto de países emergentes, a Justiça Militar autônoma foi observada como instrumento imprescindível a ser mantido para garantir a disciplina e a obediência e como forma de evidenciar a autoridade e a legitimidade da cadeia de comando e a possibilidade da ordem social. Da mesma forma, a exemplo de outras regiões, esses novos países fundaram, para eles, sistemas de saúde, previdência, ensino, lazer, que, no conjunto, demonstram o histórico de autonomia da corporação em relação à sociedade.

Na América Latina, com o retorno da democracia e a Convenção Interamericana sobre Desaparecimento Forçado de Pessoas de 1994, a questão dos direitos humanos passou, como era de esperar, a ter maior relevância, afetando as cortes militares. De toda forma, a gama de situações que pode ser considerada crime militar ainda é extensa (Bermeo, Castañeda e Castro 2010:56-61). E, no caso do Brasil, bem como evidencia a intervenção do Rio de Janeiro em 2018, essas possibilidades não tendem a diminuir. Durante essa intervenção, as forças armadas, sem *expertise* instalada em áreas de segurança, subordinaram os poderes locais e, ao fim, deixaram um legado cujos benefícios são questionáveis. Os dados de violência interpessoal e da polícia que se verificaram com sua saída, bem como a capacidade operativa da polícia estadual não atestam trabalho mais eficiente. Mais do que isso, fortaleceu-se a cultura do confronto e da morte e não a ideia de uma polícia inteligente e preventiva (Manso, 2020; Viana, 2021).

---

10 Para o caso específico dos tribunais militares na Europa, ver Cotelea et al. (2021).

Justiça Militar e democracia em vários países

Analisando a autonomia da Justiça Militar como um indicador do estado da arte das relações civil-militares em dezenas de países, Kyle e Reiter (2021) chegam a resultados ilustrativos. Vamos nos ater apenas a duas regiões geográficas examinadas pelos autores: Leste Europeu e América Latina e Caribe, que, embora retratadas em períodos distintos, ilustram bem nosso argumento.

Figura 2 | Subordinação dos militares ao sistema civil de Justiça no Leste Europeu (1946-2016)

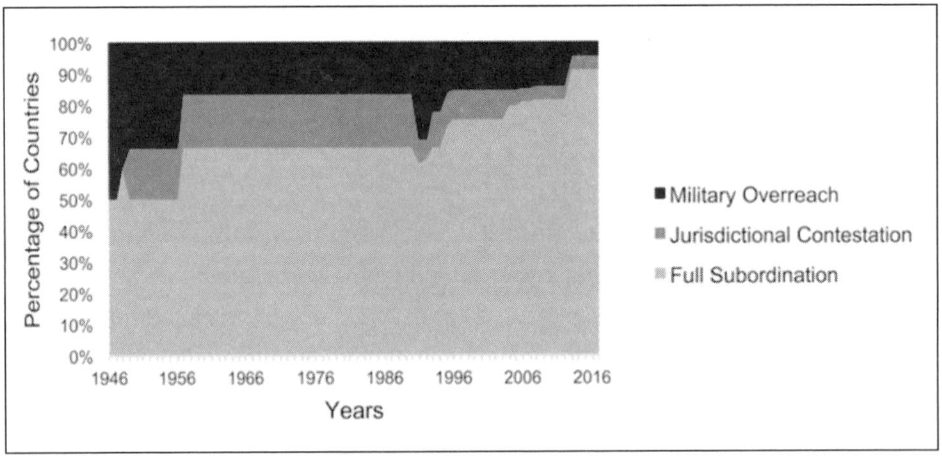

Fonte: Kyle e Reiter (2021:38).

Segundo os autores, no caso do *military overreach*, entendido como alcance expandido da Justiça Militar, as cortes militares não são controladas por atores civis, e os tribunais militares podem julgar civis por crimes específicos contra o Estado. Normalmente, nesse caso, mantém-se a jurisdição militar sobre os membros das forças armadas na maioria dos crimes. Este é o caso do Brasil exemplificando a baixa direção política (ou subordinação) dos militares ao estado democrático de direito. Em casos de "contestação jurisdicional", os tribunais militares podem ter jurisdição sobre alguns crimes civis cometidos por militares, incluindo violações de direitos humanos, e pode haver disputas públicas sobre quem tem o direito de julgar determinados casos. Nessa situação, tribunais militares não podem julgar civis. Finalmente, em sistemas de subordinação completa aos ditames da direção política democrática, os tribunais militares, se não foram completamente abolidos, não fazem parte do Poder Judiciário e operam apenas para um conjunto restrito de crimes necessário para manter a ordem e a disciplina dentro dos quartéis. Não há disputas de competências entre tribunais civis e militares em relação à jurisdição dos casos.

Embora seja uma tipologia que esconde especificidades, ela nos ajuda a entender processos de larga escala e situações singulares de alguns países ou regiões. É o caso da América Latina e do Caribe, como se vê na figura 3.

Figura 3 | Subordinação dos militares ao sistema civil de Justiça na América Latina e no Caribe (1822–2017)

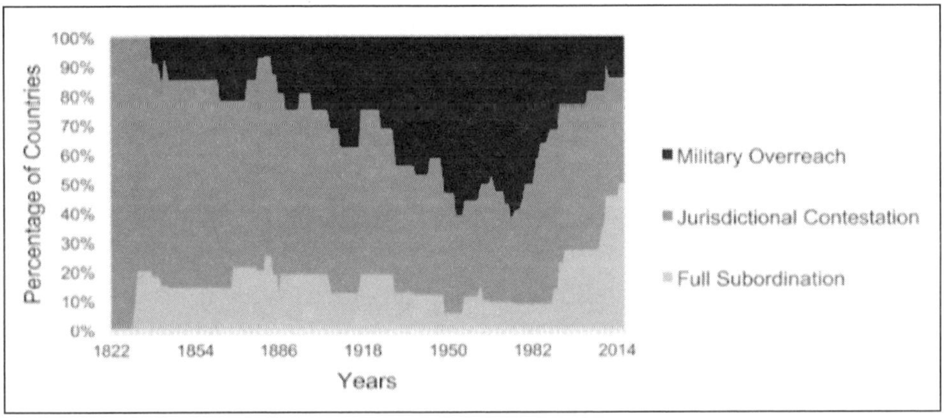

Fonte: Kyle e Reiter (2021:39).

Os dois gráficos tomam períodos cronológicos distintos, mas pode-se observar que no caso da figura 3 (América Latina e Caribe) as restrições a uma Justiça Militar autônoma começam a ser realidade a partir de 1982, quando se inicia o processo de redemocratização na região. A tese dos autores é a de que, "quando os tribunais militares têm muito poder, eles representam um desafio direto ao controle civil das forças armadas e minam os sistemas judiciais civis e o estado de direito, componentes essenciais de uma democracia em bom funcionamento" (Kyle e Reiter, 2021:5).

De fato, a Justiça Militar, desde suas origens, tem como função primordial fazer valer os princípios da obediência e da disciplina. Se tomarmos o verbo "dizimar", por exemplo, veremos que deriva de uma regra disciplinar do Exército romano, do século I antes de Cristo, que consistia em que cada membro de um grupo de 10 legionários deveria assassinar um colega determinado por sorteio ou por escolha do comandante. Era uma regra de crueldade para mostrar lealdade, valentia e a legitimidade do líder. Assim, segundo Kremmydiotis (2021), se

> inicialmente, o objetivo principal da Justiça Militar era a aplicação da disciplina, a administração da justiça era uma consideração secundária. Atualmente, o desafio enfrentado pelos sistemas de Justiça Militar é determinar a maneira pela qual as obrigações disciplinares devem ser cumpridas de forma consistente com os direitos a um julgamento justo e o devido processo legal [Posição 311 do Kindle, trad. livre].

Note-se que aqui há a preocupação com a justiça dentro dos quartéis e com o tratamento digno aos militares infratores. Trata-se de considerar os direitos humanos em meio a um ambiente tradicionalmente violento. Mas a discussão dos direitos humanos vai além, ou seja, aborda o alcance da Justiça Militar para julgar civis em tempos de paz e mesmo em tempos de guerra. Penalidades pensadas para uma corporação específica não podem ser generalizadas, ainda mais se pensamos na corporação militar sempre atenta a práticas de disciplina e obediência como princípios basilares, longe portanto da maneira de agir e pensar da maior parte da sociedade.[11]

Da mesma forma entende-se que uma Justiça Militar autônoma e independente é um sintoma de fraqueza da democracia, uma evidência do descontrole político sobre as forças armadas e, portanto, um indicador de baixa qualidade democrática. Para resumir, podemos enfocar as relações da Justiça Militar com a democracia a partir de dois grandes eixos: em primeiro lugar, os direitos humanos, direitos de defesa, razoabilidade das penas, alcance sobre os civis; e, em segundo, pela ótica das relações civil-militares. Nesse caso, maior a autonomia da Justiça Militar, menor é o alcance democrático do regime.

No período pós-ditadura, ao contrário do que acontecia em países que se democratizavam, a reforma da Justiça Militar permaneceu assunto tabu. Em 2005, tramitou no Congresso a Proposta de Emenda à Constituição (PEC) nº 358, que propôs diminuir o número de juízes do STM de 15 para 11 e atribuía a essa corte controle jurisdicional sobre as punições disciplinares aplicadas aos membros das forças armadas. Ou seja, o tribunal poderia rever as decisões punitivas

[11] Julgamento de civis pela Justiça Militar é tema do Fuero Militar y Derecho Internacional (2018).

aplicadas pela "justiça do comandante". Pelas regras atuais, o militar que quiser recorrer de um possível excesso na punição administrativa do comandante só pode recorrer à Justiça federal, uma Justiça sabidamente lenta. Por pressão do STM, esta proposta nunca foi a plenário.

No Congresso são ainda apresentadas dezenas de proposições de políticos isolados, normalmente em partidos de esquerda, tratando do crime de assédio nas forças armadas. O Projeto de Lei nº 6.988, por exemplo, foi aprovado pela Comissão de Constituição e Justiça (CCJ), mas nunca foi a plenário. Também esperam por votação várias proposições que proíbem a Justiça Militar de julgar civis, e várias delas nem foram examinados na CCJ.[12] Como nenhuma delas chegou à votação plenária, ficamos impedidos de saber a posição do conjunto dos parlamentares a respeito. A pouca atenção dada a esses temas pelo Congresso mostra o acomodamento que tem havido por parte de nossos políticos e da sociedade no sentido de completar as etapas básicas na justiça de transição.

Como sempre acontece no Brasil, na ausência de uma resposta legislativa ou de uma decisão no Congresso que não seja apoiada por uma das partes, aciona-se a judicialização. Segundo o *Conectas Direitos Humanos*,[13] no ano de 2022 circulavam no Supremo Tribunal Federal seis ações referentes à ação da Justiça Militar no Brasil:

- Arguição de Descumprimento de Preceito Fundamental (ADPF) nº 289, estipulando que a Justiça Militar não julgue civis em tempos de paz.
- Arguição de Descumprimento de Preceito Fundamental (ADPF) nº 826, solicitando que normas militares não atinjam o livre funcionamento da imprensa, posto que os critérios subentendidos em expressões como "afetar as instituições militares" dão margem para a aplicação ilegítima do Código Penal Militar contra jornalistas e pode inibir o direito de expressão e de liberdade de imprensa.
- Ação Direta de Inconstitucionalidade (ADI) nº 5.901, dispondo que oficiais das forças armadas não devem julgar colegas que atentaram contra a vida de civis. Esse dispositivo quer reverter a Lei nº 13.491/2017, que

12 Dados informados pela Câmara dos Deputados.

13 Disponível em: <www.conectas.org/noticias/veja-as-acoes-no-stf-que-questionam-os-usos-da-justica-militar-no-brasil/>. Acesso em: 19 set. 2022. Conectas atua como *amicus curiae*.

ampliou a competência da Justiça Militar em casos de homicídios dolosos praticados por militares contra civis durante operações de GLO.

- Ação Direta de Inconstitucionalidade (ADI) nº 5.804, estabelecendo que crimes de militares praticados por policiais contra civis sejam julgados pela Justiça Comum desde os inquéritos iniciais.
- Ação Direta de Inconstitucionalidade (ADI) nº 4.164. Desta feita, reitera-se a ADI anterior para que a Justiça Militar não apure crimes dolosos cometidos por militares contra civis.
- Ação Direta de Inconstitucionalidade (ADI) nº 5.032, apresentada em 2013, solicita, na mesma linha das anteriores, que agentes das forças armadas que cometerem crimes no exercício de atividades militares atípicas, especialmente no âmbito da segurança pública, sejam julgados pela Justiça Comum.

Acompanhando a agenda do STF, vê-se que às vezes uma dessas peças é colocada na pauta, porém nunca julgada. O STF tem sido um agente poderoso na defesa das prerrogativas dos militares, e o exemplo mais expressivo foi a decisão de 2012 que considerou constitucional a Lei de Anistia de 1979. De fato, há no Brasil um pacto implacável entre Executivo, Legislativo e Judiciário no sentido de não atingir os militares em temas de seu interesse.[14] Por isso mesmo, o padrão de relações civil-militares continua tão assimétrico, com primazia dos interesses das forças armadas, que, no decorrer do governo Jair Bolsonaro, ainda se sentiram mais prestigiadas.

Finalmente convém lembrar que, conforme dados da Câmara dos Deputados, o número de proposições estendendo benefícios e direitos a militares e policiais é bem maior, mas também nesse caso os assuntos ficam paralisados nas comissões. Ao fim, por temor de mudanças que possam alterar o sistema de privilégios castrenses, o Brasil fica entre os três únicos países da América Latina e do Caribe que ainda têm tribunais militares permanentes em tempos de paz para julgar militares e civis: Brasil, Cuba e Venezuela.

14 Ver, a esse respeito, Amorim Neto e Acácio (2020).

Dados sobre julgamentos do STM e seus custos

O STM é uma corte recursal e, portanto, ao pesquisar seus arquivos só podemos ter acesso aos casos daqueles que recorreram, o que significa que muitas punições podem ter ocorrido na primeira instância (as auditorias de Justiça Militar), sem contestação. Não existem dados agregados disponíveis sobre tudo o que acontece nessas auditorias, parte fundamental da Justiça Militar. Por isso, vamos nos deter nos trabalhos do STM tendo em mente que, apesar de hermética, é possível quantificar parte de suas ações e observar o valor simbólico de seus atos.

Fizemos um exercício empírico para conhecer as decisões dessa corte e estabelecemos como recorte o período de 2012 a 2018, este último ano tendo como marca a intervenção federal no Rio de Janeiro. Encontramos 4.753 pessoas julgadas, distribuídas em 3.961 processos. Delas, 739 eram civis (15,5%). Entre os militares, num total de 3.993, 74% eram do Exército, o que se explica por ser essa a força mais numerosa. No cômputo geral dos militares, 3.661 (91%) dos julgados eram praças, 307 oficiais e 25 alunos.

Em relação a gênero, em nossa amostra 219 dos julgados são mulheres, mas apenas 51 delas são militares. Nas várias operações de GLO ocorridas nesse período, 95% dos processados no STM são civis, a maior parte mulheres, tendo o crime de desacato, um crime tipicamente militar, como o mais frequente.[15] Em nenhum caso foi tratado o tema de assédio, pois esse crime ainda não é tipificado no CPM (Viana, 2021).

Nos dados, mais de um terço dos processos julgados é afeito ao manuseio de drogas ilícitas (maconha, em geral) por parte de jovens (conscritos principalmente) que, como vimos, é tratado de forma bem ampla pelo Código Penal Militar em seu art. 192. Lembre-se, ainda, de que, diferentemente da lei civil, no Código Penal Militar não há o princípio da insignificância.[16]

---

15 Ver Viana (2021). Nesse livro, a autora faz uma radiografia dos crimes cometidos por militares no Rio de Janeiro que não foram objeto de julgamento ou foram arquivados.

16 Ver Araujo (2020). Dada a prolixidade na definição do tema, ao longo do texto vamos abreviar o assunto para drogas ou drogas ilícitas.

Figura 4 | Tipos de crimes praticados por militares (2012-2018)

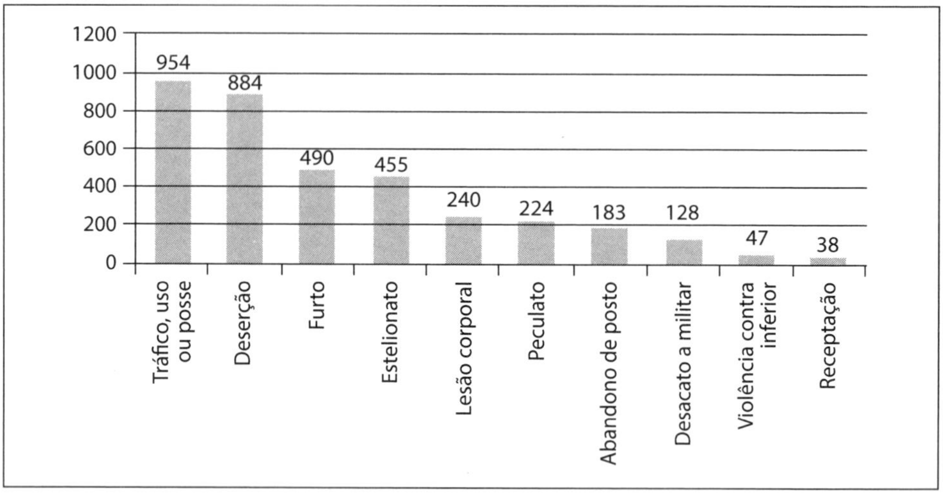

Fonte: elaborada pela autora a partir de pesquisas no STM.

O crime de deserção e o de abandono de posto são conhecidos como crimes tipicamente militares, isto é, decorrem da especificidade da profissão militar. Pelos nossos dados, o abandono de posto é inexpressivo, enquanto a deserção ganha o segundo lugar em todos os anos pesquisados e tende a decrescer frente ao aumento constante de casos envolvendo drogas ilícitas conforme se vê na figura 5.

Figura 5 | Crimes de deserção e "tráfico" (2012-2018)

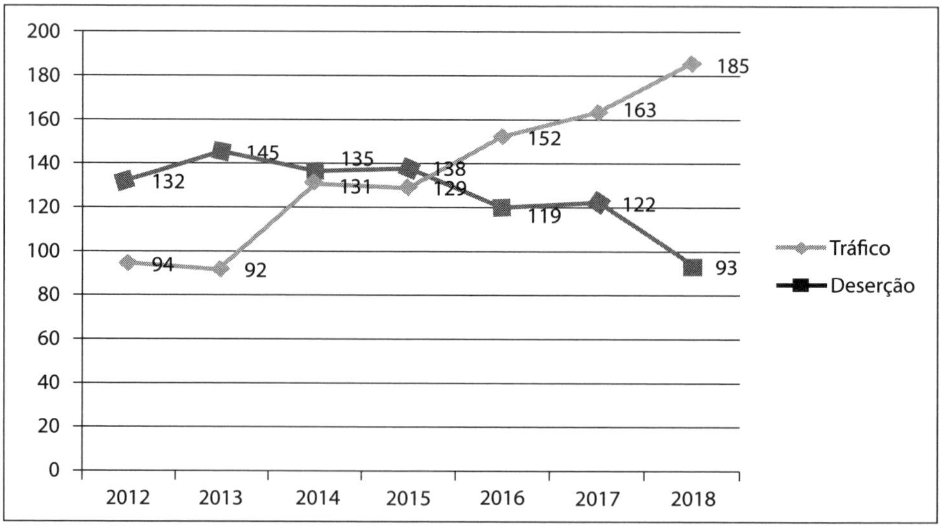

Fonte: elaborada pela autora a partir de pesquisas no STM.

Levando em conta esses dados, vemos que a corte de 15 ministros do STM passa a maior parte de seu tempo julgando "crimes" tipicamente juvenis e praticamente universais no mundo ocidental, o que ressalta a superficialidade de suas funções e a falta de eficácia no que se refere a custos para o contribuinte. Confirmando o que acaba de ser dito, o consumo de drogas ilícitas, um "crime" não tipicamente militar, é cometido especialmente por jovens dentro dos quartéis, como atesta o quadro 1.

Quadro 1 | Número de militares acusados de uso ou posse de drogas segundo patente (2012-2018)

Patente	N
Praças	931
Alunos	5
Oficiais	2
Sem informação	16
Total	**954**

Fonte: elaborada pela autora a partir de pesquisas no STM.

Se levarmos em conta a irrelevância desses casos processuais e a natureza de outros crimes e infrações que poderiam ser tratados na Justiça Federal, concluiremos que a existência dessa corte só faria sentido para legitimar o poder corporativo da instituição e garantir prerrogativas incompatíveis com os princípios de uma sociedade democrática.

Para adensar o argumento, vamos atentar para os custos operacionais da Justiça Militar em comparação com os do Tribunal Superior do Trabalho (TST) e do Tribunal Superior Eleitoral (TSE) e, com isso, demonstrar como o custo efetivo dessa instituição é um anacrônico gasto público, em outras palavras, desperdício. Para exemplificar, o quadro 2 compara dois aspectos de dois tribunais superiores: o STM e TST nos anos de 2017 a 2019.

Quadro 2 | Comparativo de gastos anuais do STM e do TST (2017-2019)

Anos	STM	TST
2017	R$ 473.513.955	R$ 1.019.234.350
2018	R$ 510.871.048	R$ 1.050.827.593
2019	R$ 544.103.712	R$ 1.160.002.414

Fonte: cálculos elaborados a partir de CNJ (2020). *Justiça em números*.

O volume de trabalho em cada uma dessas cortes é díspar. Segundo a publicação *Justiça em números*, de 2020, do Conselho Nacional de Justiça, o volume anual de casos novos do TST é de 156 por 100 mil habitantes, enquanto, seguindo essa correlação, os casos novos no STM são um traço, ou seja, estatisticamente são zero. A mesma disparidade é observada quando levamos em conta os gastos médios por servidor nesses dois tribunais.

Quadro 3 | STM e TST – gastos médios por servidor (2017-2019)

Anos	STM	TST
2017	R$ 423.153,69	R$ 222.903,32
2018	R$ 455.837,56	R$ 242.783,92
2019	R$ 376.061,78	R$ 221.283,44

Fonte: cálculos elaborados a partir de CNJ (2020). *Justiça em números.*

Os dados sobre gastos são mais uma das variáveis que atestam a necessidade de uma revisão nesse arranjo de nosso Sistema Judiciário, isso para não mencionar o complexo e generoso orçamento das forças armadas se comparado a outras despesas da União.

Conclusão

Praticamente inexiste bibliografia no Brasil sobre Justiça Militar no campo das ciências sociais. O tema está praticamente restrito ao campo do direito e normalmente trata das sempre necessárias tecnicidades típicas da matéria. Embora a permanência da Justiça Militar no Brasil seja apontada como um dos indicadores da incompletude das transformações institucionais necessárias à transição para a democracia, a pesquisa e o debate ainda são escassos, especialmente para o período mais recente.

O mesmo não acontece no plano internacional, em que se destacam, ao nível das ciências sociais, basicamente, dois tipos de literatura. Uma que enfatiza a Justiça Militar no plano dos direitos e outro que a aborda pela ótica institucional da democracia.

No primeiro caso temos clássicos como Kremmydiotis (2021), Vashakmadze (2010), Mclaughlin (2016), Dahl (2011), Duxbury e Groves (2016), entre outros, que apontam para as mudanças estruturais na Justiça Militar em vários países no sentido de incutir-lhe mais transparência e mais controle nos julgamentos, de forma a garantir julgamentos mais justos e mais adequados às mudanças estruturais pelas quais passam as sociedades e as forças armadas. A palavra de ordem nesses casos é a necessária civilinização da Justiça Militar como proteção para os quadros militares e para as garantias legais da sociedade como um todo. Ou seja, buscar formas de eliminar o uso arbitrário ou desproporcional de códigos extemporâneos.

No outro plano, temos os trabalhos essenciais que abordam o impacto sobre as relações civil-militares, como os de Kyle e Reiter (2013 e 2021), especialmente porque vão além dos estudos de Europa e Ásia e analisam a América Latina.

Finalmente, é necessário chamar atenção para os processos internos de produção da ordem e disciplina nos quartéis por métodos convencionais e antiquados, numa altura em que a maioria dos exércitos não é mais constituída por soldados regulares ou permanentes. Ultimamente, os exércitos assemelham-se a grandes empresas, com dinamismo gerencial, mas os códigos militares, especialmente no Brasil, não tiveram mudanças suficientes para lidar com novos desafios, como direitos humanos, inclusão de gênero e novas demandas por mais direitos e justiça.

Simultaneamente, as ameaças de terrorismo tornam a segurança nacional mais imprevisível, exigindo das forças armadas mais agilidade, *expertise*, decisões rápidas, às vezes de caráter pouco ortodoxo. Tudo isso gera dificuldades para as organizações internacionais preocupadas com a justiça, especialmente os direitos dos civis. No Brasil, a mudança da legislação sobre esses temas está longe de ser prioritária pelas instâncias de poder que poderiam efetuar mudanças, ou seja, os três poderes da República.

2. Um *think tank* civil em um Ministério da Defesa militarizado: nascimento, breve vida e morte lenta do Instituto Pandiá Calógeras

Juliano da Silva Cortinhas

Desde 1999, o Ministério da Defesa (MD) tem passado por diversas reformas estruturais. No período, foram criadas instituições relevantes como a Secretaria-Geral, o Estado-Maior Conjunto das Forças Armadas (EMCFA) e o Instituto Pandiá Calógeras (Pandiá), entre outros. Enquanto a primeira visava ampliar a capacidade de gestão do MD e fortalecê-lo em relação às forças armadas, o EMCFA objetivava fortalecer o planejamento e a realização de operações conjuntas. O instituto, cujo nome homenageava o primeiro e único civil que comandou o Ministério da Guerra na história republicana do Brasil, de 1919 a 1922, foi criado em 1º de abril de 2013. Entre suas competências, estavam a assessoria ao ministro de Estado da Defesa na análise política e estratégica da segurança internacional e da defesa nacional, além da criação de pontes entre o ministério e a academia brasileira, que naquele momento já possuía número bastante elevado de estudiosos sobre os temas relacionados com a defesa.

Por sua configuração, o Pandiá surgiu como uma estrutura bastante peculiar no âmbito do ministério. Primeiramente, tratava-se da única instituição composta exclusivamente por civis em um órgão bastante militarizado (Cortinhas e Vitelli, 2020). Em segundo lugar, era um órgão com estrutura pequena, tendo apenas sete cargos disponíveis em seu início. Em terceiro, foi constituído de modo que todo(a)s o(a)s analistas possuíssem treinamento acadêmico: eram mestre(a)s ou doutore(a)s com formação específica nas áreas de segurança internacional e defesa nacional e que possuíam publicações relacionadas com esses temas.

Com base nas competências legais definidas para o instituto, a equipe inicial pautou sua atuação com base em órgãos já existentes em outros ministérios da defesa ao redor do mundo, em especial em países europeus.[1] Tais instituições

1 Como exemplos de institutos de pesquisa que compõem as estruturas de ministérios da defesa, podemos citar o Instituto de Defesa Nacional (IDN), localizado em Portugal, o Development, Con-

são assemelhadas aos chamados *think tanks*[2] e cumprem três funções principais: (1) produzem discussões conceituais que embasem a construção das políticas públicas voltadas para a defesa; (2) assessoram diretamente as principais autoridades dos ministérios em negociações com contrapartes, realizando inclusive a chamada "*back channel diplomacy*"; (3) fazem pontes entre os ministérios da Defesa e a sociedade, com ênfase na academia. No caso brasileiro, tais pontes permitiriam que o MD conhecesse o que a sociedade brasileira pesquisava sobre Defesa nacional e, com isso, haveria a oportunidade de absorver críticas e sugestões provenientes da academia.

Apesar do sucesso inicial, o instituto viu-se progressivamente submetido a pressões de autoridades influentes do Ministério da Defesa, sendo que, a partir de 2016, seu trabalho passou a ser sistematicamente descontinuado. Esvaziada em suas capacidades, a instituição foi perdendo relevância – resultado de uma estratégia interna orquestrada que culminou na decisão de encerrar as atividades do instituto e extingui-lo formalmente na reforma da estrutura ministerial que foi aprovada por meio do Decreto nº 10.998, de 15 de março de 2022. Ao todo, o Instituto Pandiá Calógeras, uma das iniciativas mais importantes para a democratização do MD e para que a sociedade tivesse uma caixa de ressonância no interior do órgão, existiu por pouco menos de nove anos. Como *think tank*, porém, o instituto permaneceu ativo por apenas três anos.

Este capítulo narra, a partir de minha própria experiência como primeiro chefe de gabinete do Instituto Pandiá Calógeras, como foi concebida a instituição e, a partir daí, é realizada uma análise sobre o processo de desconstrução do trabalho inicialmente desenvolvido. Com base nesse exame, o capítulo faz uma análise das razões principais que levaram ao fim prematuro de um instituto que tinha grande potencial para proporcionar novos ares a um ministério extremamente fechado.

---

cepts and Doctrine Center (DCDC), do Reino Unido, e o Institut de Recherche Stratégique de l'École Militaire (Irsem) francês. Cada uma dessas instituições tem peculiaridades, mas as três são exemplos de *think tanks* posicionados nas estruturas dos ministérios da Defesa de seus países. Mesmo pertencendo a estruturas oficiais, gozam de autonomia científica e conceitual, o que lhes permite a possibilidade de construir análises críticas para embasar os processos decisórios na área da defesa. Além desses, há muitas outras instituições semelhantes ao redor do mundo.

2 O conceito de *think tank* e a aproximação do Instituto Pandiá com essas instituições serão discutidos na terceira seção deste capítulo.

Notas metodológicas

De início, é importante observar que este capítulo não é um texto acadêmico tradicional, em que o autor procura analisar friamente dados e encontrar soluções possíveis para um problema de pesquisa do qual possui afastamento. Trata-se, ao menos com relação aos primeiros anos, de um relato sobre o que vivi no Instituto Pandiá Calógeras. Após minha saída, mantive contato com servidoras e servidores que atuaram no órgão e com pessoas que continuaram trabalhando proximamente ao Pandiá. O texto é, desse modo, produto de minhas observações como ator engajado no processo de construção e consolidação da instituição. Por essa proximidade, é relevante tecer breves comentários sobre minha relação com o órgão.

Fui o primeiro chefe de gabinete do Pandiá. Assumi a função logo após sua criação, em abril de 2013. Após três anos de trabalho e dedicação à construção da instituição, recebi uma ligação telefônica no início de uma manhã de abril de 2016 em que uma pesquisadora do instituto me informou que, para sua surpresa, minha exoneração e a de outras duas servidoras haviam sido publicadas no *Diário Oficial da União*. Antes da publicação, em nenhum momento fomos avisados de que seríamos exonerados, sequer houve comunicação posterior para explicar as razões da decisão, que foi tomada pelo diretor que havia assumido a função dois meses antes.

De um lado, minhas experiências ao longo dos anos de Pandiá me colocam como agente e observador privilegiado de sua construção. De outro, uma experiência desrespeitosa como essa e minha proximidade com o objeto de análise me impedem de ter uma visão isenta sobre o instituto. Ciente disso, é necessário esclarecer os critérios analíticos que adotei na construção deste capítulo e indicar as ferramentas que utilizei para minimizar meus vieses.

A primeira dessas ferramentas está relacionada com o estabelecimento de variáveis claras para mensurar o grau de apoio institucional e a desconstrução promovida no Pandiá ao longo dos anos. Serão utilizadas quatro variáveis: (1) a lista de cargos designados para o instituto e a forma como foram ocupados em cada período; (2) alterações da identidade visual e do nome do Instituto Pandiá Calógeras; (3) a adequação das atividades realizadas pelo órgão com as competências legais e concepções estratégicas; (4) os orçamentos disponíveis ao instituto.

Uma segunda ferramenta metodológica importante para este capítulo será um esforço constante de fundamentar as análises por meio de dados e informações de documentos produzidos pelo próprio instituto, como os relatórios de suas atividades. Para a obtenção de tais dados e informações, foram utilizadas principalmente fontes primárias na pesquisa: entrevistas de diretores e o sítio eletrônico do Pandiá, além de uma extensa lista de publicações oficiais do MD sobre o instituto. Também foram utilizados dados obtidos via sistema eletrônico do Serviço Eletrônico de Informações do Cidadão (e-SIC).

Realizei consulta sobre o Pandiá no e-SIC em 13 de abril de 2021. O pedido foi autuado sob o nº 60110.001380/2021-17. Como essa é a origem de diversas informações utilizadas neste capítulo, mas, por outro lado, diversas perguntas ficaram sem respostas, é importante apresentar o teor integral das informações que solicitei ao MD:

> Acerca do Instituto Pandiá Calógeras, criado pelo Decreto nº 7.974/2013, e sua evolução institucional, requeiro as seguintes informações:
>
> Gostaria de indicação sobre todas as modificações estruturais pelas quais passou o Instituto Pandiá Calógeras, com citação das mudanças regimentais e normativas responsáveis por elas.
>
> 1) Necessito, para tanto, que me indiquem o número e, se possível, sejam fornecidas cópias de todas as normativas que tratem dos seguintes temas:
> a) competências e mudanças de competências do IPC;
> b) cargos disponíveis (diferentes estruturas do Instituto);
> c) ampliações de sedes e revogações de tais ampliações;
> d) assinaturas de acordos de cooperação com outras instituições.
>
> 2) Além disso, solicito as seguintes informações:
> a) principais realizações do Instituto ao longo de 2013 a 2021;
> b) dotações orçamentárias de 2013 a 2021 – no caso de inexistência de dotações específicas, necessito de uma tabela que indique os recursos utilizados anualmente (alocados e efetivamente executados) pelo Instituto, com discriminação do projeto (e programa) específico ao qual tais recursos foram destinados;
> c) gostaria que fossem incluídas, na lista de despesas realizadas, não somente aquelas relativas aos projetos, mas também aquelas que se referiram a diárias e passagens de todos os servidores que já pertenceram ao Instituto Pandiá Calógeras, com discriminação das missões que realizaram;

d) gostaria de receber cópias de todas as logomarcas desenvolvidas para o IPC e as datas de início de sua utilização, além dos custos de sua produção;
e) cópias de todas as notas técnicas produzidas pelos servidores do instituto e a que órgãos foram destinadas;
f) cópias dos planejamentos estratégicos do IPC e dos relatórios anuais de atividades produzidos.

Esperando contar com a colaboração do órgão para obter as informações solicitadas, desde já agradeço.
Cordialmente,
Juliano Cortinhas.

A resposta do órgão, apesar de trazer informações importantes, foi insatisfatória. Somente foram apresentados, por exemplo, dois relatórios anuais de atividades (2015 e 2017). Além disso, foi apresentado somente o plano de gestão para 2019, mas nele foi possível perceber mudanças profundas nas concepções sobre o instituto. Quanto aos convênios celebrados, apesar de o *Diário Oficial da União* (*DOU*) informar a existência de mais acordos, o MD somente forneceu cópias de termos de execução descentralizada firmados com o CNPq para realizar as duas versões do Programa Álvaro Alberto, em 2014 e 2017.

Acerca das demais informações solicitadas, não houve quaisquer esclarecimentos. Surpreendeu-me, ainda, a resposta ao pedido 2c. O MD afirmou que não tem qualquer controle sobre despesas com passagens e diárias executadas há nove anos:

> Em resposta à solicitação constante do item 2.c, que trata da lista de despesas realizadas, não somente aquelas relativas aos projetos, mas também aquelas que se referiram a diárias e passagens de todos os servidores que já pertenceram ao Instituto Pandiá Calógeras, com discriminação das missões que realizaram, considerando o lastro temporal de 9 (nove) anos, informa-se que a demanda não poderá ser atendida, uma vez que o seu atendimento acarretaria trabalho adicional de análise para verificação e consolidação dos dados, conforme inciso III, do art. 13, do Decreto nº 7.742/2012 (e-SIC, 2021).

Acredito que a utilização das fontes e dos recursos metodológicos mencionados foi suficiente para amenizar meu viés analítico e que há informações para justificar a divisão proposta neste capítulo. O argumento central que será defendido no texto é que os nove anos de atuação do Pandiá podem ser divididos em dois períodos: o primeiro, mais curto (2013-2016), foi marcado por atuação bem-sucedida para consolidar o instituto como *think tank* do MD; o segundo, mais longo (2016-2022), pode ser definido por más gestões e ataques às suas bases institucionais. A desconstrução foi realizada a partir das principais autoridades do MD. Conseguiram, assim, impedir que conhecimentos críticos, que seriam muito úteis para a evolução do aparato de defesa brasileiro, fossem produzidos no interior do órgão.

A criação do Instituto Pandiá Calógeras: concepções, funções e relação com outros órgãos do MD

A criação de um instituto de pesquisa com capacidade para produzir análises que apoiassem o processo decisório do Ministério da Defesa e, em especial, o ministro de Estado, era um projeto que vinha sendo conduzido desde a gestão de Nelson Jobim no MD. Foi, porém, somente na gestão de Celso Amorim que a ideia foi concretizada. O primeiro grande passo para a criação do Instituto Pandiá Calógeras foi sua previsão na Estratégia Nacional de Defesa (END) de 2012:

> 8. O Ministério da Defesa adotará as medidas para a criação e implementação do Instituto Pandiá Calógeras com as seguintes competências:
> – Produzir reflexões acerca de aspectos políticos e estratégicos nos campos da segurança internacional e da defesa nacional, considerando os cenários de inserção internacional do Brasil;
> – Contribuir com a pesquisa e a formação de recursos humanos no campo da defesa;
> – Estreitar o relacionamento do Ministério da Defesa com o meio acadêmico nacional e internacional; e
> – Assessorar o Ministro da Defesa em outras funções por ele definidas [Brasil, 2012b:42-43].

Após a previsão na END 2012, a criação do Instituto Pandiá foi concretizada por meio do Decreto nº 7.974, de 1º de abril de 2013, que realizou uma das maiores alterações já alcançadas na estrutura do MD (Cortinhas e Vitelli, 2020).

A partir do decreto, o Instituto Pandiá Calógeras passava a ser um dos cinco "órgãos de assistência direta e imediata ao Ministro de Estado da Defesa". O art. 7º determinava suas competências:

> Art. 7º. Ao Instituto Pandiá Calógeras compete:
> I - assessorar o Ministro de Estado da Defesa na análise política e estratégica da segurança internacional e da defesa nacional;
> II - contribuir com a pesquisa e a formação de recursos humanos no campo da defesa nacional;
> III - promover, estimular e participar de eventos vinculados à sua área de atuação;
> IV - promover a integração com o meio acadêmico nacional e internacional em articulação com outros órgãos, em especial com a Secretaria de Pessoal, Ensino, Saúde e Desporto e em apoio às atividades por ela conduzidas;
> V - manter centro de documentação que subsidie pesquisas, projetos e favoreça o intercâmbio de informações e análises no campo da defesa nacional;
> VI - acompanhar projetos especiais e examinar cenários prospectivos, em articulação com a Assessoria Especial de Planejamento; e
> VII - realizar pesquisas, projetos e atividades de extensão sobre temas de interesse da defesa nacional [Brasil, 2013].

Como se observa, as funções do Pandiá foram ampliadas em relação ao previsto na END 2012, mas continuaram tendo natureza semelhante. A ampliação se percebe, por exemplo, na competência para que o instituto não apenas contribuísse com a pesquisa, mas a realizasse. Além disso, o caráter claro de assessoria ao ministro e aos demais órgãos de decisão do MD passou a ser a característica mais fundamental do Pandiá, tanto que foi posicionado como órgão de assistência direta e imediata, tendo sido alocado dentro do gabinete ministerial. Para que tal configuração fosse consolidada já no início das atividades do instituto, algumas barreiras precisaram ser superadas. Ainda no ano de sua criação, Ramalho e Cortinhas analisaram as principais controvérsias em torno da criação do Pandiá:

> Quatro controvérsias marcaram os debates sobre ele. (1) Deveria ser responsável somente pela integração entre as academias nacional e internacional com os militares ou deveria auxiliar na produção de análises sobre o aparato de defesa brasileiro e seus interesses estratégicos no sistema internacional? (2) O instituto deveria ser

autorizado a produzir livremente seus *position papers* e documentos ou deveria conectar suas visões às posições oficiais da Defesa brasileira? (3) Deveria ser formado por pessoal militar, por civis ou por ambos? (4) Quantos pesquisadores o instituto deveria ter formalmente e com quais responsabilidades? A ideia de um instituto pequeno, relativamente independente e orientado à política prevaleceu [Ramalho e Cortinhas, 2013:14].

Ao analisar as competências e a configuração do Instituto Pandiá Calógeras, é possível relacioná-las com as funções de um *think tank*, tendo competências complementares a outros órgãos do MD, como será aprofundado a seguir. É com essa característica em mente que defenderei que a história da instituição pode ser dividida em duas etapas. A primeira vai da criação até a realização do *workshop* conjunto entre o Pandiá e o Wilton Park, que ocorreu entre 22 e 25 de novembro de 2015. A segunda vai do início de 2016 até seu fim, no início de 2022.

O nascimento e a breve vida do *think tank* do Ministério da Defesa brasileiro

A partir da criação do Pandiá, a principal missão do primeiro diretor do instituto, o professor Antonio Jorge Ramalho da Rocha, foi montar a equipe. Para tanto, selecionou pesquisadores com perfil acadêmico de diferentes gerações para ocupar os cargos previstos em sua composição. Estavam disponíveis um DAS 101.5 para o diretor, cargo bastante elevado na estrutura do Poder Executivo federal, dois DAS 101.4 (chefe de gabinete e coordenador geral), dois DAS 101.3 (coordenadores) e dois DAS 101.2 (chefes).

Para ocupar as posições, formadas apenas por cargos em comissão, os critérios foram o conhecimento prévio da área de defesa e boa formação acadêmica. O Pandiá passou a ser constituído por uma equipe pequena, apenas de civis, extremamente capacitada e engajada para realizar as ações programadas. Tratava-se de um ambiente de rara e elevada produtividade.

Como as competências destinadas ao Pandiá eram complementares às de outras instituições do próprio MD, a segunda tarefa foi delimitar como seriam realizadas as atividades do instituto e definir como suas ações se diferenciariam das dos demais órgãos. Isso foi construído em reuniões de planejamento estratégico, nas quais foi consolidada a concepção do instituto, sua missão e sua visão de longo prazo.

Uma leitura cuidadosa das competências legais do Pandiá indicava que a instituição teria atividades semelhantes às de um *think tank*, instituições definidas como "organizações focadas em influenciar o processo político, direta ou indiretamente, com ideias afetas às políticas públicas" (Hauck, 2015:64). Outra definição que contribui para a compreensão do argumento central deste capítulo é a de Sechi e Ito (2016:335), que definem *think tanks* como

> organizações que produzem recomendações para governos e para a sociedade em geral, dando instrumentalização técnico-política para decisões em diversas áreas de políticas públicas, como educação, saúde, segurança, gestão, meio ambiente, relações internacionais etc. Os *think tanks* também engajam-se em defesa ativa de políticas públicas (*policy advocacy*) e de denúncia de problemas públicos (*problem advocacy*).

As definições se encaixam perfeitamente em como o Pandiá atuou nos seus primeiros anos de gestão. A competência prevista no inciso I do art. 7º do Decreto nº 7.974/2013 era tida como sua atividade principal. As demais foram percebidas como meios tanto de alcançar a confiança dos tomadores de decisão quanto de trazer para o interior do MD os conhecimentos produzidos fora dele.

Diferentemente de outros órgãos do Ministério da Defesa que lidavam com o fomento à pesquisa, o relacionamento com a sociedade e a organização de cursos e eventos, como a Secretaria de Pessoal, Ensino, Saúde e Desporto (Sepesd) ou a Escola Superior de Guerra (ESG), o Pandiá não servia para difundir a visão do MD na sociedade. Sua principal função era o oposto dessa: caberia ao Pandiá utilizar os conhecimentos acadêmicos de seus pesquisadores para produzir conhecimentos para influenciar o processo decisório e, concomitantemente, captar o pensamento da academia (nacional e internacional) sobre defesa, adaptá-lo à linguagem política e aumentar as chances de que houvesse influência do conhecimento produzido externamente nos processos decisórios do MD. Essas eram, em essência, as competências finalísticas do Pandiá.

A prevalência da competência para influenciar o processo decisório não estava somente nos incisos do Decreto nº 7.974/2013, mas também na própria alocação do Pandiá como um dos cinco órgãos de assessoria direta e imediata ao ministro. Nada podia deixar sua condição de *think tank* mais evidente.

Definidas a equipe e a função prioritária do Pandiá, era importante delimitar como a assessoria ao ministro e aos demais órgãos de decisão seria efetivamente realizada. Desse modo, a primeira equipe do Pandiá definiu três conjuntos prioritários de ações, sendo que o primeiro seria a produção própria de conhecimento, o segundo seria a absorção de conhecimento produzido pela academia e o terceiro seria a assessoria ao ministro por meio da difusão de posições de modo extraoficial. Essas dinâmicas se traduziam nas seguintes ações: (1) produção de notas técnicas; (2) fomento à pesquisa e realização de eventos; (3) efetivação de canais de *back-channel diplomacy*.

O primeiro conjunto de atividades se traduziu na produção própria de conhecimentos pelos pesquisadores do Pandiá, o que foi realizado pelas inúmeras notas técnicas e conceituais que redigiram. Tais documentos contribuíam para as decisões no MD porque eram produzidos com grande grau de autonomia. As notas continham *disclaimers* que desassociavam as opiniões dos servidores do Pandiá das visões oficiais do MD. Como afirma Juliana Hauck (2015), autonomia não é o melhor critério para conceituar ou qualificar *think tanks*, mas a independência de seus servidores na produção de documentos analíticos era essencial para que os documentos elaborados pelo Pandiá fossem relevantes para o processo decisório. O "pensar fora da caixa" era algo que, em um ministério cada vez mais militarizado (Cortinhas e Vitelli, 2020), somente o Pandiá tinha condições de fazer.

Exemplos de estudos elaborados pelo instituto são os comentários críticos a documentos produzidos por outros setores do MD (como o Manual Básico da ESG e os documentos de cenários emitidos pela Asplan) e uma nota técnica sobre a proposta de regulamentação da Política de Ensino da Defesa (PEnsD), que examinava criticamente toda a estrutura de ensino no âmbito do Ministério da Defesa e tratava da distribuição de competências entre Sepesd, ESG, Asplan e Pandiá. Ambas as notas técnicas acima referidas foram disponibilizadas pelo MD no já citado pedido realizado via e-SIC.

Além desses, porém, o Pandiá produziu, entre 2013 e 2016, diversos outros documentos, entre os quais destaco: (1) nota técnica sobre a necessidade de criação de uma carreira civil no Ministério da Defesa; (2) nota técnica, com base em estudo comparado com outros países, sobre formas de reequilibrar o orçamento do ministério, ampliando a conta de investimento e reduzindo a conta de pessoal por meio da diminuição do efetivo das forças armadas; (3) duas notas técnicas sobre a necessidade de criar um Plano Nacional de Ação para implantar a Resolução nº 1.325 do CSNU no Brasil; (4) nota técnica sobre guerras do futuro, redigida com base nas discussões em *workshop* internacional realizado sobre o assunto; (5) nota técnica sobre a configuração da balança de poder no sistema internacional e o papel do Brasil no mundo, elaborada a partir das discussões realizadas em *workshop* realizado em conjunto com o *think tank* britânico Wilton Park.

Essas cinco notas técnicas trataram de temas considerados polêmicos no interior do Ministério da Defesa e tiveram bastante circulação e repercussão interna, pois argumentavam conceitualmente sobre a necessidade de realizar amplas reformas na estrutura do aparato de defesa brasileiro, preparando o Brasil para um ambiente internacional cada vez mais desafiador. Além disso, trataram da inclusão de civis e da necessidade de maior diversidade de gênero nas instituições da defesa nacional. As notas técnicas do Pandiá eram enviadas para o gabinete do ministro, para órgãos do MD que tratavam de orçamento, pessoal e planejamento estratégico e para os comandos das forças armadas, em especial para os estados-maiores, entre outros. É interessante perceber que, apesar de meu requerimento ao e-SIC ter solicitado "cópias de todas as notas técnicas produzidas pelos servidores do instituto e a que órgãos foram destinadas", nenhuma dessas cinco notas foi disponibilizada pelo órgão.

Como não há espaço para que cada um dos temas descritos acima seja desenvolvido, trato apenas daquele que foi abraçado pelo Pandiá e que parece ter gerado mais resultados práticos no âmbito do Ministério da Defesa: as discussões sobre gênero.

A formação inicial do instituto contava com pesquisadoras de grande qualidade e que eram especialmente interessadas na implementação da agenda "Mulheres, Paz e Segurança" pelo Brasil. Essas pesquisadoras produziram, entre 2014 e 2015, vários documentos sobre o tema, construíram pontes entre o MD e o Ministério das Relações Exteriores, apoiaram a consolidação da recém-criada Comissão de Gênero no interior do Ministério da Defesa e foram protagonistas na elaboração do Plano Nacional de Ação sobre Mulheres, Paz e Segurança (PNA) brasileiro.

É interessante perceber que, apesar de as notas técnicas que produziram serem mencionadas em estudo que consta no próprio sítio eletrônico do MRE (Giannini, Lima e Pereira, 2015), aparentemente não estão mais disponíveis no MD ou houve tentativa de invisibilização dessa participação pelo órgão. Diversos estudos sobre a implementação do PNA, porém, citam o Instituto Pandiá Calógeras (Drumond e Rebelo, 2018; Rossi, 2020). O próprio plano, finalmente aprovado depois de grandes esforços de pesquisadoras do Pandiá, de diplomatas interessadas na agenda e de representantes da sociedade civil, cita a importância do Pandiá na organização nacional da agenda (Brasil, 2017b).

A agenda avançou no Pandiá de modo concomitante aos debates promovidos no âmbito da gestão da presidenta Dilma Rousseff e em outros órgãos do MD. O ambiente favorável ao tema levou o ministro Celso Amorim a instituir, por meio da Portaria nº 893/MD, de 14 de abril de 2014, a Comissão de Gênero do MD (CGMD). A comissão, ao longo de seus primeiros anos de existência, reuniu-se diversas vezes e foi importante para alavancar a agenda de gênero internamente, apesar de constantes restrições impostas pela presença majoritária de homens militares em sua constituição. Do mesmo modo que influenciou na sua constituição e no sucesso inicial da CGMD, as alterações que ocorreram no Pandiá a partir de 2016, e que serão analisadas abaixo, trouxeram prejuízos à comissão. De acordo com informação obtida por meio de consulta realizada pela pesquisadora Alessandra de Rossi ao e-SIC (autuada sob o nº 60502.001288/2020-62), a última reunião da CGMD foi realizada em 6 de junho de 2017. O final da ata dessa reunião menciona um processo em curso de reestruturação da Comissão de Gênero "para levar de forma mais consistente os temas que vêm à mesa". Aparentemente, e levando-se em consideração que houve oito reuniões nos três primeiros anos de sua existência e nenhuma nos cinco anos seguintes, a reestruturação nunca ocorreu. Não parece ser coincidência que o funcionamento da CGMD tenha sido descontinuado justamente depois da ocorrência de profundas alterações no Pandiá, como se verá na próxima seção.

Para além da elaboração de estudos próprios, a segunda atividade principal do Pandiá era a assessoria ao MD por meio da coleta de conhecimentos produzidos pela academia e por outros *think tanks*, havendo o recurso a instituições nacionais e internacionais em ambos os casos. Essa competência era exercida por meio do fomento à pesquisa e pela realização de eventos.

A principal iniciativa de fomento foi o Programa Almirante Álvaro Alberto de Indução à Pesquisa sobre Segurança Internacional e Defesa Nacional, a partir do qual o MD destinou, em 2014, R$ 800.000,00 ao CNPq para financiar projetos de pesquisa em áreas do interesse do ministério. De 36 projetos inscritos, 10 foram selecionados. Os projetos tratavam de temas do interesse do Ministério da Defesa e, ao longo de seu desenvolvimento, o Pandiá organizou diversas reuniões entre os acadêmicos que desenvolviam as pesquisas e servidores do MD que lidavam com os temas das pesquisas. O objetivo do programa era não somente fomentar a pesquisa em defesa nacional, mas, principalmente, produzir conhecimentos que alimentassem o processo decisório do MD.

Quanto aos eventos, três se destacam. O primeiro foi a realização, em conjunto com o Ministério da Defesa da Argentina (MinDef), do *workshop* intitulado *Experiencias de Países Suramericanos en la Formulación de Libros Blancos de Defensa*, que ocorreu no dia 10 de novembro de 2014. Na oportunidade, a equipe que formulava a segunda versão do *Livro branco de defesa do Brasil* se reuniu com representantes do MinDef para trocar informações e experiências, pois a Argentina já havia finalizado seu terceiro documento, tendo mais experiência sobre o tema que os brasileiros. Foram convidados, também, representantes de outros países sul-americanos. Sérgio Rossi, então chefe de gabinete do MinDef, menciona a importância do encontro:

> Foi um prazer para nós participar dessa iniciativa conjunta com o Ministério da Defesa do Brasil e com o Instituto Pandiá Calógeras. Cremos que poder, no momento em que estamos desenvolvendo nosso terceiro Livro Branco, compartilhar essa experiência com a república irmã do Brasil, com representantes de países da Unasul, e com organizações não governamentais e acadêmicos interessados na problemática, permite-nos dar um passo, construir uma base para começar a estabelecer mecanismos nacionais para construir livros brancos de defesa que fomentem medidas de confiança e processos de transparência [Rossi, 2014].

Um segundo evento de relevância para o processo decisório do Ministério da Defesa foi realizado nos dias 8 e 9 de dezembro de 2014 e denominado *Future Wars: the configuration of conflicts in 2045*. Representantes de 11 países dos cinco continentes debateram suas visões sobre a configuração dos conflitos no futuro, fornecendo subsídios para que tomadores de decisão do MD pudessem embasar a construção dos cenários que seriam utilizados pelo MD para o planejamento da defesa brasileira. Entre os convidados brasileiros, estiveram presentes representantes da Assessoria de Planejamento do MD, do EMCFA e dos comandos das três forças armadas, entre outros. Isabelle Sourbès-Verger

(2015), estudiosa de políticas espaciais do Centre National de la Recherche Scientifique, da França, menciona a relevância do evento:

> Eu acho que a ideia de refletir aqui sobre o futuro das guerras em um prazo de 30 anos é uma ideia que tem grande mérito, que é nos diferenciar da literatura estadunidense que possa existir sobre o tema [...]. É extremamente interessante estar aqui em Brasília, onde não há muito o costume, eu diria, de ter grandes [conferências internacionais].

Por fim, uma última iniciativa, que pode demonstrar a força que o Pandiá ganhou em apenas dois anos de existência, foi a realização de um *workshop* conjunto com o Wilton Park, importante *think tank* ligado ao Ministério das Relações Exteriores do Reino Unido. O encontro foi intitulado *New configurations of international order: values, principles, alliances and alignments* e ocorreu entre os dias 22 e 25 de novembro de 2015. Além de posicionar o Pandiá entre os grandes *think tanks* da área de defesa do mundo, o evento discutiu as reconfigurações que estão ocorrendo no sistema internacional e o papel de países desenvolvidos e em desenvolvimento nessa dinâmica, produzindo conhecimentos relevantes para diversos órgãos do aparato de defesa brasileiro (Cortinhas et al., 2015). O *workshop* foi o mais relevante evento realizado pelo Pandiá em sua primeira fase, contando com 54 participantes de 15 países dos cinco continentes.

Representantes dos principais setores de pensamento estratégico do MD, das forças armadas, do MRE e de outros órgãos do Executivo federal, além de acadêmicos de diversas partes do Brasil estiveram presentes no *workshop*. As negociações para sua realização duraram muitos meses. Para além da liderança do Pandiá e do Wilton Park, a organização foi resultado da união de muitas agências internacionais e nacionais, governamentais e não governamentais. Todos os órgãos do Executivo federal e das forças armadas que participaram do encontro puderam absorver posições e argumentos que vinham sendo produzidos por alguns dos maiores pensadores sobre o tema no mundo. Ao mesmo tempo que esta foi a principal iniciativa do Pandiá em toda a sua existência, também marcou o fim de sua primeira fase.

Quando faltavam apenas duas semanas para o evento, com toda a logística já contratada e diversos bilhetes aéreos emitidos, no momento em que todas as instituições internacionais que apoiaram o evento já tinham orçamentos comprometidos e os 25 participantes internacionais estavam confirmados, fui chamado ao gabinete do então secretário-geral do MD, general Joaquim Silva e Luna. O secretário afirmou que cancelaria os recursos previamente aprovados para a iniciativa e que já estavam na conta do Pandiá. A partir da informação, os membros do instituto pesaram os custos e benefícios que o cancelamento traria para a imagem da instituição, do próprio MD e do país e, após a confirmação de interesse de diversos atores do MD no evento, decidiram manter a programação.

Foram duas semanas de intensos esforços no sentido de construir um rearranjo financeiro que levou a novas parcerias. Finalmente, o evento ocorreu sem muitas perdas. A contrariedade interna gerada pelos esforços de manutenção do evento, porém, foi fator decisivo para a aceleração da busca por um substituto para a posição de novo diretor do Pandiá, tendo em vista a saída iminente do primeiro diretor para assumir o cargo de diretor da Escola Sul-Americana de Defesa no âmbito da Unasul. Além disso, minha exoneração do cargo de chefe de gabinete do instituto passou a ser questão de tempo, pois eu havia assumido a posição de líder da equipe de organização do evento no âmbito do Pandiá.

Por fim, é importante tecer breves palavras sobre a terceira função do Pandiá: a chamada *back-channel diplomacy*, ou seja, a transmissão de mensagens políticas do MD para instituições governamentais e não governamentais de outros países do mundo. Os pesquisadores do Pandiá participaram, entre 2013 e 2016, de inúmeras reuniões realizadas no Brasil e em outros países, com outros *think tanks*, com representações estrangeiras, com organizações governamentais e não governamentais. A prática era facilitada pela carreira internacional e pelos contatos desenvolvidos por alguns de seus componentes, em especial o diretor, e pelo fato de que os pesquisadores do Pandiá não tinham informações confidenciais, mas podiam criar canais e relações de confiança para que outros órgãos do MD difundissem internacionalmente argumentos de seu interesse.

Como se observa, os três primeiros anos de atividades do Instituto Pandiá Calógeras foram extremamente ativos e voltados para sua atuação como *think tank* do Ministério da Defesa. A partir de 2016, porém, uma realidade bastante diversa é visível.

Morte lenta do Instituto Pandiá Calógeras

Entre o final de 2015 e o início do ano seguinte, questões estruturais, conjunturais e agenciais passaram a comprometer o trabalho do Pandiá.

Estruturalmente, a ausência de uma cultura favorável à atuação de *think tanks* em nosso país e, em especial, no Ministério da Defesa, dificultou a compreensão sobre o que é um *think tank* e que atividades uma instituição com essa configuração deveria realizar. Isso foi potencializado pelo elevado grau de militarização do MD, o que foi agravado durante as gestões do Partido dos Trabalhadores (Cortinhas e Vitelli, 2020). Esse processo tornou ainda mais fortes os ataques à única instituição civil e com viés crítico no ministério. Estruturalmente, as condições para que os militares dominassem todos os principais espaços de poder do ministério passaram a se consolidar já no segundo ano de existência do Pandiá e comprometeram a capacidade nacional de estabelecer o controle civil sobre as forças armadas, uma das principais mudanças estruturais com as quais o Pandiá poderia contribuir se sua existência e seus planejamentos de longo prazo fossem mantidos.

Os fatores estruturais descritos acima foram agravados por uma conjuntura que se tornou amplamente desfavorável a partir de 2015. O aumento das pressões do Legislativo, de parcelas da mídia e das elites políticas brasileiras sobre a presidenta Dilma Rousseff levaram a mudanças no Ministério da Defesa em 2 de outubro daquele ano. Com o intuito de tentar fortalecer a capacidade de negociação entre Executivo e Legislativo, o então ministro da Defesa, Jaques Wagner, foi realocado para a Casa Civil, sendo substituído por Aldo Rebelo.

A chegada do novo ministro mudou a lógica de ocupação de cargos na instituição a partir de dois processos: a militarização (de um ministério já estruturalmente militarizado) e a partidarização do MD.

Rebelo procurou se cercar de militares com o intuito de diminuir a pressão sobre ele e de aumentar o apoio das forças armadas à permanência de Rousseff, o que claramente não surtiu efeito (Martins Filho, 2021). A militarização do MD durante a gestão de Rebelo chegou ao ápice quando o general Joaquim Silva e Luna assumiu o cargo de secretário-geral do Ministério da Defesa, em 23 de outubro de 2015. Foi a primeira vez que um militar assumiu a posição e passou a ter o controle de todo o orçamento da defesa, além de ser responsável direto pela administração de pessoal e questões internas do ministério. A decisão diminuiu drasticamente o apoio do MD ao Pandiá.

A partidarização do MD também trouxe efeitos negativos para o instituto. Diferentemente do Partido dos Trabalhadores, que ocupava diversos ministérios na Esplanada, o Partido Comunista do Brasil (PCdoB), ao qual Rebelo era filiado, somente possuía o MD para alocar seus quadros. Isso o levou a nomear diversos membros do PCdoB, muitos dos quais também ligados à academia, para cargos no gabinete do ministro e em órgãos ligados a ele, independentemente de conhecimento na área da defesa nacional ou administração pública. Surgem, aí, as questões agenciais que afetaram negativamente o instituto.

No âmbito do ministério, o general Silva e Luna já havia mostrado contrariedade com relação aos estudos produzidos e aos eventos organizados pelo Pandiá desde quando ocupava seu cargo anterior (secretário de Pessoal, Saúde, Ensino e Desporto do MD). Muitas vezes, as conclusões dos estudos produzidos pelo Pandiá defendiam mudanças organizacionais nas forças armadas e em seu sistema de ensino, pelo qual o general era responsável. Isso contrariava frontalmente os interesses burocráticos dos militares.

Em decorrência desses três conjuntos de fatores, o Pandiá começou a passar por longo período de descaracterização, que representou sua morte como *think tank*. Como já antecipado nas notas metodológicas, serão utilizadas quatro variáveis para demonstrar as diferenças entre o período anterior e o que foi iniciado a partir dos últimos meses de 2015: (1) a lista de cargos designados para o instituto e a forma como foram ocupados em cada período; (2) alterações da identidade visual e do nome do Instituto Pandiá Calógeras; (3) a adequação das atividades realizadas pelo órgão às competências legais e concepções estratégicas do Pandiá; (4) os orçamentos disponíveis ao instituto.

Na primeira oportunidade que tiveram, Aldo Rebelo e o general Silva e Luna promoveram diversas mudanças na configuração do Pandiá. Primeiramente, aproveitando-se da saída do primeiro diretor do instituto, que ocorreu em 14 de janeiro de 2016,[3] nomearam novo diretor em 22 de fevereiro de 2016 (pouco

---

3 O professor Antonio Ramalho deixou a direção do Instituto Pandiá a pedido do ministro da Defesa anterior, Celso Amorim, para instalar a recém-criada Escola Sul-Americana de Defesa, situada no âmbito do Conselho de Defesa da União de Nações Sul-Americanas (Unasul).

mais de um mês após a saída do anterior). Estranhamente, o novo diretor decidiu não se transferir para Brasília. Sem contatos frequentes com a equipe que havia construído as bases para a atuação do instituto, ele não conseguiu compreender sua atuação.

A partir de sua nomeação, o Pandiá passou por mudanças profundas. Por meio das portarias n°s 176/GAP/GM-MD, 178/GAP/GM-MD e 179/GAP/GM-MD, todas de 13 de abril de 2016, eu e outras duas servidoras do instituto fomos exonerados.

As nomeações para nos substituir ocorreram pelas portarias n°s 181, 182 e 183 do GAP/GM, de 14 de abril de 2016. Apesar de os três novos servidores terem perfil acadêmico, uma das nomeadas decidiu não assumir a nova função. Isso levou o ministro da Defesa a tornar sem efeito sua nomeação e, de modo surpreendente, a solução encontrada pelo MD foi renomear uma das servidoras antes exonerada. Ficou claro, a partir dessas idas e vindas, que as próprias exonerações anteriores haviam se dado sem planejamento.

Os dois servidores que haviam sido nomeados, seguindo o novo diretor, também nunca se transferiram para Brasília, apesar de receberem seus vencimentos como se estivessem exercendo as funções de modo presencial. A nova chefe de gabinete, inclusive, continuou exercendo cargo de direção (com 40 horas) em instituição privada de ensino na cidade do Rio de Janeiro enquanto percebia o salário referente ao DAS 101.4 que passou a exercer.

As decisões tomadas pela nova equipe afastaram o Pandiá da função de *think tank* e o posicionaram como instrumento de propaganda do MD. O instituto passaria a cumprir a mesma função de outras organizações, como a Diretoria de Cooperação (Dicoop), que organiza os cursos de extensão e os congressos acadêmicos sobre defesa nacional, e a própria Assessoria de Comunicação do MD.

Três dessas decisões podem demonstrar com clareza a mudança radical de inclinação do Instituto Pandiá. A Portaria Normativa nº 24, de 20 de abril de 2016, criou o "Escritório do Instituto Pandiá Calógeras na cidade do Rio de Janeiro", com o intuito de fomentar a cooperação com a ESG, que já ocorria porque a escola possuía, havia vários anos, um *campus* em Brasília, e com as instituições militares de ensino das forças armadas. A portaria normativa permitia, ainda, que os comandos das forças armadas designassem militares para servir no Pandiá e que seu escritório no Rio pudesse ser sediado em instituições militares.

No mês seguinte, duas portarias (nº 54/GAP/GM-MD e nº 55/GAP/GM-MD, ambas de 4 de maio de 2016) afastaram ainda mais o Pandiá de sua missão original. Por meio delas, foram criados "*campi* avançados" do Instituto Pandiá Calógeras. O primeiro *campus* avançado seria no Nordeste, na cidade de Maceió. De acordo com a Portaria nº 54, o *campus* objetivava "fomentar o debate, pesquisa e docência dos temas relacionados com Defesa e Segurança no Nordeste e no Brasil, visando à formação de quadros e de conhecimentos na área e tendo em vista as especificidades da Região Nordeste". O segundo seria o *campus* avançado do Instituto Pandiá Calógeras na Amazônia, localizado em Roraima e com as mesmas funções do *campus* no Nordeste. Formação de quadros e conhecimentos, por exemplo, são atividades que se distanciam das atividades de um *think tank*.

A criação de um escritório no Rio de Janeiro e de dois *campi* avançados, três instituições que nunca foram de fato estabelecidas, pareciam mais atender a agendas pessoais dos então membros do Instituto Pandiá do que a interesses do MD. Por meio dessas três iniciativas, o Pandiá se afastava cada vez mais do processo decisório do ministério. Sob a gestão de Raul Jungmann, nomeado ministro da Defesa após o golpe legislativo contra Dilma Rousseff, essas iniciativas foram descontinuadas por meio da Portaria Normativa nº 37/MD, de 14 de junho de 2016, tendo durado apenas um mês.

Apesar do acerto dessa decisão, a troca de ministros da Defesa não significou maior estabilidade e a retomada do projeto de construção do Pandiá como *think tank* do MD. Houve, ao contrário, o aprofundamento da desconstrução da instituição. O Pandiá passou por diversas mudanças de diretor, o que trouxe instabilidade às suas atividades. Diversos dos servidores que passaram a assumir a direção não tinham sequer perfil acadêmico, e o último diretor era militar, o que demonstra o total desvio de função do instituto. A configuração do Pandiá como *think tank*, que já havia sido abandonada ainda durante a gestão Rousseff, ficou ainda mais descaracterizada durante as gestões seguintes.

Quadro 1 | Diretores do Pandiá Calógeras (2003-2022)

Diretores	Nomeação	Exoneração	Tempo no cargo (meses completos)
Antonio Jorge Ramalho da Rocha	23/04/2013	14/01/2016	32
Francisco Carlos Teixeira da Silva	22/02/2016	09/06/2016	3
Demétrio Carneiro da Cunha Oliveira	12/08/2016	09/03/2017	6
Fabricio Jesus Teixeira Neves	14/06/2017	27/11/2017	5
João Bosco Baptista Rabello[4]	27/11/2017	30/01/2018	2
Felipe Oscar Sampaio Gomes de Almeida	16/02/2018	22/05/2018	3
Oswaldo Gomes dos Reis Junior	22/05/2018[5]	11/09/2018	3
Joanisval Brito Gonçalves	18/09/2018	17/11/2020	26
William Georges Felippe Abrahão	04/01/2021	05/04/2022	15

Fonte: elaborado pelo autor, com base no *Diário Oficial* e nas respectivas publicações de nomeação e exoneração.

Como se pode observar, os seis diretores que substituíram o professor Antonio Jorge Ramalho da Rocha permaneceram poucos meses na função, não tendo qualquer capacidade de compreender o órgão, de criar relação de confiança com os tomadores de decisão que deveriam assessorar ou de construir as necessárias pontes com a academia nacional. Além disso, era comum que todo diretor que assumisse a função promovesse trocas na equipe. Por fim, nenhum dos diretores que substituiu o primeiro tinha perfil acadêmico, especificamente na temática de política de defesa nacional, faltando-lhes embasamento conceitual para fazer recomendações substantivas sobre o que vinha sendo realizado no ministério.

O desmonte institucional do Pandiá, porém, não se deu apenas pelas constantes trocas de equipe. Alterações nos cargos disponíveis no instituto também foram bastante relevantes, como demonstra o quadro 2.

4 O senhor João Bosco Baptista Rabello saiu da direção do Instituto Brasileiro de Estudos em Defesa Pandiá Calógeras (Ibed) para assumir o cargo de assessor especial do ministro da Defesa em 30 de janeiro de 2018, o que pode indicar que sua nomeação para o cargo de diretor do Pandiá tenha sido somente com o intuito de facilitar a transição para uma posição mais definitiva.

5 O servidor Oswaldo Gomes dos Reis Junior já havia sido designado como substituto do diretor do Ibed por meio da Portaria nº 1.361/GM/MD, de 13 de abril de 2018. Naturalmente, a substituição era feita pelo próprio chefe de gabinete do órgão, situação que foi alterada pela designação. Como o senhor servidor permaneceu durante todo o período como substituto, o Ibed ficou sem diretor efetivo entre maio e setembro de 2018.

Quadro 2 | Relação dos cargos e gratificações do Pandiá (2003-2012)

Decreto nº	DAS 5[6]	DAS 4	DAS 3	DAS 2	DAS 1	GR IV	GR III	GR II	GR I
7.974/2013	1	2	2	2					
8.978/2017	1	1	1	2				1	
9.570/2018	1	1		1	1	4	1	1	
10.998/2022	O Instituto Pandiá Calógeras foi descontinuado.								

Fonte: elaborado pelo autor, com base nos decretos mencionados.

Em todas as reformas da estrutura do Ministério da Defesa aprovadas após a criação do Pandiá (que ocorreu pelo Decreto nº 7.974/2013), houve perda de posições relevantes. O instituto iniciou suas atividades com sete cargos DAS (direção e assessoramento superiores), as posições de decisão mais altas da estrutura do Poder Executivo. Em um ambiente muito hierarquizado, dominado pela cultura militar, possuir esses cargos em sua estrutura era algo muito relevante.

O Decreto nº 8.978/2017 reduziu o número de DAS para cinco e, a partir de 2018, restaram apenas três. Em substituição, foram destinadas ao Pandiá as gratificações de representação (GRs) constantes na tabela, que tinham relevância e remunerações mais baixas. O Pandiá passou a contar com servidores mal posicionados na hierarquia do MD.

Essas mudanças permitiram que fosse iniciado um processo de militarização do Pandiá, que passou a ocorrer na gestão do diretor Fabricio Jesus Teixeira Neves. Desde então, o segundo cargo mais relevante do Pandiá foi ocupado por militares, todos sem perfil acadêmico e com currículo que não permitia realizar apontamentos críticos sobre defesa nacional ou sobre a relação do MD com as forças armadas.

As mudanças no quadro de servidores do Pandiá foram acompanhadas de uma alteração profunda da imagem institucional, que considero a segunda variável relevante para demonstrar que o instituto passava por nova fase. A partir da Portaria nº 1.158, de 15 de março de 2017, o Pandiá adotou nova nomenclatura e marca. O órgão passou a se chamar Instituto Brasileiro de Estudos em Defesa

---

6 O DAS mais alto é o DAS 6, sendo que o diretor do Pandiá possuía um dos principais cargos de toda a estrutura do MD, estando abaixo de poucos servidores. As GRs, ao contrário, não são cargos. Trata-se apenas de gratificação de representação dos órgãos integrantes da Presidência da República e servem apenas para complementar o salário de servidores cedidos ao Ministério da Defesa por outros órgãos. As remunerações das GRs são compostas por vencimento e gratificação e somavam, entre 2017 e 2018, quantias próximas a R$ 490,00 por mês (para o GR II) e R$ 700,00 (para o GR IV).

Pandiá Calógeras (Ibed) e a adotar o brasão da República como sua imagem. A decisão foi mais um golpe no *status* do Pandiá como *think tank* com capacidade de pensamento crítico e relativamente independente. A diferença entre as marcas institucionais do instituto demonstra, por si só, a nova inclinação do órgão:

Figura 1 | Marcas institucionais do Pandiá

Identidade visual (2013 a 3/2017)	Identidade visual (3/2017 a 2019)
Pandiá	Ministério da Defesa IBED Instituto Brasileiro de Estudos em Defesa Pandiá Calógeras

Fonte: elaborada pelo autor, com imagens extraídas do *site* do Ministério da Defesa.

A terceira variável interessante para mensurar a descaracterização do órgão são suas competências e metas definidas oficialmente, além das principais ações realizadas pelo Pandiá. Apesar de as competências oficiais, definidas pelos decretos sobre a estrutura regimental do MD, não terem sido profundamente alteradas, as metas institucionais definidas por cada diretor demonstram mudanças profundas de concepção. As metas para o Ibed no ano de 2017 foram publicadas pela Portaria nº 436/Seori/MD, de 3 de fevereiro de 2017. Entre as nove metas constantes na portaria, nenhuma tratou da produção de conhecimento. Cinco previam a organização de eventos, uma projetava a atualização do *site* institucional, que agora reproduziria a nova imagem do instituto, uma tratou do gerenciamento de redes sociais e uma previa a realização de documentário sobre a Política Nacional de Defesa.

Outra publicação semelhante foi a Portaria nº 354/Seori/SG-MD, de 22 de janeiro de 2019, que divulgou o "resultado final das metas institucionais aprovadas para o 8º Ciclo Avaliativo" do MD. Para o Ibed, tinham sido estabelecidas nove metas. Mais uma vez, todas tratavam apenas da coordenação e participação em eventos. Não havia quaisquer metas relacionadas com a assessoria ao ministro da Defesa. Além disso, todos os eventos se referiam a oportunidades de transmitir à sociedade e à academia o pensamento do MD, ignorando possibilidades de captar o pensamento de especialistas em defesa para informar o processo decisório. Destaco, por exemplo, a meta 5: "Coordenar Evento de lançamento do *Almanaque Turma da Mônica*". Trata-se de instrumento de propaganda das forças armadas e de seus programas estratégicos, aparentemente com o discutível objetivo de fomentar o pensamento bélico em crianças.

Ainda sobre a nova inclinação do Pandiá, é importante mencionar algumas palavras de um de seus diretores. Em entrevista ao portal *DefesaNet* concedida em 11 de julho de 2017, Fabricio Neves, então diretor do Ibed, menciona a competência de assessoria de modo muito breve, dando mais ênfase a outras realizações que não condizem com as atividades de um *think tank*:

> Hoje a discussão sobre defesa se torna mais aberta para sociedade e *nossa missão, no Pandiá, é permitir que o debate sobre defesa se torne cada vez mais amplificado, dilatado socialmente, e fazer com que a sociedade entenda a relevância que a defesa tem para o Brasil*. Isso porque defesa é importante não só para a segurança do País, como também para o seu desenvolvimento industrial, científico e tecnológico, já que *é no seio das forças armadas que se desenvolvem pesquisas e tecnologias de ponta*, muitas delas de uso dual, que servem tanto para fins militares quanto para fins civis [Neves, 2017, grifos nossos].

Como se observa, o diretor conferia ao Ibed a função de difundir o pensamento da defesa na sociedade, e não produzir conhecimentos próprios ou utilizar a relação com a academia para informar o processo decisório. Além disso, ignora o fato de que as universidades públicas são as maiores fontes de pesquisas no Brasil, não as forças armadas (WSG, 2019).

A nova designação do Ibed como órgão de propaganda do MD também apareceu quando o diretor foi perguntado, na mesma oportunidade, sobre os principais desafios do instituto: "dentre os desafios está o de fomentar uma cultura nacional de defesa. O Pandiá tem essa atribuição, uma vez que percebe certo desconhecimento da sociedade em relação à Defesa" (Neves, 2017).

A partir de 2019, o órgão passou a dar, mesmo que de forma breve, seus últimos suspiros. O diretor nomeado no ano anterior voltou a utilizar a logomarca e a denominação originais. Em 25 de fevereiro de 2019, uma nova versão do Regimento Interno do órgão foi publicada no *Diário Oficial da União*, prevendo a existência de um gabinete e três núcleos: (1) Núcleo de Relações Institucionais e Acadêmicas; (2) Núcleo de Gestão do Conhecimento; (3) Núcleo de Projetos Especiais. A produção de documentos técnicos e de análises para embasar o processo decisório do MD caberia ao Núcleo de Gestão de Conhecimento. Contudo, como os cargos e gratificações disponíveis às áreas finalísticas do instituto haviam se tornado hierarquicamente inferiores, havia se tornado inviável contar com pesquisadores experientes que pudessem produzir documentos de qualidade. De fato, naquele ano o Pandiá já havia se transformado apenas em realizador de eventos.

Por fim, o declínio na qualidade e quantidade de realizações do Pandiá pode também ser evidenciado pelas respostas fornecidas pelo MD ao já citado pedido feito ao e-SIC. Em resposta ao requerimento para que o MD apresentasse as "principais realizações do Instituto ao longo de 2013 a 2021" (item "2.a" da consulta e-SIC nº 60110.001380/2021-17), o MD apresentou somente dois relatórios de atividades do Pandiá. O primeiro, de 2015, demonstra em 40 páginas que o instituto realizou 29 eventos e produziu 17 notas e informações técnicas. O segundo, referente ao ano de 2017, é um documento de apenas uma página com a realização de três eventos e duas parcerias. Além da evidente discrepância entre o desempenho do Pandiá nos dois anos, fica evidente que o Ministério da Defesa sequer tem registros dos documentos dos demais anos solicitados, o que representa um grave problema.

Com relação às notas técnicas produzidas, questão "2.e" da consulta realizada pelo e-SIC, o MD forneceu apenas seis documentos, todos produzidos no período entre 2013 e 2016. Novamente, parece problemático e um sinal de má utilização de recursos públicos o fato de que o ministério não tem qualquer memória do que foi produzido ao longo dos últimos anos do Pandiá, além de não ter registro de todos os conteúdos produzidos durante o período em que o Pandiá atuava como *think tank*.

Por fim, a quarta variável que denota com clareza a divisão entre os dois momentos de atuação do Instituto Pandiá remete ao orçamento do órgão. O quadro 3, obtido por meio da consulta e-SIC nº 60110.001380/2021-17, demonstra a execução orçamentária anual do Instituto Pandiá Calógeras.

Quadro 3 | Execução orçamentária anual do Pandiá (R$ mil)

Execução	2014	2015	2016	2017	2018	2019	2020	2021
Previsto	718,6	1.147	1.405	750	700	670	255	-
Liberado	**718,6**	**850**	**986,5**	**750**	**171**	**190,83**	**187,4**	**173,41**

Fonte: Consulta e-SIC nº 60110.001380/2021-17.

É perceptível uma mudança drástica de inclinação no orçamento do instituto a partir de 2018, quando houve redução de 77,2% na execução orçamentária. O corte pode estar relacionado com duas causas, não excludentes: ou o MD decidiu propositalmente minimizar a capacidade orçamentária do órgão, ou havia orçamento disponível que não foi executado. Como nos anos posteriores a tendência se manteve, é provável que a queda drástica tenha partido de decisão ministerial.

Além da menor disponibilidade orçamentária a partir de 2018, é importante mencionar que parece ter havido episódios de más escolhas para a alocação de recursos. Por meio da Portaria nº 393/GM-MD, de 24 de janeiro de 2020, o então ministro da Defesa, general Fernando Azevedo e Silva, autorizou o afastamento do país de um servidor do Pandiá, com ônus ao MD, para participar, em Honolulu (Havaí – EUA) da 61ª Convenção Anual da International Studies Association. Trata-se do mais importante evento no âmbito da disciplina de relações internacionais em todo o mundo, o que justificaria a participação. Duas questões importantes, contudo, chamam a atenção quanto a essa participação. Primeiramente, o fato de que a portaria menciona as datas de 23 a 28 de março de 2020 para a realização da convenção e concede afastamento de 21 a 31 de março ao servidor. A convenção, porém, ocorreu somente entre os dias 25 e 28. Além disso, o servidor não consta na programação do evento,[7] o que significa que ele não teve trabalho acadêmico aprovado para o evento e que, portanto, possivelmente não tenha participado ativa e efetivamente da convenção.

Obituário

Quando foi criado, o Instituto Pandiá Calógeras tinha potencial para propor, a partir de discussões críticas, mudanças profundas no pensamento e na estrutura do aparato de defesa brasileiro. Apesar de pequena, sua estrutura era ágil, qualificada e formada exclusivamente por civis que não possuíam vinculações burocráticas com as forças armadas, o que lhes conferia capacidade de formular estudos autonomamente. O próprio ministro Celso Amorim, em entrevista recente, citou o Instituto Pandiá como uma das instituições mais relevantes

7 A programação completa da 61ª Convenção da ISA está disponível em: <http://web.isanet.org/Web/Conferences/Honolulu2020-s/Honolulu%202020%20-%20Full%20Program.pdf>. Acesso em: 27 set. 2022.

criadas durante sua gestão (Schreiber, 2021). Afirmou, ainda, que o órgão foi concebido com o intuito de prover assessoramento estratégico, o que corrobora o argumento central deste capítulo de que o desempenho do Pandiá deve ser medido a partir do conceito de *think tank* da defesa.

A desconstrução do Pandiá foi um processo longo, que levou seis anos. A lenta morte do instituto foi decorrente de incompreensões sobre suas características, de projetos pessoais que extrapolaram o comprometimento com o órgão, de incompetências e de interesses burocráticos que eram contrapostos pelos estudos críticos que passaram a ser formulados no interior do MD. O enfraquecimento da instituição foi um projeto eminentemente militar, mas não somente. Muitos civis participaram dele.

Houve, ainda, muitos fatores que contribuíram para a crise da instituição. Uma conjuntura negativa e instável, uma estrutura militarizada e uma série de agentes com pouco conhecimento sobre o foco de atuação do Pandiá, entre outros.

Se a conjuntura que contribuiu para a morte do Pandiá foi bastante negativa, o recente processo de reentrada dos militares na política pode representar uma oportunidade de reposicionar as forças armadas em relação ao MD e à própria sociedade brasileira (Cortinhas e Rezende, 2022). Diante disso, a recriação do Pandiá ou o surgimento de nova instituição crítica no âmbito do ministério é possível, apesar de difícil.

Isso somente ocorrerá se mudanças estruturais no MD forem somadas à conjuntura favorável que pode se abrir a partir de 2023. Entre as alterações necessárias, a primeira e mais relevante será a criação da carreira civil da defesa, prevista desde a Estratégia Nacional de Defesa de 2008.

A partir da carreira, as reformas democratizantes que forem criadas no âmbito do MD poderão ter peso institucional maior e produzir os efeitos de longo prazo que o Instituto Pandiá Calógeras não conseguiu concretizar.

Apesar de sua morte lenta, o Pandiá precisa ser lembrado durante o processo de transformação do aparato de defesa brasileiro. Entender as razões para seu sucesso inicial e, principalmente, para sua desconstrução, é uma missão importante para que futuras instituições semelhantes não tenham vida tão curta. Acredito que este capítulo seja importante contribuição para que a memória do Pandiá resista e, nesse sentido, para que os futuros esforços para estabelecer o controle civil sobre as forças armadas no Brasil não repitam os mesmos erros do passado recente.

3. A atuação das forças armadas na regulação da ordem social: as operações de garantia da lei e da ordem (1985-2020)

Anaís Medeiros Passos

O capítulo aborda a intervenção das forças armadas na segurança pública pela ótica das operações de garantia da lei e da ordem (GLO), assinalando continuidades e rupturas no período entre 1985 e 2020. Assim como demais exércitos latino-americanos, os militares brasileiros realizam uma série de tarefas relacionadas à manutenção da ordem social, as quais caracterizam a formação do Estado brasileiro: repressão a rebeliões regionais, administração e "educação" das populações indígenas, apoio às facções políticas, controle dos órgãos de polícia e inteligência.

Com a passagem do regime autoritário à democracia em 1985, o *lobby* do setor militar na Constituinte de 1988 manteve, no arcabouço constitucional, o art. 142, que versa sobre as chamadas operações de GLO. As forças armadas passaram do combate às guerrilhas urbanas à repressão às redes de tráfico de drogas. Essa mudança lhes permitiu estabelecer uma nova missão no sistema democrático, garantir sua prioridade no orçamento da união e preservar privilégios corporativos herdados do período autoritário. Atualmente, as operações de GLO abrangem apoio à realização de eleições, ações contra crimes ambientais, distribuição de água no Nordeste, apoio a governadores durante greves das polícias estaduais, ações de segurança pública, entre outras.

O objetivo deste capítulo é caracterizar as operações de GLO especificamente a partir de dois eixos de atuação: (1) repressão política e social e (2) intervenções contra as redes de tráfico de drogas nas periferias urbanas. Como trabalhos anteriores demonstram (Zaverucha, 1994, 2005), os primeiros governos da Nova República estiveram sob a tutela militar. As GLOs tiveram o papel de reprimir a oposição política representada por sindicatos e movimentos do campo. A Operação Rio, iniciada em 1994, representa um ponto crucial nas operações contra o tráfico de drogas – ainda que as normas que orientam o emprego dos militares, a hierarquia entre polícia e forças armadas e a doutrina militar fossem posteriormente modificadas.

A partir de 2010, militares apoiam-se na *expertise* desenvolvida nas missões de paz para ocupar complexos de favelas com a presença de atores armados estatais e não estatais que manejam redes de tráfico de drogas. A intervenção militar em 2018 elevou a patamares então inéditos o protagonismo dos militares na segurança pública, apresentando os membros da caserna como gestores de políticas públicas mais capacitados e preparados do que a "corrupta e ineficiente" classe política.

As GLOs no período contemporâneo adquirem contornos híbridos entre a guerra e a paz que caracterizam a atuação das forças armadas nos conflitos atuais em diferentes regiões do mundo. A presença dos militares assegura a crença no monopólio legítimo da violência pelas forças armadas, controla a violência a limites aceitos pela população e grande imprensa, ainda que, na prática, exista uma complexa rede de atores estatais e não estatais armados nas periferias urbanas que é apenas temporalmente afetada. Em conclusão, enfatizo que as GLOs hoje caracterizam um instrumento de intervenção das elites políticas e militares para regular a ordem social nas periferias urbanas. Essa regulação ocorre pelo controle do espaço público habitado pelas classes populares (com a limitação dos horários de trabalho, lazer, proibição de aglomerações) e garantia da primazia de atores estatais armados sob os atores não estatais na distribuição das rendas oriundas do tráfico de drogas e demais mercadorias.

Repressão política e social para a construção do Estado nacional

A expressão lei e ordem contém a ideia de missão militar atemporal. No entanto, a ativação dessas cláusulas é política e conjuntural, de acordo com as preferências e interesses das elites políticas e militares, bem como os recursos disponíveis para a ação pública. Entre 1961 e 1964, tanto o presidente João Goulart quanto os comandantes militares que se mobilizaram pelo golpe militar defenderam suas posições políticas fazendo referência à "garantia da lei e da ordem" (Passos, 2022:159-160). Em 1824, o art. 145 da Constituição estabelecia que as forças armadas serviam para a defesa do país contra "inimigos internos e externos". O papel de "lei e ordem" é mencionado na Constituição de 1891 (art. 14), de 1934 (art. 162), de 1946 (art. 177), de 1967 (art. 92, § 1º), na Emenda Constitucional nº 1, de 1969 (art. 91) e, finalmente, na Constituição de 1988 (art. 142) (Passos, 2022). A única exceção à regra foi a Constituição de 1937, imposta por Getúlio Vargas, um documento que centralizou as funções de governo no presidente (incluindo a prerrogativa de nomear os governadores dos estados) (Passos, 2022). Inicialmente, a prerrogativa da lei e da ordem foi compreendida pelas elites políticas liberais como um mecanismo para limitar o poder presidencial no final do século XIX como "obediência nos limites da lei" (Zaverucha, 1994:95). O emprego doméstico dos militares antecede, portanto, propriamente a institucionalização desse papel nas constituições.

A atuação das organizações militares na regulação da ordem social acompanha a formação do Estado nacional. Os militares brasileiros desempenharam uma função de colonização interna, primeiro com o objetivo de colonizar as populações indígenas em missões de "pacificação" (Oliveira, 2014) e, posteriormente, para reprimir rebeliões regionais, como a Revolta de Canudos (1893-1897) e a Guerra do Contestado (1912-1916). Essas características descartam a especialização das forças armadas para a defesa externa, conforme os processos históricos dos países europeus ocidentais (Giddens, 1987).

Durante o período do Império (1822-1889), unidades do Exército brasileiro eram encarregadas de manter a ordem interna e combater a subversão em áreas que não fossem efetivamente integradas ao território nacional. O estabelecimento de colônias militares na segunda metade do século XIX, que exigia a abertura de estradas e uma permanência dos militares no terreno, é um exemplo dessa função. Como foi o caso da ocupação colonial nos demais países latino-americanos (Loveman, 1999:16; 21), as colônias militares eram um instrumento para o controle do governo sobre as populações que poderiam rebelar-se contra o Império (Oliveira, 2011:11). Em paralelo às funções de manutenção de uma ordem social que não fosse contrária aos interesses das elites políticas, as forças armadas brasileiras, e especificamente os batalhões de Engenharia do Exército brasileiro, desempenharam funções relativas à integração do território nacional, incluindo o planejamento e a construção de estradas, rodovias, pontes e o lançamento de linhas telegráficas (Macedo, 2014). Durante a Velha República, que se estende de 1889 a 1930, as missões das forças armadas evoluíram para mapear o país, chefiar cidades estratégicas nas fronteiras e as polícias estaduais (McCann, 2009:14). Militares também coordenavam programas de alfabetização em orfanatos, monitoravam o Serviço de Proteção aos Indígenas e chefiavam uma indústria siderúrgica (McCann, 2009:14).

Portanto, observamos que as forças armadas brasileiras se especializaram em uma gama de assuntos domésticos. No entanto, eram, no início do século XX, organizações pouco profissionais. O Exército carecia de armamento adequado, organização e doutrina compatíveis com a guerra moderna (McCann, 2009:110-121). O envio de jovens oficiais à Alemanha e a vinda da missão francesa na primeira metade do século XX foram iniciativas do Estado-Maior do Exército para modernizar a organização (FGV Cpdoc, s.d.; Fausto, 1997) No entanto, ao invés de criar uma organização apolítica, a profissionalização desses oficiais incentivou sua politização a partir de uma ideologia própria baseada na defesa da modernização, da industrialização e do nacionalismo (Carvalho, 2005; Nunn, 1997). Por volta do ano de 1922, o serviço militar era compreendido pelos oficiais militares como um modelo de civismo, disciplina e organização para a sociedade – todos elementos necessários para o nascimento de uma cultura verdadeiramente nacional (McCann, 2009:276-278).

Esse conjunto de crenças sobre a própria instituição forma o que denomino mística militar (Passos, 2022). A autoimagem dos militares como uma organização superior aos civis, imune à corrupção, mais eficiente e organizada acompanha a intervenção dos militares em questões relacionadas à manutenção da ordem pública. Durante o período do Estado Novo (1937-1945), o anticomunismo foi o vetor para criar uma organização militar mais homogênea a partir da expulsão e perseguição daqueles que mantinham (ou aparentavam manter) opiniões políticas diferentes daquelas defendidas pelo Alto-Comando das Forças Armadas. É importante destacar que oficiais militares constituíam apoio fundamental ao regime, sendo encarregados da presidência de estatais e do controle das polícias estaduais, como se mantêm até hoje (Smallman, 1997).

A politização dos militares brasileiros, em um contexto de conflitos sociais e políticos, terá como auge o regime militar que se inicia em 1964 e se estende até 1985. Diferentemente do início do século XX, padrões universais de educação e promoção para oficiais estavam relativamente estabelecidos no período que antecede o golpe de 1964 (Stepan, 1973, cap. 2). E foi, assim como nos demais países latino-americanos (Fitch, 1989), uma organização profissional que interferiu diretamente na política, dando voz a setores conservadores dentro da sociedade e às próprias ideias que circulavam nas academias militares (Martins Filho, 2012; Chirio, 2016). Durante o regime militar, a doutrina da contrainsurgência forneceu uma ideologia coerente com o papel histórico desempenhado pelos militares brasileiros na manutenção da ordem social. A ação contrarrevolucionária empregava tanto a violência quanto a dissuasão (operações psicológicas, ações cívico sociais) para debilitar e aniquilar os movimentos insurgentes entre as populações pobres, supostamente vulneráveis à ação dos comunistas (Chirio, 2012).

A liberalização e contestação da política não colocou um fim à influência dos militares em atividades relacionadas à manutenção de uma ordem social e política. A cláusula da GLO foi mantida na Constituição Federal de 1988 devido a um intenso *lobby* organizado dentro do gabinete militar por 10 coronéis e majores, sendo que oito foram posteriormente promovidos a generais (Avritzer, 2022). O ministro do Exército, o general Leônidas Pires Gonçalves, utilizou-se amplamente de informações do Centro de Informações do Exército durante a Assembleia Nacional Constituinte para assegurar os objetivos da cúpula do Exército, incluindo o interesse de preservar a atuação dos militares no território nacional (Avritzer, 2022).

Segundo declarações do ministro à época, a função de garantir a lei e a ordem deveria ser preservada porque era conforme à atuação histórica das forças armadas e seria a maneira de preservar a "estabilidade" das instituições e a "paz social" no período democrático (Costa, 2019:5). De acordo com a tese doutoral de Lenz (2021:296) sobre o pensamento político militar, a democracia exige a coesão social e a subordinação das classes populares às proprietárias. Cabe agregar que a manutenção dessa ordem política e social implica o controle sobre formas de ativismo direto, que são vistas como promovedoras de desordem, ou mesmo expressões de grupos criminais que atuam na periferia (Passos, 2019). Nesse sentido, as operações de GLO visam manter uma suposta coesão social sob a ameaça ou uso da violência.

Em um contexto de efervescência política que caracterizou o final dos anos 1980 e início dos anos 1990, as forças armadas foram empregadas em uma miríade de ações para fins de "manutenção da lei e da ordem". Greves e protestos tinham como alvo as reformas neoliberais adotadas pelo presidente José Sarney (1985-1990) seguindo as orientações do Fundo Monetário Internacional, em um contexto de recessão econômica, hiperinflação e, consequentemente, perda do poder aquisitivo da população. Em novembro de 1988, soldados reprimiram uma greve de 10 mil operários na Companhia Siderúrgica Nacional, em Volta Redonda, que haviam ocupado a maior usina siderúrgica do país exigindo melhores condições de trabalho e reposição salarial. Atendendo a um pedido de reintegração de posse do juiz Moises Cohen, a retomada da usina pelo Exército resultou na morte de três trabalhadores metalúrgicos que participavam da ocupação (Tolentino, 2018).

Em junho de 1992, militares patrulharam as ruas durante a Eco-92 no Rio de Janeiro e, em 1994, reprimiriam violentamente uma manifestação contra o golpe militar de 1964 (Passos, 2022:48). Em maio de 1995, o Exército atuou para desarticular a greve nacional dos petroleiros, que haviam ocupado refinarias em protesto contra a privatização da Petrobras. Os militares responderam a ordens do presidente Fernando Henrique Cardoso, que justificou a medida para fins de "garantir a retomada da produção", buscando distanciar-se da imagem de autoritarismo que o emprego interno dos militares evocava (Fraga, 1995).

Intervenções contra as redes de tráfico nas periferias urbanas[1]

Operação Rio

Em paralelo à atuação dos militares em atividades de repressão política e social, o tema das drogas e da criminalidade tornou-se uma preocupação no pensamento e na atuação militar. Em um artigo publicado em outubro de 1980 na revista *A Defesa Nacional*, o general de divisão do Exército Antônio de Brito Junior (1980:133) afirmou que "é fora de dúvida que a criminalidade tende a aumentar, estimulada pela impunidade; pelo aperfeiçoamento dos criminosos que vem operando com maior eficiência, em grupos cada vez mais numerosos e com melhores armas e viaturas, roubadas". No artigo, o autor propõe uma série de medidas para combater o crime, incluindo a oferta de escolas profissionalizantes, o retorno do ensino obrigatório de moral e civismo e o ensino religioso.

---

1 Parte desta seção foi publicada no verbete "Guerra ao crime organizado? Favelas e intervenção militar" do *Dicionário de favelas Marielle Franco* (2018) e no livro *Democracies at war againt drugs* (Passos, 2022).

A infiltração de "grupos extremistas de esquerda e de direita" em órgãos governamentais, bem como a "justiça lenta e liberal" seriam causas do problema (Brito Junior, 1980:134-135).

Ao longo dos anos 1980, as favelas no Rio de Janeiro, uma cidade crucial para o tráfico internacional de drogas para os Estados Unidos e Europa, tornaram-se um ponto-chave na distribuição e venda de cocaína (Misse, 2008). A riqueza desse mercado ilegal atraiu gangues urbanas, como o Comando Vermelho e, posteriormente, os Amigos dos Amigos e o Terceiro Comando Puro (Villa, Braga e Ferreira, 2021). Entre 1983 e 1995, a taxa de homicídios no estado do Rio de Janeiro registrou um rápido crescimento (288,8%), distanciando-se da taxa nacional, o que levou o estado a liderar o *ranking* nacional por vários anos. O motor-chefe do crescimento foi a cidade do Rio de Janeiro e região metropolitana, que cresceu 315,8% no mesmo período. Em 1990, essa região atingiu a taxa de 62,2 homicídios por 100 mil habitantes (Waisenfilz, 2012:183-184).

Nesse cenário, em janeiro de 1993, a VI Plenária do Empresariado do Rio de Janeiro aprovou em assembleia pedido à União, aos governos do estado e do município para o emprego das forças armadas no combate à criminalidade. Empresários preocupavam-se em ser vítimas de sequestros – somente no ano de 1993, mais de 63 sequestros foram registrados na cidade do Rio de Janeiro (Tereza, 1993). Em novembro de 1993, militares do 24º Batalhão de Infantaria fizeram rondas diárias na favela Roquete Pinto com o objetivo de controlar a área e impedir que "traficantes locais" voltassem a atuar na região (Coimbra, 2001:144). Ilustrativo da relevância do tema, no mesmo ano dois minutos de silêncio foram realizados em homenagem às vítimas da violência (Ventura, 1996). O aumento de índices criminais e a sensação de insegurança entre as classes média e alta favoreceram o apelo punitivo das operações militares na segurança pública.

Em 1994, iniciou-se a Operação Rio, que consagrou a atuação de militares no combate ao "crime organizado" nas periferias das cidades. Cerca de 16.500 soldados foram empregados em 12 favelas, incluindo o Complexo do Alemão (que seria novamente palco de intervenção militar em 2010). As tropas militares atuaram na identificação, revista, detenção e interrogatório de suspeitos. Com pouco controle dos civis, a associação de moradores do morro do Borel foi transformada em um centro de detenção em que o pessoal militar interrogou e torturou moradores (Coimbra, 2001:166). Sem cumprir a promessa de reduzir a taxa de homicídios na região metropolitana do Rio de Janeiro, a Operação Rio foi concluída em julho de 1995 (Leeds, 1996).

Nos anos posteriores, a segurança pública no Rio de Janeiro continuou a oscilar entre tímidas iniciativas de setores progressistas da sociedade em proteger os direitos humanos e a influência de agentes que haviam participado da repressão política durante o regime militar (1964-1985). Os últimos estavam convencidos de que uma postura ofensiva da polícia nas favelas contribuiria para a diminuição da violência nos bairros de classes média e alta do Rio de Janeiro. Em 1995, o então governador Marcelo Alencar (PSDB) nomeou um general da reserva do Exército brasileiro para chefiar a Secretaria de Segurança Pública do Estado do Rio de Janeiro. O general Nilton de Albuquerque Cerqueira havia anteriormente presidido o DOI-Codi (Destacamento de Operações de Informações – Centro de Operações de Defesa Interna) em Salvador e liderado a Operação Pajussara, que resultou na morte de guerrilheiros do MR-8 (Passos, 2022:54).

Cerqueira estabeleceu um "bônus de gratificação por bravura" (popularmente conhecido como gratificação faroeste) para policiais que assassinassem traficantes em confronto. Com Cerqueira no comando da Secretaria de Segurança Pública (1995-1996), o número de homicídios cometidos pela polícia foi multiplicado por seis (McCann, 2014). Entretanto, a taxa de homicídios por 100 mil habitantes registrada na cidade do Rio de Janeiro diminuiu consideravelmente. Passou de 62 em 1995 para 55 em 1998, de acordo com dados do Ministério da Saúde (Waisenfilz, 2012:183). Esses números contribuíram para a associação entre uma postura ofensiva da polícia (com a participação de militares no seu comando) e a redução da violência. Observamos que o emprego de militares nas operações de GLO ocorre num contexto mais amplo de militarização da segurança pública, na medida em que o treinamento e a atuação das polícias apresenta traços típicos das forças armadas, como o emprego de armamento de guerra e a ausência de restrições sobre o uso da violência (Trujillo e Passos, 2019).

Operação Arcanjo e Operação São Francisco

A tendência de diminuição da taxa de homicídios por 100 mil habitantes permanece na década seguinte. Entre 1995 e 2006, as taxas de homicídio na capital e região metropolitana do Rio de Janeiro passam por quedas moderadas, sucedidas por quedas aceleradas entre 2006 e 2010 (Waisenfilz, 2012:183). A despeito dessa tendência, dois eventos serão importantes no que diz respeito à intervenção dos militares na segurança pública: as operações Arcanjo (2010-2012) e São Francisco (2014-2015) em favelas da Zona Norte da cidade do Rio de Janeiro. As elites militares buscaram assegurar maior autonomia operacional durante essas operações de GLO, o que implicou a subordinação dos batalhões locais das polícias ao comando militar (Passos, 2022:185). Essa subordinação durante as operações de GLO é prevista pela Lei Complementar nº 117 (Brasil, 2004b): uma forma de assegurar maior controle operacional dos militares sobre a área.

Em 2010, o então governador do Rio de Janeiro, Sérgio Cabral, desfrutava de uma situação favorável. Reeleito no primeiro turno das eleições estaduais em 2010 com 66% dos votos, Cabral fez, pessoalmente, campanha para a candidata à presidência do Partido dos Trabalhadores, Dilma Rousseff futuramente aclamada como vencedora no segundo turno presidencial, dia 31 de outubro (Reeleito..., 2010). A aliança com o governo federal foi alavancada via transferência de recursos federais. O Programa de Aceleração do Crescimento (PAC, 2007) destinou aproximadamente R$ 830 milhões entre 2007 e 2011 à cidade do Rio de Janeiro – o segundo maior recipiente de ajuda federal (Câmara, 2011).

Além da parceria com o governo federal, Cabral desfrutava de popularidade devido ao êxito das Unidades de Polícia Pacificadora (UPPs). Iniciado em 2008 e com funcionamento até os dias atuais, o projeto das UPPs havia logrado oferecer uma solução coordenada à segurança pública que superava a oposição entre proteção dos direitos humanos e eficiência na atuação policial. Como resultado, as taxas de homicídio por 100 mil habitantes, na cidade do Rio de Janeiro, haviam diminuído de 40 em 2006 para 26 em 2010 (Waisenfilz, 2012:183). Uma das promessas de campanha de Cabral foi ampliar o projeto para outras favelas, como o Complexo do Alemão, Complexo da Maré e a Rocinha. Pesquisas antes das eleições de 2010 mostravam que esse projeto era um crucial motor de votos: 92% dos moradores de favelas com UPPs e 77% dos moradores de favelas sem UPPs afirmaram serem favoráveis a essa política (Vasconcelos, 2010). Cabral decidiu continuar com esse projeto. Portanto, as operações de GLO, nos complexos da Penha, Alemão e Maré, foram consideradas centrais em um processo mais amplo de instalar UPPs no norte da cidade.

No dia 24 de novembro de 2010, o recém-reeleito governador Sérgio Cabral solicitou ajuda federal ao então presidente Luiz Inácio Lula da Silva para a manutenção da lei e da ordem na cidade do Rio de Janeiro. Segundo o ex-ministro da Defesa, Nelson Jobim, a autorização do emprego teria sido motivada por uma série de ataques incendiários a ônibus, veículos e arrastões nos meses precedentes, que haveriam sido planejados por traficantes que estariam nos complexos da Penha e do Alemão (Passos, 2022:87). No final de 2010, os arrastões tiveram como alvo não somente bairros afluentes, como Jardim Botânico e Urca, mas também regiões típicas de classe média, como a Tijuca, na porção norte da cidade. Segundo o jornal *Folha de S.Paulo*, em apenas seis dias, aproximadamente 96 carros e ônibus foram queimados na cidade do Rio de Janeiro. Especificamente, o governador do Rio de Janeiro solicitou o empréstimo de veículos blindados da Marinha, que seriam operados por oficiais da Polícia Militar, para ultrapassar barricadas nas entradas do Complexo da Penha (Armed..., 2010). Entretanto, inúmeros criminosos fugiram dessa área para a região vizinha, o Complexo do Alemão. A seguinte medida consistiu em isolar o perímetro desse complexo (aproximadamente três quilômetros) com policiais civis, militares e 800 militares da tropa paraquedistas.

Inicialmente planejada para durar até o dia 31 de outubro de 2011, a operação de GLO nos complexos da Penha e do Alemão estendeu-se oficialmente até o dia 30 de junho de 2012, atendendo a solicitações do governador do estado, sendo a mais longa ação dessa categoria registrada no Brasil (26 meses). Segundo dados oficiais do Exército, a chamada Operação Arcanjo empregou um contingente fixo de 1.650 militares, totalizando 8.764 militares envolvidos (Lima, 2012:49).

A segunda operação de GLO, no Complexo da Maré, ocorreu um mês antes do início dos jogos da Copa do Mundo. A Operação São Francisco estendeu-se do dia 5 de abril de 2014 ao dia 20 de junho de 2015, totalizando 16 meses. Assim como a Operação Arcanjo, essa foi para além do pedido inicial de duração devido a solicitação do governador do estado. Desde um ponto de vista militar e econômico, essa área é estratégica, pois ela circunda as três maiores avenidas que conectam a porção norte do Rio de Janeiro com o restante da cidade: Linha Vermelha, Linha Amarela e avenida Brasil. O Complexo da Maré é um ponto de passagem obrigatório para aqueles que chegam ao Aeroporto Internacional Tom Jobim. Como o Rio de Janeiro foi escolhido sede da Copa do Mundo em 2014 e das Olimpíadas em 2016, os turistas eram obrigados a passar por uma das avenidas e, consequentemente, próximo das entradas das favelas que fazem parte do Complexo da Maré.

Como medida preventiva, a área permaneceu sob regime de GLO, sendo resguardada por um contingente fixo de aproximadamente 2.500 militares. Em ambas as operações, é importante destacar que a justificativa das elites políticas e militares para realizá-las foi uma mudança no caráter da violência: a vitimização de pessoas ou disposição de armamento fora dos limites da favela (Passos, 2022, cap. 2). As operações foram ensaiadas como a retomada do controle territorial pelo Estado (Cruz e Magalhães, 2014; Amorim: trabalho..., 2012), embora a literatura tenha abundantemente descrito as relações de cooperação e cooptação ente atores armados estatais e não estatais que ancoram o desenvolvimento do mercado das drogas ilícitas (Arias, 2006; Kooning e Veenstra, 2007; Zaluar, 2001:477).

Essas operações não visaram eliminar a presença territorial de grupos armados nas favelas, mas sim veicular a imagem de que o Estado possui a superioridade no controle sobre os meios de violência. Em termos de redução da violência, houve redução dos crimes patrimoniais nos meses posteriores à operação Arcanjo, de 8.500 em outubro de 2011 para 7.000 em janeiro de 2012, enquanto a taxa de homicídios na cidade do Rio de Janeiro continuou em declínio, observado desde 2008, momento de início do projeto das UPPs. A taxa de homicídios por 100 mil habitantes na cidade do Rio de Janeiro passou de 40 em 2006 para 19 em 2012 (ISP, 2020).

Além disso, relatos de moradores e de militares convergem sobre a redução de tiroteios e a visibilidade de fuzis, já que traficantes de droga foram para outros locais durante a operação de GLO nos complexos da Penha e do Alemão e, assim, optaram por não entrar em confronto com os militares, uma vez que o território foi ocupado (Passos, 2022:129-130). Em contraste, a operação de GLO no Complexo da Maré fracassou em permitir a instalação das bases da UPP e assegurar o controle dos meios de violência, visto que os traficantes (Comando Vermelho, Amigo dos Amigos, Terceiro Comando Puro) e milicianos permaneceram nos territórios para assegurar suas posições. Nesse caso, houve tiroteios entre militares e traficantes dentro da favela, relatos de invasões de áreas entre gangues rivais (Passos, 2022). Militares empregados em operações de GLO feriram e mataram cidadãos, conforme o levantamento de Viana (2021). Em conclusão, as operações de GLO na segurança pública podem gerar um efeito de curto prazo no sentido de conter a violência a partir do efeito de dissuasão e permitir a instalação de bases policiais nas favelas. Não obstante, essa é uma política custosa e limitada no sentido de propor soluções para o problema da presença de atores não estatais armados nas periferias, além de gerar a morte violenta de moradores nas áreas ocupadas.

Manutenção da ordem social

As primeiras tropas que participaram das operações nos complexos do Alemão e da Penha haviam previamente sido empregadas na Missão das Nações Unidas para a Pacificação no Haiti (Minustah) entre 2006 e 2007 (Harig, 2019a). Vale ressaltar que a relação entre a Minustah e as operações de GLO na segurança pública não é apenas quantitativa. A missão de paz no Haiti influenciou amplamente a concepção da modalidade de intervenção militar das operações Arcanjo e São Francisco, na medida em que essas missões possuem uma fase de "estabilização" que envolve a provisão de serviços sociais e tarefas de reconstrução via coordenação com agências estatais e a sociedade civil (Siman e Santos, 2018:63).[2]

A "vulnerabilidade" socioeconômica das comunidades periféricas é compreendida como uma condição que favorece a criminalidade. A estabilização implica também a manutenção de uma ordem social que convirja com valores defendidos pelos militares, estimulando os hábitos culturais "corretos". Nesse sentido, o papel dos militares não se limita à contenção das atividades das gangues, um ponto que é comum entre as missões no Haiti e no Rio de Janeiro, na concepção dos *force commanders* (Castro e Marques, 2019:18-19), mas também se propõe à costura de um tecido social para impedir que a situação anterior retorne. A relação com as organizações comunitárias é uma ferramenta para assegurar esse objetivo.

Organizadas pelo Estado-Maior da Força de Pacificação, as reuniões com líderes de ONGs e presidentes de associações de moradores ocorriam inicialmente uma vez a cada 15 dias e, posteriormente, uma vez por mês. Cada contingente militar emitia um relatório de lições aprendidas, em que a manutenção de uma boa relação com a comunidade foi salientada como importante para o êxito da

---

2 Entrevista com o tenente-coronel Valença, formulador doutrinário no Comando de Operações Terrestres, realizada no Quartel-General do Exército, em Brasília (20 nov. 2019).

missão (Passos, 2022, cap. 4). Essas ações revelam a preocupação das instituições militares em não somente manter o controle territorial, que seria próprio de uma guerra, mas com a "dimensão humana", que compreende todas as interações com a comunidade afetada pelas operações militares urbanas. De acordo com o *Manual de fundamentos de operações* (Ministério da Defesa, 2014:2-3):

> Os conflitos contemporâneos demonstram, ainda, a tendência de que nos confrontos haja prevalência de combates em terrenos humanizados – ou seja, não apenas em cidades, mas em áreas com a ostensiva presença de civis. Admite-se, também, que, mesmo nos conflitos localizados no extremo do espectro, haverá uma razoável gama de relevantes atores atuando em um espaço que vai além do campo de batalha.

Nesse sentido, as operações de GLO na segurança pública utilizam amplamente a estratégia de ganhar os "corações e mentes" da população para assegurar objetivos militares. Entretanto, a diferença em relação às operações de contrainsurgência dos anos 1960 e 1970 é a ênfase na reconexão com serviços sociais e públicos, assim como a necessidade de reconhecer a legitimidade das organizações sociais que atuam na região.

As reuniões com líderes da comunidade tinham por objetivo verificar a provisão de serviços públicos, como eletricidade, água e asfalto. Em um contexto de pobreza, esse tipo de ação é um instrumento para a aceitação da presença de membros do Exército e da Marinha na comunidade. A Força de Pacificação também promoveu ações cívico-sociais (Acisos) nas operações Arcanjo e São Francisco. As ações incluíram consultas médicas, atendimento odontológico, pequenos serviços de reparação, organização de campeonatos de futebol e corridas. Essas ações também possuem um caráter cultural, na medida em que visam inculcar valores sobre integridade, disciplina e nacionalismo entre os favelados. Durante visitas a escolas públicas na região, oficiais militares discorriam sobre as virtudes do alistamento no Exército e distribuíam uma revista chamada *Recrutinha* que alertava, entre outros temas, sobre as consequências do uso de drogas para a saúde. No Dia do Soldado celebrado em 2012, 500 crianças dos complexos do Alemão e da Penha visitaram os quartéis militares e participaram de cerimônias militares, em que foram celebrados os "valores de ética" e "moral" que seriam próprios da corporação militar (Passos, 2022, cap. 4).

Cabe destacar que a relação com líderes comunitários influentes é um ativo de inteligência para assegurar o controle territorial, incluindo a mediação de possíveis conflitos com os contingentes militares e moradores das favelas. Segundo o Manual de Campanha sobre as ações cívico sociais, estas colaboram nas operações psicológicas de forma a "motivar públicos amigos, neutros ou hostis a manifestarem comportamentos desejáveis, com o intuito final de apoiar a conquista de objetivos estabelecidos" (Ministério da Defesa, 2009:9; Pinto, 2020). Portanto, as Acisos auxiliam os militares no controle e na administração do espaço em que atuam grupos armados não estatais buscando influenciar as ações e percepções dos moradores, o que inclui um controle sobre os tempos de lazer e de trabalho via o policiamento das ruas.

A premiação ou a punição do comportamento de moradores é orientada por visões morais dos oficiais militares. Em primeiro lugar, em ambas as operações a Força de Pacificação implementou a "Lei do Silêncio" de 1977, que proíbe músicas altas entre as 22h e as 7h (Passos, 2022, cap. 4). Além disso, o estilo de música conhecido como *funk* carioca foi proibido, pela Força de Pacificação, de tocar em eventos públicos durante a primeira ação nos complexos do Alemão e da Penha. Quatro cantores de *funk* foram presos no início da operação de GLO nesses complexos sob a acusação de "apologia ao crime" (Palombini, 2014), sendo três deles liberados 10 dias depois. A medida de proibição do *funk* durante a operação Arcanjo foi uma ferramenta para "educar a população", incluindo desestimular o consumo de drogas ilícitas e comportamento sexual indesejável entre os jovens.[3] Isso revela a importância dada, na concepção militar, a uma moral que seja compatível com a ordem social sustentada pela intervenção na segurança.

Obviamente, a detenção dos meios de violência legítimos por parte das forças armadas implica uma capacidade superior das mesmas em reforçar as próprias ações. A coerção ocorre via presença massiva de militares ocupando o espaço e a adoção de medidas de revista e controle dos moradores. A retirada dos moradores do espaço público ocorre via toque de recolher informal, pelo medo de revista ou de violência que pode acontecer no espaço (Passos, 2022:213-217). A ameaça e o uso da violência é uma dimensão, portanto, intrínseca às operações

3. Entrevista com general Adriano Pereira, comandante militar do Leste (de maio de 2010 a agosto de 2012), realizada em Brasília (1 abr. 2016).

de GLO, embora o nível de letalidade varie em função da configuração local de atores armados estatais e não estatais.

A experiência em ambas as ações permitiu modificar a doutrina militar e a legislação, incluindo a publicação do *Manual de garantia da lei e da ordem* (2018) e a transferência da Justiça Comum para a Justiça Militar do julgamento de homicídios dolosos cometidos pelas forças armadas (Lei nº 13.491). Em 2014, a taxa de homicídios voltou a subir, atingindo 40,3 por 100 mil habitantes em 2017 (ISP, 2020). Em 16 de fevereiro de 2018, a intervenção federal nos órgãos de segurança pública foi decretada pelo presidente Michel Temer, após cenas de arrastões em bairros da Zona Sul do Rio de Janeiro durante o carnaval. O general Walter Souza Braga Netto, nomeado interventor federal, passou a exercer "o controle operacional de todos os órgãos estaduais de segurança pública", uma função inédita para um general no período democrático (Rodrigues e Armstrong, 2019). Segundo dados da plataforma Fogo Cruzado, nos dois meses seguintes ao início de intervenção, os tiroteios, balas perdidas, pessoas feridas e mortas e casos de chacina aumentaram, incluindo o assassinato da vereadora Marielle Franco e do motorista Anderson Gomes (Observatório da Intervenção, 2018:14). Anterior à intervenção, sob o decreto de 28 de julho de 2017, 19 operações de GLO haviam sido conduzidas no Rio de Janeiro (Rodrigues e Armstrong, 2019:16). Os holofotes sobre a intervenção federal renderam frutos para Braga Netto, que exerceu cargos de destaque no governo Bolsonaro (2018-2022), incluindo os de ministro da Casa Civil, ministro da Defesa e assessor especial da Presidência.[4]

Considerações finais

A atuação militar contra grupos não estatais armados transborda as fronteiras da repressão contra atividades ilícitas. As operações de GLO na segurança pública hoje são vetores da ação militar na vida política e social de uma comunidade. Possibilitam o reordenamento social via coerção e uso da violência, mediante o controle sobre a circulação na comunidade, os tempos de lazer e de diversão, a defesa de valores que são compatíveis com aqueles das instituições militares.

[4] É importante assinalar que, não obstante a retórica de combate ao crime, Bolsonaro não utilizou militares em atividades de segurança pública (Acácio, 2021).

Essas ações enfatizam a integração das áreas ocupadas com os serviços públicos, para que o "Estado chegue aonde não está". Oficiais militares são protagonistas na mediação entre a comunidade e as outras agências do Estado. O braço armado do Estado legitima-se, nesse sentido, na ausência de outros serviços públicos nas periferias urbanas. A aceitação dos militares na área ocorre via contato com as organizações da comunidade e mediante oferta de bens e de serviços à comunidade. Garantir a lei e a ordem significa assegurar a estabilidade social e política nas periferias, assegurando a percepção social que o Estado detém os meios superiores de violência.

4. Da resistência à negação: uma análise da relação entre as forças armadas e a Comissão Nacional da Verdade

Carlos Artur Gallo

Introdução

Entre 1964 e 1985, o Brasil viveu sob uma ditadura civil-militar alinhada, do ponto de vista ideológico, aos preceitos da Doutrina de Segurança Nacional (DSN) (Martins, 1988; Padrós, 2008). Iniciada com a deposição do governo João Goulart (1961-1964), a ditadura brasileira não foi um fato isolado na região latino-americana, e, especificamente, no âmbito dos países do Cone Sul, visto que a Argentina (1976-1983), o Chile (1973-1990) e o Uruguai (1973-1985) também passaram por regimes autoritários semelhantes entre as décadas de 1960 e 1990.

Instalada numa conjuntura marcada pela Guerra Fria, pelo incremento do anticomunismo na região (devido ao êxito da Revolução Cubana, em 1959) e pela crise econômica, a ditadura brasileira foi responsável por massivas violações aos direitos humanos. A perseguição, cassação, prisão, exílio, tortura, morte e desaparecimento de qualquer pessoa que pudesse ser identificada como opositora do regime autoritário foi algo recorrente no período. Contando com um aparato repressivo estruturado em todas as regiões do país, a ditadura deixou, como saldo da repressão, centenas de mortos e desaparecidos, milhares de presos políticos e exilados, milhares de pessoas que perderam empregos (públicos e privados) e mandatos parlamentares (CNV, 2014).

Em 1974, antecipando-se ao esgotamento do projeto econômico do regime (que seria interrompido, entre outros fatores, pela crise internacional do petróleo) e, também, à intensificação do fortalecimento da oposição consentida, o novo ditador-presidente, Ernesto Geisel, deu início ao processo de distensão "lenta, gradual e segura" (Arturi, 2001). Altamente controlado, o processo de transição à democracia no país foi executado até 1985, quando o último dos ditadores-presidentes (João Figueiredo, 1979-1985) encerrou seu mandato.

É importante destacar que a transição no Brasil não se deu de forma linear. Ao contrário, o processo, longo, com mais de uma década de duração, é marcado por momentos de disputa entre regime e oposição e, inclusive, entre diferentes setores da base de apoio do regime autoritário que não eram favoráveis ao final da ditadura (Arturi, 2001; Gugliano e Gallo, 2013). Disputas à parte, o controle do processo se manteve, hegemonicamente, nas mãos do governo ditatorial, que foi liberalizando o regime gradualmente, como havia sido arquitetado, antes de 1974, pela aliança Geisel-Golbery.

Com o fim do regime autoritário, o Estado brasileiro, assim como ocorreu em outros países da região, passou a lidar com o saldo da repressão política praticada na vigência da ditadura e estabeleceu políticas (de memória) com vistas à reparação das vítimas e de seus familiares. Políticas de memória voltadas à reabilitação ou, em outros termos, à reparação das vítimas, variam bastante de acordo com cada contexto e, sobretudo, conforme o público-alvo ao qual as mesmas se destinam. Podem ser concretizadas através de medidas prevendo reparação simbólica, indenizações pecuniárias, pensões, concessão de serviços prestacionais, garantia de direitos tais como bolsas de estudo ou assistência médica, reintegração ao serviço público, entre outras (Solís Delgadillo, 2015).

Especificamente, a reparação das vítimas da ditadura brasileira, ao contrário do que ocorreu em outros países, foi realizada de forma gradual, lenta, e, sobretudo, tardia. Iniciada efetivamente a partir de 1995, com a edição da Lei nº 9.140 (destinada aos familiares de mortos e desaparecidos políticos), a reparação das vítimas da repressão política começa a avançar mais de uma década desde que o último ditador-presidente deixou o cargo, dando fim ao processo de transição para a democracia. Em 2001, mediante Medida Provisória convertida na Lei nº 10.559/2002, foi criada a Comissão de Anistia, responsável pela ampliação da reparação a outros setores da população que haviam sido perseguidos pela ditadura. Em 2011, finalmente, foi aprovada a Lei nº 12.528, que criou a Comissão Nacional da Verdade (CNV).

Considerando o exposto, este capítulo tem como objetivo central analisar a relação que diferentes setores das forças armadas brasileiras estabeleceram com a CNV. A análise proposta para este estudo é realizada em três momentos. No primeiro deles, são analisadas as discussões, crises e recuos (envolvendo governo federal, Ministério da Defesa e setores das forças armadas) que antecederam a criação da comissão. Na sequência, o foco desloca-se para a forma como diferentes setores das forças armadas brasileiras se relacionaram com a CNV durante seus trabalhos, colaborando ou não com a reconstituição de fatos relacionados à repressão política praticada pela ditadura civil-militar (1964-1985). Num terceiro momento, finalmente, observa-se como tais setores se posicionaram e agiram, a partir de dezembro de 2014, diante dos resultados produzidos pela entidade.

É importante mencionar que, para este estudo, a abordagem sobre a relação forças armadas – CNV considera, por vezes, as manifestações emitidas pelo Clube Militar a respeito das políticas de memória implementadas no país. O Clube Militar é uma associação da sociedade civil formada por militares da reserva e seus familiares. Não se confunde, portanto, com as forças armadas enquanto instituição da República. Ainda que não seja possível tratar como sinônimos aquilo que é dito pelo Clube Militar e os posicionamentos institucionais das forças armadas brasileiras, é fato que ambas as instituições possuem um alto grau de afinidade no tocante a temas como a memória da repressão política.

Entre a resistência e a concessão: as forças armadas antes da criação da CNV

No que se refere especificamente ao caso brasileiro, verifica-se que a elaboração de políticas de direitos humanos avançou significativamente desde a realização da Conferência de Viena, em 1993. Além de ter reinserido o tema na pauta de discussões, a conferência sugeriu que os países preocupados com a proteção dos direitos humanos pudessem reorganizá-los internamente (Koerner, 2003) mediante a elaboração de um Programa Nacional de Direitos Humanos (PNDH): um documento que tinha como objetivo fazer com que os países participantes do encontro estabelecessem uma agenda nacional com vistas à formulação de políticas para os direitos humanos e, além disso, a alinhassem aos parâmetros internacionais fixados no âmbito da conferência.

No Brasil, as duas primeiras edições do documento, o PNDH-1 e o PNDH-2, foram lançadas respectivamente em 1996 e 2002, durante os governos do presidente Fernando Henrique Cardoso (1995-2002). Mas, é com a publicação do PNDH-3, em dezembro de 2009, que ocorre uma significativa ampliação do tratamento da memória da repressão no país, sendo reservado ao tema (nesta nova edição do documento) um eixo orientador específico: o Eixo VI, chamado "Direito à Memória e à Verdade" (Brasil, 2010a). Tão importante quanto a existência de um eixo sobre o tema, no entanto, era o conteúdo original dessa seção do documento. Além de estabelecer a necessidade de preservação e promoção da memória do período (Diretriz nº 24), e a revisão da legislação que, produzida pelos militares e baseada na DSN, continuavam sendo aplicadas no país (Diretriz nº 25), também foi prevista a criação de uma CNV (Diretriz nº 23).

Antes do lançamento da nova edição do programa, em dezembro de 2009, houve uma tentativa de que suas disposições passassem pelo crivo de todos os ministérios, com o intuito de aferir maior legitimidade às diretrizes estabelecidas pelas conferências que elaboraram o documento (Brasil, 2010:11). O lançamento do programa atrasou em quase um ano devido à apresentação de um posicionamento contrário, por parte do Ministério da Defesa, à apuração das violações ocorridas durante o período autoritário (Ipea, 2010:285).

Entre o final de 2009, quando foi publicado o PNDH-3, e o início do ano de 2010 houve uma série de manifestações públicas e discussões polêmicas sobre a publicação da nova edição do programa, e, sobretudo, a respeito do conteúdo do Eixo Orientador VI. Envolvendo defensores de direitos humanos, de um lado, e as forças armadas representadas pelo ministro da Defesa Nelson Jobim, do outro, as polêmicas evidenciaram a força com que algumas ideias ecoam junto à opinião pública desde a transição à democracia.

Evocada a tese da anistia recíproca, ou seja, a ideia de que tudo o que passou deve ser esquecido já que muitos crimes também foram praticados por militantes de esquerda, as discussões ocorridas geraram uma grande tensão, levando ao recuo do governo federal, que em maio de 2010 editou o Decreto nº 7.177, alterando disposições do programa. No auge da crise, é importante mencionar, o ministro da Defesa e os comandantes das três forças armadas ameaçaram renunciar, coletivamente, aos seus cargos caso o documento fosse mantido inalterado pelo governo federal (Jobim..., 2009; Presidente..., 2010).

Com o decreto, o lapso temporal a ser investigado pela CNV, que na versão original do PNDH-3 era referido como o período da ditadura, passaria a incluir todos os crimes cometidos pelo Estado brasileiro entre 1946 e 1988, tendo sido reforçado, como limite objetivo aos seus trabalhos, a Lei de Anistia (Lei nº 6.683/1979). Assim, o organismo seria responsável por esclarecer os crimes praticados pela repressão, mas não poderia punir os responsáveis.

As votações do projeto na Câmara dos Deputados e no Senado foram finalizadas respectivamente em setembro e outubro de 2011, primeiro ano do mandato da presidenta Dilma Rousseff. Antes da sanção presidencial, contudo, e ao ser aprovado pela Câmara dos Deputados abrangendo emendas propostas pelo DEM e pelo PSDB, o texto foi levado para votação no Senado com *urgência urgentíssima*, sendo lá aprovado sem emendas. De acordo com o disposto nas emendas aprovadas pela Câmara dos Deputados, foram agregadas limitações à nomeação dos membros da CNV, que não poderiam, por exemplo, ser filiados a nenhum partido político.

O debate parlamentar sobre o projeto de lei que criava a CNV, conforme Janaína de Almeida Teles (2020:247), foi marcado pelo pragmatismo, pelo imediatismo e pela lógica da "reconciliação nacional". Naquele momento, o então deputado Jair Bolsonaro, na época filiado ao PP/RJ, foi uma das principais vozes contrárias à criação da comissão, pautando suas falas na ideia de revanchismo, reafirmando a necessidade de investigar os crimes da esquerda e classificando-a como um ataque aos militares (Sainz, Silveira e Gallo, 2020). De acordo com o levantamento de Antonio Teixeira de Barros (2020: 9), embora o debate parlamentar sobre a CNV tenha sido majoritariamente realizado por deputados e senadores de partidos à esquerda do espectro político, Jair Bolsonaro foi, entre todos, o parlamentar que realizou o maior número de pronunciamentos abordando a temática.

O fato é que as polêmicas e reviravoltas surgidas a partir da divulgação do novo texto do PNDH retardaram os trâmites do projeto de lei que criaria a Comissão da Verdade (o Projeto de Lei nº 7.736/2010). Aprovado o projeto pelas duas casas do Congresso Nacional somente em outubro de 2011, e sancionada sua lei criadora (Lei nº 12.528/2011) pela presidenta Dilma Rousseff em novembro do mesmo ano, a CNV começou suas atividades em 16 maio de 2012 (quase dois anos e meio após o lançamento do PNDH-3).

Como se não fosse suficiente o período a ser investigado pela comissão ter passado a abranger crimes cometidos em um cenário político democrático (de 1946 ao golpe de 1964), grupos de defesa dos direitos humanos tiveram suas expectativas relativizadas por outras duas limitações. A primeira delas diz respeito ao número reduzido de membros: apenas sete integrantes, para analisar crimes praticados em quase 50 anos de história, e num país com um território do tamanho do Brasil. A outra limitação se relacionava ao prazo de vigência dos trabalhos da comissão: inicialmente, seriam apenas dois anos, porém, em dezembro de 2013, a Presidência da República estendeu sua vigência e o prazo para o encerramento das atividades foi ampliado até dezembro de 2014, quando seu relatório final seria entregue.

Limitada ou não, o fato é que a criação da CNV acabou sendo aceita por amplos setores do espectro político do país, dentro e fora das instituições representativas. Um elemento que demonstra o arranjo estabelecido em torno de sua instalação é a reunião, na solenidade que marcou o início dos trabalhos, de todos os ex-presidentes do período da Nova República. As forças armadas, nesse cenário, transitaram de uma postura marcada pela resistência à concessão, mediante a garantia de que a interpretação hegemônica da anistia seria respeitada pela entidade. Concessão, contudo, não é sinônimo de aceitação irrestrita da sua existência. Sobretudo por parte de setores contrários à reparação das vítimas do regime autoritário que continuaram existindo.

Entre a colaboração e a insubordinação: as forças armadas durante os trabalhos da CNV

Entre maio de 2012 e 2014, a CNV realizou ou apoiou 80 audiências públicas (em várias regiões do país) com vítimas da ditadura, testemunhas e, inclusive, com agentes da repressão que foram intimados para prestar depoimentos. Mais de mil testemunhos foram coletados em atividades públicas ou de forma reservada. No mesmo período, as equipes de trabalho que foram criadas no âmbito da comissão realizaram diligências e pesquisa documental em diferentes órgãos e arquivos públicos. No dia 10 de dezembro de 2014, a CNV entregou à presidenta Dilma Rousseff o relatório final de suas atividades.

Com 2 mil páginas, o relatório final foi dividido em três volumes. O primeiro expõe os objetivos da comissão, apresenta um panorama da história política no Brasil a partir de 1946, detalha como funcionou a estrutura repressiva no país e as técnicas utilizadas pelos agentes do Estado durante a ditadura, destacando, inclusive, os vínculos entre a estrutura repressiva brasileira e de países vizinhos, que atuaram de modo coordenado no âmbito de uma conexão repressiva internacional: a Operação Condor. Feito isso, expondo a cadeia de comando existente no período, avalia o saldo da repressão e, nominando 377 responsáveis diretos ou indiretos pelos crimes cometidos no período (muitos deles já falecidos), estabelece um conjunto de 29 recomendações.

No segundo volume, analisam-se o papel desempenhado por parcelas da sociedade civil e empresários no golpe e durante a ditadura, bem como as diversas formas de oposição e resistência à tomada e ocupação do poder pelos militares no país. Além disso, são apresentados dados a respeito da repressão que foi praticada contra segmentos específicos da sociedade brasileira: de integrantes das forças armadas que eram contrários à tomada do poder em 1964 a trabalhadores urbanos, camponeses, povos indígenas, religiosos, pessoas da comunidade LGBT+, professores e estudantes universitários.

No terceiro e último volume do relatório estão uma lista e o perfil de 434 pessoas que foram reconhecidas como mortas ou desaparecidas em virtude de violência política praticada entre 1946 e 1988. Referida, na "Introdução ao volume 3", como uma lista passível de ser revisada, a mesma é, ainda, reconhecida como limitada pelos integrantes da CNV, sendo tais limitações atribuídas à constante falta de colaboração por parte de integrantes das forças armadas. Como consta no documento:

> As lacunas dessa história de execuções, tortura e ocultação de cadáveres de opositores políticos à ditadura militar poderiam ser melhor elucidadas hoje caso as forças armadas tivessem disponibilizado à CNV os acervos do CIE, CISA e Cenimar, produzidos durante a ditadura, e se, igualmente, tivessem sido prestadas todas as informações requeridas, conforme relatado no capítulo 2 do volume 1 do Relatório da CNV. As autoridades militares optaram por manter o padrão de resposta negativa ou insuficiente vigente há cinquenta anos, impedindo assim que sejam conhecidos circunstâncias e autores de graves violações de direitos humanos ocorridas durante a ditadura militar [CNV, 2014:28-29, v. 3].

Para impedir a reprodução de comportamentos antidemocráticos por parte das forças armadas, relativizar a manutenção desses setores como *veto players* da nova democracia e possibilitar que seja dado um fim à impunidade dos crimes praticados em nome do regime autoritário, a CNV, no conjunto das 29 recomendações apresentadas no seu relatório final, sugeriu, entre outras medidas: (1) que as forças armadas brasileiras reconheçam publicamente a repressão praticada por seus agentes no período investigado pela Comissão da Verdade; (2) que seja apurada e atribuída a responsabilidade civil, criminal e administrativa dos envolvidos em violações aos direitos humanos durante a ditadura, sendo, nesses casos, afastada a aplicação da Lei de Anistia; (3) que o currículo das academias militares seja reformulado com base em valores democráticos e no respeito aos direitos humanos; (4) que sejam proibidas atividades oficiais comemorando o golpe de 1964; (5) que se aperfeiçoe e fortaleça um sistema nacional de prevenção e combate à tortura; (6) que seja revogada a Lei de Segurança Nacional; (7) que seja extinta a Justiça Militar estadual; (8) que seja efetivado o direito de acesso aos arquivos da repressão.

Embora limitado, o documento representou um avanço no tratamento do tema em âmbito nacional. Além de apontar os responsáveis por um conjunto de violações aos direitos humanos e recomendar uma série de medidas contra a impunidade que persiste, o relatório final incorpora ao debate sobre a ditadura civil-militar o reconhecimento de pelo menos três aspectos importantes, que dizem respeito: (1) à existência de um aparato repressivo organizado, que, funcionando em todas as regiões do país, cometeu violações de forma sistemática no período da ditadura; (2) ao alcance da repressão: conforme os dados trazidos no relatório, a repressão política não foi restrita aos setores da luta armada, atingindo trabalhadores urbanos e rurais, professores e estudantes universitários, militares dissidentes, indígenas e pessoas com orientação sexual diferente; (3) à participação de segmentos civis no golpe e na ditadura, sendo o papel de empresários que se beneficiaram da modernização econômica levada a cabo pela ditadura essencial à manutenção do regime.

Durante os trabalhos da comissão, a colaboração das forças armadas enquanto instituição, conforme mencionado, foi restrita. Não houve, portanto, qualquer tipo de facilitação do trabalho investigativo realizado pelos grupos de trabalho criados no âmbito da CNV. Seja porque as instituições reiteradamente negaram a existência de documentos sobre o período, seja igualmente porque seus integrantes da ativa e/ou da reserva, em sua maioria, se negaram a colaborar, de fato, com seus depoimentos. Ao comparecer perante os comissionários para prestarem depoimento, nesse sentido, a maioria dos agentes da repressão optou pelo silêncio (Coordenador..., 2014).

Quando falaram, caso dos depoimentos de Carlos Alberto Brilhante Ustra, coronel reformado e agente da repressão reconhecido por sua atuação junto ao DOI-Codi paulista, e de Paulo Malhães, tenente-coronel reformado e integrante do Centro de Informações do Exército (CIE), suas manifestações serviram para reiterar elementos que, hegemonicamente, compõem o pensamento da corporação desde o golpe de 1964. Ustra, por exemplo, se referiu às vítimas da ditadura como "terroristas" e negou que tenham morrido em repartições sob seu comando (Durante..., 2013). Malhães, embora não tenha negado a prática de tortura e desaparecimento, afirmou ter cumprido com seu dever e não ter arrependimento pelas violações aos direitos humanos cometidas durante a ditadura (Coronel..., 2014).

Via de regra, as forças armadas se abstiveram, institucionalmente, de emitir qualquer comentário quando procuradas por agências de notícias para se posicionar sobre os trabalhos da CNV. Quando algo desagradou integrantes da ativa e da reserva, como ocorreu em setembro de 2014, quando o ministro da Defesa Celso Amorim reconheceu a existência de crimes cometidos pela ditadura em ofício enviado à comissão, a voz da corporação foi ouvida através de um manifesto assinado por 27 generais que, ainda que pertencentes à reserva, não constituíam vozes dissonantes de parte dos oficiais da ativa (Comissão..., 2014).

Se antes da aprovação da lei que criou a CNV a postura das forças armadas transitou da resistência institucional (através do Ministério da Defesa) à concessão, durante os trabalhos da entidade, a situação se alterou significativamente a partir de maio de 2012. Enquanto instituição, as forças armadas evitaram, sempre que possível, o confronto aberto com a comissão e seus integrantes. Para a mídia, a regra geral foi manter o silêncio. Dentro de uma perspectiva burocrática, houve algum grau de colaboração, ainda que a negativa da existência de documentos e arquivos, contudo, tenha beirado a insubordinação. O fato de antigos agentes do aparato repressivo terem comparecido para depor também pode ser entendido como um sinal de colaboração com o órgão, ainda que o silêncio tenha pautado majoritariamente essas participações. Uma espécie de insubordinação indireta, contudo, se fez presente nas vozes de agentes da repressão que prestaram depoimentos, assim como nas de militares da reserva e/ou do Clube Militar que verbalizaram aquilo que, por dever de ofício, os oficiais da ativa estavam impedidos de dizer publicamente.

Da crítica à negação: as forças armadas depois dos trabalhos da CNV

Em 10 de dezembro de 2014, pela manhã, o relatório final da CNV foi entregue à presidenta Dilma Rousseff em solenidade realizada no Palácio do Planalto. No mesmo dia, começaram a circular as primeiras críticas elaboradas por parte de setores associados às forças armadas. Se a instituição silenciou sobre o tema, o Clube Militar, por exemplo, se manifestou, criticando de forma veemente o relatório:

> O relatório só poderia ser uma coleção de meias-verdades, calúnias e mentiras inteiras, embaladas com pedaços de verdade cuja divulgação confirme a orientação socialista dos comissários. Das suas 29 recomendações, várias miram diretamente as forças armadas, como agentes do Estado. Nenhuma faz referência à ação dos terroristas, guerrilheiros, sequestradores e assassinos esquerdistas que tentavam tomar o poder à força e estabelecer no País um governo totalitário comunista de modelo soviético, chinês ou cubano [Clube..., 2014].

Após a publicação do relatório, militares da ativa se manifestaram publicamente, uma vez que se sentiram atingidos pessoalmente por informações contidas no documento. É o caso, por exemplo, do general do Exército Sérgio Etchegoyen, cujo pai foi listado no relatório como responsável por violações aos direitos humanos no período da ditadura. Em nota, o general e sua família afirmaram que o trabalho da CNV foi leviano (Forças..., 2014).

As críticas que circularam, ainda que possam ter sido diluídas momentaneamente em meio a um conjunto significativo de matérias e opiniões favoráveis ao resultado dos trabalhos da CNV, podem ser consideradas a ponta do *iceberg* (junto às forças armadas) sobre o tema. Muito mais do que residuais ou aleatórias, tais manifestações públicas, encabeçadas por setores associados às forças armadas, seja na ativa ou na reserva, evidenciaram que, dentro de seus muros, parcelas representativas da corporação nunca aceitaram os avanços promovidos pelas políticas de memória no país. Se houve avanços no âmbito dessa agenda, é porque circunstâncias exógenas conjunturais (externas às forças armadas) favoreceram sua realização. A concessão institucional silenciosa para com medidas de reparação, portanto, sempre esteve subterraneamente pautada pela resignação que a hierarquia exigia e/ou pelo ressentimento compartilhado, em geral, apenas *inter pares*.

Recentemente, em livro organizado por Celso Castro (2021), o general Villas Bôas, comandante do Exército brasileiro entre os anos de 2015 e 2019, afirmou, em entrevista concedida ao pesquisador, que a criação da CNV foi um ponto de ruptura na relação entre as forças armadas e os governos petistas, repercutindo diretamente no apoio dado por parte de seus integrantes ao afastamento da presidenta Dilma Rousseff. Somada às demais medidas de reparação implementadas ao longo dos anos 1990 e 2000, a CNV teria representado uma espécie de "gota d'água" no que se refere à tolerância para com as políticas de memória.

Analisando-se retrospectivamente, é possível observar que os meses que precederam e sucederam a finalização dos trabalhos da Comissão da Verdade no país foram marcados, respectivamente, pelas eleições de 2014 e seus desdobramentos. Em outubro de 2014, a presidenta Dilma Rousseff foi reeleita para o cargo numa disputa acirrada contra o candidato Aécio Neves (PSDB). Pela primeira vez, desde que as eleições diretas para a presidência foram retomadas, o candidato derrotado questionou o resultado das urnas, colocando em xeque a lisura do processo eleitoral. Apesar de o Tribunal Superior Eleitoral (TSE) ter se manifestado reiterando o resultado obtido nas urnas, havia algo diferente se formando no horizonte.

Em março de 2015, poucos meses após a cerimônia de posse da presidenta para o início de seu segundo mandato, as ruas do país passaram a ser ocupadas, com frequência, por grandes manifestações contrárias ao governo. Orquestrados por setores de direita e extrema direita, os atos deram início a um fenômeno que passou a ser recorrente em manifestações de rua no país: pessoas portando faixas e cartazes pedindo não apenas o fim do governo e da corrupção, mas também solicitando a volta dos militares ao poder, defendendo a tortura e saudando antigos agentes da repressão.

Considerando os acontecimentos mencionados, vê-se claramente que a conjuntura política recente, marcada pela aprovação do *impeachment* da presidenta Dilma Rousseff, em 2016, e pela eleição presidencial de 2018, na qual foi eleito um político de extrema direita para o cargo, impactou diretamente a realização de atividades relacionadas com as principais políticas de reparação vigentes no país desde a década de 1990.

No âmbito da Comissão de Anistia, especificamente, a partir de agosto de 2016, quando o golpe parlamentar que afastou Dilma Rousseff da presidência avançou e seu vice-presidente, Michel Temer, assumiu o cargo, a comissão passou por uma reestruturação profunda que repercutiu no alcance de suas ações (Alberto..., 2017). Além de o novo governo alterar significativamente e de forma arbitrária a composição da comissão, fica visível a mudança no ritmo e formato dos seus trabalhos. As caravanas de julgamento não ocorrem mais, os pedidos de desculpas públicos, igualmente, e, além disso, passa a ser denunciada uma tentativa de esvaziamento de suas funções. Corroboravam a denúncia, além da mudança na publicidade dos trabalhos da comissão, o fato de que sua autonomia fora reduzida, estando suas decisões sujeitas à avaliação da Advocacia-Geral da União (AGU), que emitiu despachos negando a concessão de algumas indenizações (A Lei..., 2018).

A partir de janeiro de 2019, com a posse de Jair Bolsonaro na presidência da República, a comissão passa por novas alterações, que aprofundam as medidas que vinham sendo tomadas desde o governo Temer (2016-2018). A primeira delas se refere à realocação do organismo, que era vinculado ao Ministério da Justiça desde sua criação, no Ministério da Mulher, da Família e dos Direitos Humanos (MMFDH). Embora a realocação para uma pasta ministerial dedicada aos direitos humanos pareça adequada, por possuir afinidade temática autoevidente, a mudança é mais complexa do que parece. O MMFDH foi criado pelo novo governo após uma reforma ministerial marcada por polêmicas, sendo a pasta comandada por Damares Alves, uma figura associada à "ala ideológica" do governo, representando setores evangélicos e conservadores vinculados ao novo presidente.

Trata-se de uma mudança que, por si só, representa uma ruptura simbólica e política relevante, por parte do governo federal, em relação ao modo como a temática das reparações às vítimas da ditadura vinha sendo tratada havia mais de 15 anos no país. Intimamente associado à Justiça, o tema passa a ser trabalhado no âmbito de um ministério que, ainda que em sua denominação ostente o termo "direitos humanos", foi criado claramente com o intuito de subordinar a garantia de tais direitos a uma visão estereotipada, conservadora e religiosa dos mesmos.

A realocação em um novo ministério representou outros problemas, objetivos, no tocante aos trabalhos da Comissão de Anistia. Mudanças na composição do organismo, perda da transparência na divulgação de informações, alterações no *site*, com a supressão de materiais (livros, revistas, relatórios) produzidos pela comissão ao longo dos anos, tudo contribuiu, durante o primeiro ano do governo Bolsonaro, para a desaceleração e desmonte de uma política pública que, havia anos, vinha sendo implementada com êxito. No que se refere especificamente ao modo como a análise dos pedidos passou a ser realizada, foi consolidado, sob a nova pasta ministerial, o formato implementado desde 2016. Ou seja, os julgamentos, que antes eram realizados muitas vezes em sessões públicas e com pedido de desculpas às vítimas, passaram a ser realizados a portas fechadas, de forma impessoal. Uma modificação significativa foi a alteração do regimento da comissão, no sentido de reduzir as possibilidades de recursos administrativos apresentados em face das decisões tomadas pelo órgão. Apenas um recurso poderá ser apresentado por parte de quem teve seu pedido indeferido ou parcialmente negado.

Outra mudança polêmica advinda com a nova gestão foi a desvinculação do reconhecimento da condição de anistiado político da concessão de eventual indenização pecuniária às vítimas. Antes, a pessoa anistiada tinha definida, na mesma decisão, a concessão ou não de uma indenização pecuniária relativa aos danos causados pela perseguição política. A partir de 2019, para receber tal indenização passa a ser necessário que o interessado ingresse com um pedido judicial nesse sentido. Conforme Victor Neiva, representante dos anistiados políticos na comissão, que seria exonerado pela ministra Damares Alves em outubro de 2019, a medida representa um grande retrocesso para as vítimas da ditadura, que, além de esperar anos pela concessão da anistia, terão que aguardar, por tempo indeterminado, e via processo judicial, para receber uma reparação pecuniária (Integrante..., 2019).

Não bastassem os problemas mencionados, outros fatos relacionados à comissão durante o ano de 2019 servem como elementos que sintetizam os rumos do organismo na vigência do novo governo. Em março, a ministra Damares Alves disse, publicamente, que iria abrir as "caixinhas" das indenizações concedidas pela Comissão de Anistia, em uma fala que sugere que as decisões favoráveis às vítimas da ditadura teriam sido escusas (Caixinhas..., 2019). Em setembro, veio a público a denúncia de que a orientação dada à comissão era "negar pedidos em massa", algo que, na prática, ocorreu. Dos 80 pedidos apreciados até setembro de 2019, 74 foram negados (Orientação..., 2019). Em 2021, a tendência se mantinha, de modo que em torno de 90% dos pedidos de reparação foram negados e, conforme matéria publicada pelo *El País* (Governo..., 2021), integrantes do governo federal queriam extinguir a comissão até 2022 – o que, por fim, acabou não acontecendo.

As mudanças e retrocessos aprofundados desde o início do novo governo federal não se restringiram à Comissão de Anistia. No que se refere à Comissão Especial sobre Mortos e Desaparecidos Políticos (CEMDP), a mesma também tem sido alvo das medidas implementadas tanto pelo governo Temer quanto pelo atual. Responsável pela apuração dos casos de mortes e desaparecimentos ocorridos durante a ditadura e pela concessão de reparação econômica às famílias das vítimas, a CEMDP também vinha trabalhando, nos últimos anos, com vistas à identificação de restos mortais de militantes políticos perseguidos pelo aparato repressivo. Com a alteração arbitrária da sua composição (primeiro em 2016, depois em 2019) e, conjuntamente, com a contínua redução do orçamento destinado aos organismos mencionados, o governo Bolsonaro, embora não possa ser acusado de extinguir as políticas de memória no país, pode ser identificado como responsável pelo seu esvaziamento, assim como pela inviabilização das mesmas (Mudanças..., 2020).

Sobre a CNV, completa o panorama apresentado o fato de que a maioria das recomendações contidas no relatório final não foram implementadas. De um total de 29 recomendações feitas pela comissão, 22 seguem no papel, conforme levantamento do Centro de Estudos de Justiça de Transição (Maioria..., 2021). Mesmo aquelas nas quais houve algum avanço, o mesmo é, em alguns casos, bastante limitado. Ações penais sobre os crimes da ditadura foram iniciadas, mas nenhum agente foi punido. A Lei da Anistia e a Lei de Segurança Nacional editadas pelo regime autoritário seguem vigentes. Arquivos da repressão mantidos pelas forças armadas seguem inacessíveis.

Mudanças significativas no cenário político brasileiro desde 2015, aprofundadas em 2016, com a deposição da presidenta e o governo Temer, e novamente em 2019, com o início do governo Bolsonaro, atestam a mudança de perspectiva, através do Executivo e seus ministérios, para com o tema da memória da ditadura e a reparação das vítimas. Somada à percepção do presidente Bolsonaro sobre o passado autoritário, a presença crescente de militares da ativa e da reserva em cargos que, em gestões anteriores, eram ocupados majoritariamente por civis é um elemento central para a compreensão do rumo das políticas de memória no país, e não apenas para os desdobramentos da CNV. Em síntese, observa-se que a corporação transitou da concessão à negação, sentindo-se, talvez, respaldada pelas mudanças na conjuntura política.

Considerações

Este capítulo teve como objetivo central analisar a relação estabelecida entre as forças armadas e a CNV. A análise pretendida foi realizada em três momentos. Um primeiro, focando no contexto anterior à instalação da comissão. Um segundo, dedicado ao período compreendido entre os anos de 2012 e 2014, quando a mesma cumpriu seu mandato. Um terceiro, finalmente, focado nos desdobramentos posteriores à entrega do relatório final produzido no âmbito da Comissão da Verdade brasileira.

Conforme mencionado na introdução, ainda que as forças armadas brasileiras não possam ser confundidas, institucionalmente, com associações privadas formadas por militares da reserva e/ou seus familiares, é fato que os posicionamentos emitidos, por exemplo, pelo Clube Militar, reverberam ideias solidamente arraigadas à corporação. Sendo assim, não há como dissociar, precisamente, aquilo que é dito publicamente por uma instituição privada daquilo que, em última análise, compõe a cosmovisão que é compartilhada por militares da ativa.

Os dados aqui analisados permitiram traçar um panorama a respeito das relações (tensas) entre forças armadas e a CNV, a partir do qual ficaram evidentes as mudanças na forma como os setores associados à corporação militar se posicionaram respaldando ou dificultando os trabalhos do órgão responsável pelo enfrentamento do tema da memória da ditadura no país. Inicialmente, o comportamento oscilou da resistência, via Ministério da Defesa, à concessão, na medida em que, aparadas "arestas" no projeto de lei que previu sua criação, a mesma acabou sendo aceita.

Entre 2012 e 2014, durante o cumprimento do mandato da comissão, as tensões se acentuaram. As forças armadas, enquanto instituições de Estado, mantiveram silêncio sobre a atuação da CNV, seus comissionários e grupos de trabalho por ela instituídos, colaborando no limite burocrático exigido. Responderam a ofícios, reiteraram a ausência de arquivos e a inexistência de documentos. Agiram no limite, para que não fosse configurada insubordinação.

Antigos agentes da repressão, por sua vez, quando convocados para depor perante os integrantes da comissão, surpreenderam. Seja por terem comparecido, mas também, em alguns casos, por terem verbalizado o que queriam registrar para a opinião pública. De algum modo, foi por meio das vozes de antigos agentes da repressão e do Clube Militar, que criticou continuamente os trabalhos da CNV, que foi indiretamente ouvida a voz de oficiais da ativa que, por dever de ofício, tentaram se manter imparciais.

O ponto de ruptura na relação se deu, precisamente, após a entrega do relatório final e do fim do mandato da CNV, em dezembro de 2014. A crítica, mais do que esperada, cedeu espaço, em um curto lapso temporal, ao negacionismo. Oficiais da reserva e da ativa criticaram publicamente o documento produzido pelos comissionários, questionaram a veracidade e a imparcialidade da comissão, evocaram publicamente ideias reiteradamente difundidas no auge da ditadura, atacando as vítimas, relativizando as violações e negando acontecimentos.

Como parte do projeto de transição "lenta, gradual e segura" realizado no país entre as décadas de 1970 e 1980, as forças armadas foram preservadas como atores com alto poder de veto no cenário político da Nova República, sendo a garantia de sua impunidade relacionada aos crimes da ditadura uma das principais prerrogativas que lhes foi assegurada (Arturi, 2001). Não é à toa, nesse sentido, que, ainda que tenha se adaptado ao novo contexto e, com o passar dos anos, permitido avanços como a criação do Ministério da Defesa, em 1999, a corporação tenha sempre se insurgido, de algum modo, quando o assunto era a memória da ditadura e o tema da validade da anistia (D'Araujo, 2010, 2012).

Diante de uma conjuntura de sucessivas crises, como a que se vive desde 2015 no país, não surpreende, portanto, que setores comprometidos com a impunidade, o esquecimento e a negação dos fatos ocorridos entre 1964 e 1985 tenham ganhado espaço, inviabilizando, aos poucos, o cumprimento das recomendações da CNV e a continuidade das medidas de reparação que vinham sendo implementadas. Quem ganha, numa conjuntura como a que foi descrita, é fácil de identificar. Quem perde é a democracia e todos aqueles que dela dependem.

Sugestão de literatura adicional sobre o tema

A título de leituras adicionais sobre a CNV, recomendamos: (1) o livro da historiadora Caroline Silveira Bauer (2017), que aborda a relação entre história e historiadores nos trabalhos da Comissão da Verdade brasileira, explorando tensões e contradições que surgiram entre 2012 e 2014 no que se refere à narrativa construída (sobre o passado) pela comissão; (2) o livro do cientista político Eliézer Rizzo de Oliveira (2015), que apresenta um contraponto às análises hegemônicas sobre o papel que a CNV deveria cumprir no esclarecimento dos crimes do período da ditadura no país, abordando, inclusive, o tema da violência cometida pela oposição que pegou em armas contra a ditadura; (3) o artigo do historiador Fernando Perlatto (2019), no qual é analisado o papel da imprensa na construção do debate público em torno da CNV.

BAUER, Caroline Silveira. *Como será o passado?* História, historiadores e a Comissão Nacional da Verdade. Jundiaí: Paco Editorial, 2017.

OLIVEIRA, Eliézer Rizzo de. *Além da anistia, aquém da verdade*: o percurso da Comissão Nacional da Verdade. Curitiba: Prismas, 2015.

PERLATTO, Fernando. Variações do mesmo tema sem sair do tom: imprensa, Comissão Nacional da Verdade e a Lei da Anistia. *Tempo e Argumento*, Florianópolis, v. 11, n. 27, p. 78-100, maio/ago. 2019.

5. A educação dos militares brasileiros

Ana Penido
Suzeley Kalil

Introdução

Abriga-se sob o termo "educação militar" um conjunto de práticas distintas, organizadas em diferentes instituições de ensino, orientadas para faixas etárias e patentes variadas, de instituições policiais e das forças armadas (FAs). Neste texto, embora se pretenda fazer uma apresentação geral de como funciona o sistema de educação militar, discutiremos de maneira mais detida a educação oferecida aos jovens oficiais, especialmente do Exército. Trata-se de tema fundamental, dado que a educação é um processo de transmissão de valores, procedimentos e conhecimentos que devem, primeiro, preparar o militar para a defesa nacional e, segundo, subordinar aqueles que detêm a força das armas aos princípios democráticos.

Idealmente, mudanças globais implicam alterações na política externa dos países e, consequentemente, nas suas estratégias e políticas de defesa. Os instrumentos de força teriam suas funções impactadas por esses desenhos e, por fim, a própria educação seria afetada, uma vez que ela se dirige à atuação profissional. Tomando os últimos 30 anos, é possível identificar importantes mudanças no cenário geopolítico, bem como na participação militar no processo político nacional (Penido, Rodrigues e Mathias, 2020). Entretanto, como discutiremos, no que tange à educação dos militares, as "coisas mudam para que permaneçam como estão". A razão disso, defende-se aqui, é que o objetivo principal da educação dos militares brasileiros é a autorreprodução simbólica da corporação, para quem "a ação pedagógica deve ser vista como sendo o instrumento capaz de garantir a reprodução dos valores da instituição" (Luchetti, 2006:102) e não o exercício profissional sob valores democráticos.

Um oficial de carreira passa cerca de 30% da sua vida ativa em escolas militares. Na maior parte dos casos, a escola militar inicia-se logo após o ensino médio, incorporando jovens em torno dos 18 anos, para cursos em escolas militares equivalentes ao nível universitário de cerca de cinco anos, ao fim dos quais o estudante inicia sua carreira como oficial em uma das forças singulares. Esse dado é, por si só, indicativo da importância do tema para as corporações.

No intuito de oferecer uma visão geral sobre o tema, a primeira parte deste capítulo sumariza questões gerais da educação como um breve histórico, marcos normativos, estrutura organizativa, método pedagógico e conteúdo geral dos cursos. Em sua segunda parte, apresentam-se três contribuições teóricas para seu estudo: a autonomia institucional, a formação multiprofissional e a necessidade da cooperação. Na terceira, oferecemos um exemplo de estudo sobre o tema, o da Academia Militar de Agulhas Negras (Aman). Na última parte, conclui-se apontando algumas lacunas.

Questões gerais sobre a educação dos militares

As primeiras escolas preparatórias militares[1] foram fundadas na França e na Prússia[2] e eram exclusivas para nobres. Existiam também escolas para a formação da burguesia nas armas técnicas, cujas vagas eram preferencialmente vendidas. Nos dois casos, não havia critérios de seleção dos alunos, de avaliação dos conhecimentos ou mesmo atividades práticas de aperfeiçoamento. Apenas com as guerras napoleônicas passou a existir um conjunto sistematizado de conhecimentos e padrões profissionais que fossem objeto de um processo de ensino-aprendizagem (Huntington, 1996). Dois autores marcam esse momento: Jomini, quando defende que a guerra possui princípios fixos, variáveis e universais[3] (que poderiam ser apreendidos); e Clausewitz, que tomou o fenômeno da guerra como objeto em si, discriminando sua dupla natureza como uma ciência

---

1 Alguns historiadores revelam que as primeiras instituições com esse caráter surgiram na Ásia, porém elas não tiveram influência na experiência europeia e, portanto, na América Latina (Rial, 2001a).

2 A Kriegsakademie, fundada na Prússia em 1810, contava com professores militares e civis, matérias científicas e estritamente militares, e eliminou pré-requisitos aristocráticos para seleção dos alunos (Huntington, 1996).

3 O princípio de Jomini é: apenas um Exército indivisível, movimentando-se numa única linha de operações, a mais curta e segura possível, pode esperar evitar a derrota (Shy, 2001b).

autônoma (com método e objetivos) e uma ciência condicionada (seus propósitos lhe são externos). Ambos "tornaram a instrução mais fácil, a avaliação operacional mais realista e os erros menos frequentes" (Shy, 2001a:208).

Quando os exércitos cresceram e se diversificaram em atividades (administrativas, combate, engenharias etc.) e hierarquias, a educação também foi se especializando. Ao passo que há especialização do trabalho, há o conhecimento historicamente acumulado sobre o exercício da função militar, assim como determinado nível de exclusividade para aqueles que detêm esse conhecimento sistematizado.

> A habilidade do oficial não é uma técnica (fundamentalmente mecânica) nem uma arte (que exige talento peculiar e intransferível). É, em vez disso, uma habilidade intelectual extraordinariamente complexa que requer estudo e treinamento abrangente a partir de livros, da prática e da experiência [Huntington, 1996:31].

Essa é uma entre as variadas demandas militares que ampliaram a exigência de administração centralizada das FAs pela burocracia estatal (Andreski, 1968).

No caso brasileiro, pode-se dizer que o desenvolvimento das academias militares passou por quatro fases. A primeira vem da fundação da Academia Real Militar (1810) até a separação dos dois cursos – Engenharia Civil e Engenharia Militar – em duas instituições autônomas: a Escola Militar e a Escola Politécnica (1851). A segunda segue até a criação da Escola de Estado-Maior, em 1905. A terceira compreende o período 1905-1930, com Missão Militar Francesa fechando esta fase. Por fim, a quarta, a partir de 1930, quando o ensino militar se desenvolveu, cresceu em número de instituições, especialização, mecanização e profissionalização. Luchetti (2006) sugere uma quinta fase, iniciada na década de 1980 e que se estende até hoje, caracterizada pela modernização do ensino em uma nova conjuntura nacional e mundial. A maior expressão desta última é o Plano de Modernização do Exército, de 1995 (Brasil, 1995).

A educação brasileira está presente na Constituição de 1988 como um direito de todos os cidadãos, sendo dever do Estado e da família promovê-la, devendo ser incentivada a colaboração da sociedade (Brasil, 1988, art. 205). Oliveira (1987) discute o *lobby* militar que funcionou durante a Constituinte para garantir a permanência de algumas prerrogativas castrenses pós-regime dos generais. Uma dessas foi a permanência de seus próprios sistemas de ensino.

Essa brecha foi confirmada pelo art. 83 da Lei de Diretrizes e Bases para o Ensino (Lei nº 9.394/1996) que, por sua vez, estabelece que "o ensino militar é regulado por lei específica, admitida a equivalência de estudos, de acordo com as normas fixadas pelos sistemas de ensino" (Brasil, 1996). A partir desse artigo, as FAs reafirmaram sua autonomia para a elaboração de sua política educacional. Isso não significa necessariamente que a educação militar divergirá da educação da sociedade em geral, mas sim que constitui uma excepcionalidade, podendo chegar a isso.

O entendimento expresso por essa lei é que "o tipo de preparo militar não depende do regime político, mas do problema de defesa que exista" (Fázio, 2008:133). Assim, o que determinaria como deveriam ser formadas as FAs seria o tipo de ameaças que a sociedade sofre, seja ela uma monarquia, ditadura ou democracia. Entretanto, uma política educacional reveste-se, como seu próprio nome expressa, de caráter político, social e econômico. "Político porque é traçada pelo órgão diretor que orienta a realização de determinados objetivos; social, porque atinge setores específicos da sociedade; e econômico, porque seus resultados interferem nas condições de trabalho" (Luchetti, 2006:119). Enfim, a definição de temas, currículos e orientações carrega em si visões de mundo.

Em 2010, o Judiciário entendeu que um sistema de ensino deveria ser objeto de lei específica. Cada uma das forças, então, fez sua própria lei. A Aeronáutica produziu a sua em 2011 e as demais em 2012. *Com isso, em lei, sagrou-se no Brasil a existência de quatro sistemas de ensino para brasileiros, cada um com sua lei própria*. Além dessas, existe um amplo conjunto de normas inferiores que organizam toda a rotina dos estabelecimentos de ensino, desde o número de vagas abertas, critérios de avaliação dos discentes, organização da carreira dos docentes etc.

O sistema geral de ensino do Exército, que é similar nas demais forças (razão pela qual tomar-se-á o ensino do EB como exemplo), é composto de cinco setores: militar bélico, militar científico-tecnológico, militar da saúde, militar complementar e cultural (Brasil, 1999b). A qualificação continuada é organizada em ciclos de estudo que ocorrem durante a carreira, correspondendo ao grau de graduação, aperfeiçoamento/mestrado, e à formação dos oficiais para o estado-maior, correspondente ao doutorado civil. Posteriormente ao doutorado, ainda existem o Curso de Política, Estratégia e Alta Administração do Exército, numa lógica de pós-doutorado. Existe um intervalo de oito a 10 anos entre a primeira e a segunda fases, e de três a 10 anos entre a segunda e a terceira fases. A progressão entre as escolas combina o desempenho individual com a turma (ano de conclusão da "graduação") a que pertence o aluno ingressante. Além disso, existem diversos cursos de especialização, como: piloto de helicópteros, paraquedismo militar, guerra na selva, comandos e forças especiais, instrutor de educação física, comunicações e guerra eletrônica, artilharia antiaérea, entre outros (Brasil, 2002b).

Todas as escolas são reconhecidas pelo Ministério da Educação. Seus diplomas, no caso do Exército, correspondem aos títulos de bacharel em ciências militares, mestre em operações militares e doutor em política, estratégia e administração militares. A Escola de Comando e Estado-Maior do Exército (Eceme), por exemplo, teve seu mestrado reconhecido pela Coordenação de Aperfeiçoamento de Pessoal de Nível Superior (Capes) em 2012 e, em 2016, o curso de doutorado também foi reconhecido pela Capes.[4] Diferente dos cursos de carreira dos oficiais que levam às promoções e nos quais o acesso aos civis é vedado, o mestrado e o doutorado da Eceme têm alunos militares e civis, selecionados mediante concursos públicos como em uma universidade civil. Entretanto, embora os cursos de carreira possibilitem a um militar prestar concurso em uma área civil, a recíproca não é verdadeira, e um civil não pode acessar os cursos da carreira militar.

Além dos citados, as forças mantêm os três níveis de ensino: fundamental (para as atividades de soldados e cabos), médio ou técnico (qualificação de sargentos e quadro auxiliar de oficiais) e superior (formação de oficiais). Existem ainda escolas consideradas de ensino preparatório e assistencial, os 14 colégios militares espalhados pelo país, com nível fundamental e médio e com alunos que não necessariamente seguirão a carreira militar. Esses cursos são orientados pelo Departamento de Educação e Cultura do Exército (Decex), cuja chefia cabe a um general de exército. Segundo Miranda (2012), para além dos cursos militares, quase 50% dos oficiais com 30 anos de carreira informam ter realizado ao menos uma graduação (ou pós) civil.

---

[4] Em 22 de março de 2002, por meio do Parecer nº 1.295/2001, da Câmara de Educação Superior do Conselho Nacional de Educação, foram estabelecidas normas relativas à admissão de equivalência de estudos civis e militares. Isso possibilitou a inclusão das ciências militares no rol das ciências estudadas no país e, por sua vez, institucionalizou as disciplinas estudadas nas escolas militares, especialmente na Academia Militar das Agulhas Negras (Aman).

Quadro 1 | Síntese dos estabelecimentos de ensino do Exército

<table>
<tr><td>Nível superior</td><td>Escolas militares para a formação de oficiais combatentes</td><td>Academia Militar das Agulhas Negras (Aman)
Escola de Aperfeiçoamento de Oficiais (EsAO)
Escola de Comando e Estado-Maior do Exército (Eceme)</td></tr>
<tr><td>Nível especialização ou adaptação</td><td>Escolas militares para oficiais combatentes, oficiais do quadro complementar e praças</td><td>Escola de Sargentos das Armas (ESA)
Escola de Formação Complementar do Exército (EsFCEx)
Escola de Artilharia de Costa e Antiaérea (EsACosAAe)
Escola de Sargentos de Logística do Exército (EsSLog)
Escola de Equitação do Exército (EsEqEx)
Escola de Saúde do Exército (EsSEx)</td></tr>
<tr><td rowspan="2">Nível fundamental e médio</td><td>Escola militar</td><td>Escola Preparatória de Cadetes do Exército (EsPCEx)</td></tr>
<tr><td>Colégios militares</td><td>Belo Horizonte, Brasília, Campo Grande, Curitiba, Fortaleza, Manaus, Porto Alegre, Rio de Janeiro, Recife, Salvador, Santa Maria, Juiz de Fora, Belém</td></tr>
</table>

Fonte: elaborado pelas autoras.

A educação dos militares se organizou em torno de quatro eixos flexíveis, pois dependentes de escolhas políticas históricas. O primeiro diz respeito à combinação e equilíbrio entre conteúdos gerais, que qualquer oficial deve dominar – como história ou matemática – e conteúdos profissionais, aqueles que cabem a apenas determinadas patentes ou armas, como balística ou estratégia. O segundo gira ao redor do processo de seleção dos futuros oficiais e sobre os critérios de avaliação a serem adotados durante seus períodos escolares. Diferente do mundo civil, a classificação nos cursos impacta fortemente na carreira, tendo um peso muito maior do que a classificação no vestibular, por exemplo. O terceiro diz respeito ao debate entre qual a proporção adequada de horas-aula dedicadas à teoria e à prática simulada, no Brasil conhecida pela polêmica entre bacharéis e tarimbeiros, o que no mundo civil teria sua equivalência na organização dos cursos entre aulas teóricas e laboratórios práticos. Por fim, o quarto diz respeito ao grau de autonomia de que as FAs devem dispor para gerenciar sua própria educação.

Do ponto de vista do projeto pedagógico, a questão mais importante não está diretamente apresentada nesses quatro eixos, mas sim no fato de o ensino militar ter como basilar a questão: "como ser um militar?" (Castro, 1990). Nesse sentido, diferente do objetivo de emancipação pelo conhecimento ou mesmo do "aprender a aprender" que surge em alguns documentos castrenses, a pedagogia das escolas é a da hierarquia e disciplina, que pode ser resumida na doutrina dos três Ds: "não duvidar, não divergir, não discutir" (Rattenbach, 1972). A disciplina funciona, então, como "um fim em si mesma" (Alves e Toschi, 2019:640).

Diferentemente de outras categorias profissionais, a educação dos militares tem como objetivo principal a construção do espírito de corpo. Em outras palavras, crenças e valores que compõem o espírito de corpo não nascem espontaneamente, e sim são objeto de ensino planejado. O primeiro procedimento metodológico para isso é a separação do discente (cadete) do restante do mundo. A segunda medida é a atribuição ao cadete de novo nome, uniforme e corte de cabelos, provocando uma despersonalização que cederá espaço à nova identidade (Ludwig, 1998). Por fim, a terceira ferramenta é expô-los à situações-limite, objetivando desenvolver um forte senso de solidariedade.

De maneira distinta da literatura corrente, utiliza-se aqui educação dos militares ao invés de educação militar porque entende-se que aquela é "um processo de (re)socialização que busca dotar o indivíduo de um conjunto de valores e normas para além das suas capacidades técnicas e operativas, de forma que permita a tal militar viver a rudeza e a abnegação que compõe a vida militar" (Florez, 2010:133). Dessa maneira, apenas uma parte da educação dos militares é propriamente uma educação militar, uma educação para o manejo das armas. Outra questão importante é que a educação é um processo amplo, composto por momentos formais – o ensino propriamente, em que conteúdos são transmitidos – e momentos informais – o aprendizado pelo exemplo, por condutas repetidas etc.

Figura 1 | Processos de formação básica militar

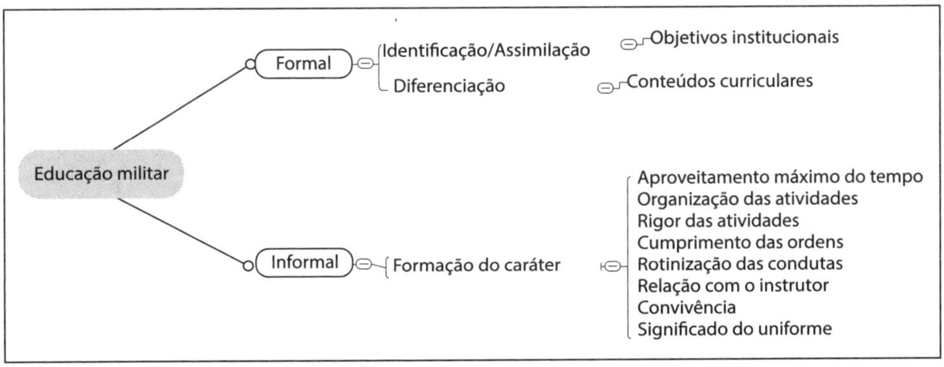

Fonte: Florez (2010:138).

Dessa maneira, existem conteúdos formais e oficiais, compostos de planos de estudos, currículos, aulas e horários, cujo processo de aprendizagem acontece essencialmente em sala de aula ou laboratórios. Em geral, por um lado propostas de mudanças na educação dos militares visualizam esse componente da educação. Por outro, existe um componente informal, que pode ser ilustrado pela exposição permanente a situações com forte carga simbólica, nas relações com colegas da mesma patente, submissão às ordens de superiores etc.; referências menos concretas, porém igualmente efetivas no processo educacional.

Importa também apontar as diferenças entre treinamento e adestramento: enquanto o primeiro exige resposta aprofundada e não padronizada, pautada por habilidades cognitivas; o segundo exige um comportamento mecânico automatizado (Fázio, 2008). Basicamente, a educação pode ser dividida em três aspectos: ensino formal, adestramento e endoutrinação. O ensino capacita intelectualmente e prepara para o exercício de determinadas funções e missões, respaldadas no papel social emprestado a cada profissional. No adestramento, o soldado torna-se hábil no manejo de armas, tecnologia e até de seu próprio corpo. É o ensino militar propriamente dito. Por último, por meio tanto da educação formal quanto do processo de convivência nos quartéis e escolas, o indivíduo torna-se militar em sentido amplo, comungando com seus pares os mesmos valores e cultura social que, como tais, devem se apresentar no centro da doutrina dirigida às forças nacionais (Penido, 2015; Penido, Mathias e Mei, 2020).

Educação militar à brasileira

A educação dos militares é um dos principais componentes do processo de profissionalização da carreira. Na literatura clássica, esse processo é considerado o principal instrumento de neutralização política dos militares, construindo um controle civil objetivo (Huntington, 1996). Sob essa leitura, investimentos em educação revertem-se em maior profissionalização e em menor intervenção das corporações militares na política. Finer (2002), ao revés, entende as intervenções militares como fruto da combinação entre a oportunidade e a disposição (motivo e motivação). Devido à sua forte carga ideológica, a educação ofereceria motivos e motivações. Por exemplo, ao ensinar que a profissão militar é superior às demais, as escolas podem contribuir para o distanciamento entre os dois segmentos e para a adoção de um comportamento no qual o militar julga a sociedade civil indigna dos seus esforços.

Para Ludwig (1998), as escolas de formação de oficiais cumprem uma dupla função: inculcar nos alunos a ideologia arbitrária da corporação e, simultaneamente, a ideologia da classe hegemônica. Exemplo desse processo oferecido pelo autor foi a internalização do anticomunismo pelos oficiais brasileiros que fizeram estágios militares nos Estados Unidos e, posteriormente, trouxeram essa preocupação para o Exército brasileiro. Nesse caso, ainda segundo o autor, essa introjeção de valores teria sido tão forte que seus resquícios poderiam ser percebidos até os dias atuais, como na tendência a considerar manifestações um resultado de atos subversivos que colocam em risco a segurança interna. Assim, a história militar brasileira está em sentido inverso ao indicado por Huntington.

Considera-se aqui que, em países como o Brasil, com economias dependentes e buscando a constituição da democracia, a educação militar deve ter dois objetivos. O primeiro deles é garantir formação profissional e técnica compatível com as necessidades de defesa e segurança dos Estados nacionais, assim como com as diversas possibilidades de emprego militar no cenário atual. Em segundo lugar, o ensino deve assegurar a identificação das FAs com os povos e os países, promovendo uma cultura política democrática e voltada para a garantia da paz. Em pesquisa desenvolvida pela Rede de Segurança e Defesa da América Latina (Resdal), foi detectada correlação direta entre as reformas no ensino militar promovidas nos governos civis pós-autoritários e a subordinação castrense ao regime político (Mathias, 2010).

Entendemos que manter a autonomia sobre sua própria educação não é uma proteção à instituição, mas sim uma ingerência sobre uma área social e, portanto, é autonomia política. No processo de socialização efetuado pela escola, transmitem-se habilidades que são carregadas de valores que permitem, ao mesmo tempo, a reprodução e a transformação da sociedade (Durkheim, 1978). Acrescente-se que, se a formação de soldados democráticos é condição necessária para a democracia, não é condição suficiente. Cabe assinalar, por fim, que divergimos de autores que trabalham com a perspectiva de que o ensino do militar não deve ser orientado democraticamente porque não existem FAs democráticas.[5]

Huntington (1996) considerava que o espírito de corpo gerava uma ética profissional própria e atemporal, desde que não ocorressem mudanças na natureza da função militar – a técnica militar não afetaria tal natureza. Hoje, ocorre o predomínio do emprego militar em funções diferentes do combate tradicional. Como em qualquer profissão, missões diferentes exigem treinamentos distintos.

O Exército brasileiro sempre teve mais de uma possibilidade de emprego; logo, esse não é um fenômeno novo. Mais que entrar em conflito com militares de outros países, o Exército tem sido chamado para ações como o socorro a populações vítimas de desastres naturais em pontos extremos do território; vigilância das fronteiras para evitar o tráfico de drogas, armas e pessoas; ações de paz internacionais; auxílio na construção de megaempreendimentos infraestruturais do país; ações de garantia da lei e da ordem (GLO) nos aglomerados urbanos das grandes cidades. Apesar de ser pouco provável o envolvimento do Brasil em uma guerra convencional, essa possibilidade não pode ser descartada; logo, estar preparado para evitá-la permanece sendo uma necessidade da defesa nacional e é a função precípua das FAs (Saint-Pierre, 2015). Diante desse cenário, a educação dos militares deveria ser multitarefas.

Nesse caso, apresentam-se dois entraves para a educação dos militares. O primeiro é quando a possibilidade de emprego pede distintas doutrinas, armamentos e organização, como no caso do emprego nos marcos da defesa e nos marcos da segurança pública. O segundo, ainda mais difícil, é ensinar o oficial a distinguir de que situação se trata, para, aí sim, buscar seu conjunto de conhecimentos adequados para atuar nesse ambiente. Com isso, ao dar uma formação para a defesa, mas empregá-los tão somente em missões subsidiárias, o maior risco é a desprofissionalização, na qual os soldados não estarão aptos para defender o país.

Janowitz (1964) alerta que as mudanças e indefinições sobre a missão a que os militares se destinam têm gerado uma crise de identidade entre o militar herói, o

---

[5] O interlocutor particular aqui é o livro editado em por Hal Klepak (2012). Diferentemente do ali defendido, entende-se que é possível constituir forças armadas democráticas, no sentido de aceitarem as regras do jogo e incluírem a divergência não na ordem de comando (adestramento para o cumprimento de ordens), mas no ensino da liderança (convencimento como parte da formulação e assertividade no momento de ordenar).

militar administrador e o militar político, expressão das disputas entre a tradição e a modernidade. Em entrevista a Soares (2021a), Eduardo Costa Pinto aponta um cenário similar para o Brasil, citando o que o pesquisador Manoel Domingos chama de "trilema": uma confusão entre ser militar, ser policial e ser político.

O crescimento do papel de administrador e político entre as habilidades que o oficial precisa desenvolver tendo em vista as diversas possibilidades de emprego apresentadas também levanta discussões sobre até que ponto o ensino pode ser mantido como mais tático-operacional nos primeiros níveis da carreira, e político-estratégico nas escolas de altos oficiais.

A partir das contribuições de Janowitz (1964) sobre os três tipos de militares (herói, administrador e político), é possível retomar o debate sobre a orfandade proposto por Coelho (2000) em um novo patamar. Coelho reconhece dois tipos possíveis de orfandade – a funcional e a institucional – baseados nas relações estabelecidas entre civis e militares. Considerando as reflexões de Janowitz, infere-se a existência de uma terceira orfandade, a profissional. Essa orfandade aparece no hiato entre a formação militar e o emprego profissional: além de se sentirem órfãos organizacional e institucionalmente frente aos civis, os militares também podem se sentir órfãos das suas próprias expectativas profissionais. Isso significa que o ensino pode formar militares em busca de uma prática profissional que provavelmente nunca exercerão durante a carreira, gerando expectativa e frustração (Penido, 2015).

Dessa maneira, as FAs atuais seriam vítimas de um paradoxo. Por um lado, o militar nem sempre é favorável à guerra, pois "embora preconize o preparo, ele nunca se sente preparado" (Huntington, 1996:87). Em contrapartida, a depender do ensino recebido, o soldado pode construir uma ideia para si de heroísmo na guerra, e assim ela vai se tornando algo positivo, pois é uma oportunidade de atender a um desejo de sucesso profissional. Num contexto sem guerras externas, parte-se para a hipótese das guerras internas.

O jargão militar diz que o oficial deve estar apto para cuidar "do alfinete ao foguete", mas isso é impossível em qualquer carreira. Por outro lado, não deve ocorrer a especialização a ponto de perder-se a noção de totalidade. Assim como no modelo taylorista-fordista, que segmentava a produção, eram segmentadas as capacidades bélicas, diferenciando as formas de lutar na terra, no mar e no ar, com suas respectivas especializações. O reflexo em termos de organização curricular é a especialização ainda na fase preparatória. O resultado esperado é que, com a maximização de cada parte, ao "juntá-las", obter-se-ia um efeito somatório.

Os problemas dessa interpretação são diversos: a alienação do próprio trabalho, uma vez que não se tem a ideia completa do teatro de operações; a sobreposição de identidades individuais às coletivas, a ponto de um oficial muitas vezes se considerar mais da infantaria do que do Exército ou Aeronáutica; a expectativa de que a agregação seria sempre harmônica, não deixando espaços vazios, sobrepostos ou mal delimitados etc. A história esclarece que é insensato tratar a preparação para a guerra como uma linha de montagem de automóveis. Fatores como o acaso, a fricção e mesmo os relativos ao moral do soldado comprovam que a incerteza não é exceção, e sim regra no caso das guerras.

O ensino por níveis (ou cursos condicionantes para a ascensão na carreira) é um fator organizativo importante, mas pode ser entendido de forma burocratizada. Por burocratizado entende-se a rígida separação entre os momentos para estudar e os destinados ao exercício profissional. Assim, a frequência às escolas não é percebida como um meio para a aprendizagem, mas como uma etapa a cumprir caso se deseje ascender na carreira (Fázio, 2008). Segundo Janowitz (1964), a educação militar possibilita três tipos de carreira: padrão, rotineira e adaptativa. Na primeira, o oficial cumpre todas as etapas obrigatórias nas escolas com empenho, cumprindo bem suas funções. Na rotineira, nem todos os cursos de altos estudos são feitos e os obrigatórios são realizados burocraticamente, cumprindo o mínimo possível. Já as carreiras adaptativas são aquelas em que, além das exigências para ascensão à carreira, os oficiais se arriscam em cursos de especialização, incrementando sua formação.

Outro importante instrumento para a profissionalização é o trabalho em grupo. Shy (2001a:239) retoma as formulações de Jomini, para quem o comandante ideal era "um homem de grande moral e acentuada coragem física, mas não necessariamente de grandes estudos". Os avanços tecnológicos impõem a necessidade de aprendizado continuado. Conquistas recentes na tecnologia e na informação refletiram em todas as áreas numa velocidade inédita, afetando a base profissional e exigindo maior integração civil-militar (Paile, 2011).

Na guerra moderna, a rapidez com que as decisões precisam ser tomadas causa interferências na hierarquia, pois as novas tecnologias, com maior potencial destrutivo em termos de armamentos e equipamentos, exigem mais de uma única pessoa. Assim, um soldado atuando sozinho em regiões remotas deve decidir o que fazer, com menor controle da cadeia de comando, pois, ao esperar pela ordem, pode desperdiçar o efeito surpresa ou mesmo o poder de destruição de uma arma. Qualquer erro causa sérios danos e, portanto, o treinamento é feito para atingir o erro zero, e é com essa expectativa que o oficial vai a campo. Existe grande preocupação para que essa conjunção de fatores não cause uma paralisia decisória, tolhendo a iniciativa.

O perfil profissiográfico da Aman, por exemplo, prevê 12 tipos de habilidades distintas que se deseja desenvolver no futuro oficial. Com base nesse perfil, pode-se perceber a exigência de que o cadete, além de estar preparado para todas essas possibilidades de emprego, também precisa assumir funções de pesquisador, comandante, administrador, professor e outras. Enfim, o perfil prevê praticamente a formação de um "super-homem". Há dúvidas se isso é possível e, mesmo se for, se é interessante.

Há três níveis de cooperação em defesa prováveis. O primeiro é a cooperação entre as três FAs. O segundo é entre as FAs e as forças de segurança de um mesmo Estado. O terceiro é entre as forças de defesa de Estados distintos. Entendemos que não deveria ocorrer cooperação militar com outros Estados de forma autônoma e não subordinada à política externa do país.

Quanto à necessidade de uma formação em conjunto das três forças, Santos (1991) discute como as diferenças entre os ambientes de combate geram também distinções entre as forças singulares. Para esse autor, o ambiente determina a estrutura organizacional, as finalidades e os objetivos, a maneira de atuar e a profissionalização. Nesse sentido, embora tenham a mesma finalidade – preparar para a guerra –, as escolas de cada força requerem métodos, bases e currículos diferentes. Por outro lado, Campos e Alves (2013:59-60) apontam que, desde a Segunda Guerra Mundial, não mais se observou uma guerra na qual as FAs foram empregadas isoladamente. "A requerida integração só é possível se, desde o tempo de paz, as forças armadas forem organizadas e adestradas para o emprego conjunto [...]. Todavia, ainda na atualidade, a doutrina e o adestramento conjunto são incipientes". Para tal integração, a existência de um Ministério da Defesa forte é imprescindível.

Quanto à integração entre civis e militares de um mesmo Estado, no Brasil ainda impera a ideia de que "educação militar é coisa de militar", o que foi alimentado pela transição transada brasileira (O'Donnell e Schmitter, 1988). Mirando o que de mais moderno há no mundo, o que parece anacrônico é justamente a existência de quatro sistemas de ensino, e não apenas um, nacional e dirigido para todos os cidadãos do país.

A Estratégia Nacional de Defesa (END) (Brasil, 2008) atribui ao governo a responsabilidade por compelir o debate de questões relacionadas à defesa, formando especialistas civis. Exemplos foram os editais Pró-Defesa ou Pró-Estratégia, que estimularam na academia a consolidação ou criação de programas de graduação e pós-graduação sobre o tema. Já nas escolas militares, foram criados programas abertos aos civis, autorizados pela Capes, e contratados professores civis. Os cursos obrigatórios para a ascensão na carreira militar, todavia, permanecem inacessíveis à participação civil, ou seja, a reciprocidade de estudos entre as escolas civis e militares não é completa.[6] Da mesma maneira, se um oficial fizer cursos extras no mundo civil, tais cursos não podem ser aproveitados para sua ascensão na carreira militar. Igualmente, não é facultado a um civil graduado fazer os cursos regulares da carreira militar.[7] Também não existe reciprocidade no aproveitamento de estudos. Caso um oficial deseje fazer cursos extras no mundo civil, a maioria não será aproveitada para ascensão na carreira militar (Mathias, 2013).

Por fim, quanto à cooperação com outros Estados, no caso do Brasil em particular, a Constituição de 1988 considera que o país não tem inimigos e determina em seu art. 4º que o Brasil deve reger suas relações internacionais pelos princípios de independência nacional, autodeterminação dos povos, não intervenção e cooperação, entre outros. Em virtude dessa determinação, a END indica a opção pela estratégia dissuasória e pela cooperação com os outros países do continente, sem deixar de lado a soberania dos Estados.

O exemplo da Aman

A organização do sistema de ensino do Exército define-se pela Lei nº 9.786 de 8 de fevereiro de 1999, posteriormente regulamentada em diversas legislações.

---

6 Exceções são duas antigas e bem-sucedidas experiências: o Instituto Militar de Engenharia (IME) e o Instituto de Tecnologia da Aeronáutica (ITA), ambos com regime misto, formando militares e civis, embora não possibilitem aos militares alçarem o posto máximo da carreira.

7 Exceto para os cursos do ITA e IME, escolas híbridas de civis e militares, nos moldes do Massachusetts Institute of Technology (MIT) norte-americano. Entretanto, mesmo nesses casos, os oficiais formados não podem ascender ao posto máximo de comandante de força.

A formação foi organizada por níveis: a graduação dos oficiais é realizada na Aman (Resende, Rio de Janeiro); o aperfeiçoamento do oficial na Escola Superior de Aperfeiçoamento de Oficiais (Esao, Rio de Janeiro); e a formação dos oficiais para o estado-maior é cursada na Eceme (Rio de Janeiro). A Eceme ainda oferece o Curso de Política, Estratégia e Alta Administração do Exército. Existe um intervalo médio de oito a 10 anos entre a Aman e a Esao e de três a 10 anos da Esao até a Eceme. A progressão entre as escolas combina o desempenho individual com a turma (ano de conclusão da Aman) a que pertence o aluno.

Todas as escolas são reconhecidas pelo Ministério da Educação. Seus diplomas correspondem aos títulos de bacharel em ciências militares, mestre em operações militares e doutor em política, estratégia e administração militares, sendo que o título de mestre foi reconhecido pela Coordenação de Aperfeiçoamento de Pessoal de Nível Superior (Capes) em 2013 e o de doutor em 2016.

Hoje o ingresso na Aman, que confere o título de bacharel em ciências militares, dá-se por aprovação em concurso público para admissão na Escola Preparatória de Cadetes do Exército (ESPCEx, Campinas-SP), na qual o aluno cursa o 1º ano. São oferecidas anualmente 450 vagas e para concorrer a elas é preciso ser brasileiro nato, solteiro, do sexo masculino (400 vagas) ou feminino (50 vagas),[8] ter entre 17 e 22 anos (completados até o fim do ano da matrícula) e ter concluído ou estar concluindo o segundo grau. Respeitando a Lei nº 12.990/2014, são reservadas 90 das 450 vagas para os candidatos autodeclarados negros, divididas entre homens e mulheres. As inscrições são feitas de maio a junho pela internet, para civis e militares (não há mais reserva de vagas para parentes de militares, e agora a admissão é feita em conjunto). Em um primeiro momento, o candidato é submetido a provas de exame intelectual. Caso aprovado, ele é convocado para provas de inspeção de saúde, exame de aptidão física e psicológica, averiguação de idoneidade moral e comprovação dos requisitos biográficos. Posteriormente, é matriculado e passa a ser um militar da ativa do Exército brasileiro, estando sujeito à legislação militar. O cadete sai da Aman com a patente de aspirante a oficial, ocupando o posto mais baixo entre os oficiais subalternos.

---

8 A Lei nº 12.705, sancionada pela presidenta Dilma Roussef em agosto de 2012, permitiu o ingresso de militares do sexo feminino em áreas antes restritas aos homens no Exército brasileiro (Brasil, 2012c). No caso do Exército, já existem mulheres há mais de duas décadas admitidas como quadros complementares e auxiliares, porém, apenas agora, com a entrada na Aman, elas poderão chegar a ser, daqui a 20 anos, profissionais comandantes do Exército.

É importante demarcar que o recrutamento para as escolas de formação de oficiais é absolutamente voluntário; portanto, os jovens escolhem a carreira nas FAs. Ademais, a seleção é concorrida, como exemplifica o crescente número de cursinhos preparatórios espalhados pelo país. Segundo os dados divulgados pela instituição através da imprensa, no ano de 2019, as vagas mais concorridas foram as femininas em regime de ampla concorrência (268 candidatas por vaga), diante de 103 candidatos para cada vaga masculina em ampla concorrência. O número de candidatos para cotistas foi ligeiramente inferior. Em média, a cada 400 cadetes que entram anualmente, quatro chegarão a general e levarão 30 anos para isso.

A profissão confere certo *status*, salário razoável, estabilidade, benefícios sociais, oportunidades de viagens nacionais e internacionais etc. Por essas características, atrai as classes médias, apresentando-se como uma possibilidade de ascensão social, em particular sobre praças e oficiais subalternos. Com o aumento da escolaridade média da população, camadas mais baixas acessam a Aman: em média um quarto da turma vem de famílias que recebem até cinco salários mínimos. Porém, permanece o baixo recrutamento entre as camadas altíssimas da população, praticamente ausentes (Penido, 2015). Quando terminarem a academia, 50% dos cadetes terão estudado mais que seus pais. Entretanto, quando questionados, ao redor de 70% dos militares dos últimos 30 anos identificam sua origem social na classe média (Miranda, 2012).

A endogenia sempre foi muito forte, chegando a 70% de recrutamento entre militares, hoje contando com cerca de 40% de filhos de militares. Os filhos de oficiais superiores raramente chegam a 30% desse total, voltando a patamares próximos da década de 1970. Isso aponta algum grau de insatisfação com a carreira dos pais.[9] Também é possível verificar crescimento vertiginoso do recrutamento dos filhos de subtenentes e sargentos, muito acima dos oficiais subalternos. Portanto, o recrutamento hoje está entre os militares (e outras forças de segurança) de baixa patente, o que aumenta a dificuldade de reforçar a fronteira que existe entre defesa e segurança pública. Setenta e cinco por cento dos alunos matriculados na Aman não vêm de escolas militares, e sim civis (Penido, 2015).

---

9 Altos oficiais sentem que seu padrão salarial está aquém do de outras elites, como altos administradores; sentimento também motivado pela distância entre o menor salário e o maior salário, que no mundo militar é muito menor que no civil.

Quanto à naturalidade, os oficiais do Exército são basicamente do Sudeste, do Rio de Janeiro em particular, somando sempre mais de 50% e mais de 30%, respectivamente, a cada entrada na Aman. O Nordeste manteve os últimos resultados ao redor de 17%, enquanto o Sul mantém índices mais baixos que na década de 1960. Assim, diferentemente do desejado, as escolas de oficiais continuam sendo reflexo da própria corporação. Sua identidade reflete uma classe média específica, a do Sudeste, e a fluminense em particular, formada basicamente por vários estratos de servidores públicos, o que representa problema para uma construção de identidade pretensamente nacional (Penido, 2015).

Os números apontam queda consistente, tendendo à estabilização, entre aqueles que professam a religião católica: 50%. A proporção de espíritas é maior que na população em geral. Da mesma maneira, descrevem o crescimento consistente e permanente dos cadetes pertencentes a todos os tipos de religiões evangélicas, hoje por volta de 25%. A religião não era uma forma de socialização muito importante no mundo militar. Com essas alterações, é provável que isso mude e impacte as redes de lealdades castrenses (Penido, 2015).[10]

A escolha da arma – o que acontece ao final do segundo ano do curso – comprova que os aspectos práticos são os mais importantes para a escolha da carreira. Existem sete opções: infantaria, cavalaria, artilharia, engenharia, comunicações, quadro de material bélico e serviço de intendência. O destaque de interesse entre os cadetes é a intendência,[11] uma especialidade não combatente, considerada burocrática, o que pode gerar a hipótese de que os cadetes têm procurado especialidades mais próximas das existentes no mundo civil. Assinala-se o desinteresse por cavalaria e engenharia, duas armas combatentes que expressavam a ideia de "herói".

Por fim, cabe pensar as motivações para a escolha da carreira. São basicamente quatro motivos principais: (1) tradição e herança familiar; (2) desejo por continuar estudando e avançar socialmente (seja na carreira militar ou em outras); (3) carreira atlética e guerreira (adrenalina); (4) ambição pessoal, pois ser militar oferece respeitável nível de segurança individual em tempos de paz, além de prestígio (Janowitz, 1964). Essa formulação segue pertinente para os dias atuais. Em suma, trata-se de escolha racional motivada por objetivos con-

10 As eleições de 2018 e a composição do governo Bolsonaro mostraram o enorme impacto dessa variável.

11 Assinale-se que o oficial de intendência sequer pode pleitear o topo da carreira, pois o máximo que ascende é a general de divisão (três estrelas).

cretos, ao invés da "vocação sacerdotal", como propagandeado. Em torno de 70% dos ingressantes na última década veem a carreira como um bom concurso público, capaz de proporcionar estabilidade, não necessariamente se sentindo um "vocacionado" (Miranda, 2012).

Considerações finais e temas para avançar

Civis e militares têm posição contrária em relação à educação dos militares: enquanto os primeiros assinalam a necessidade de reformas, militares entendem que seu sistema é impecável e, portanto, não deve ser modificado. Há, todavia, consenso político de que a modernização militar é necessária para atender aos novos desafios da defesa, com suas ameaças e novas formas de fazer a guerra e construir a paz. Entretanto, como fazê-lo – de maneira impositiva partindo da sociedade, por iniciativa das próprias forças, ou por consenso entre ambos – segue como um ponto de tensão.

Relativamente ao ensino no Exército, a última mudança de que se tem notícia data de 1995, consubstanciada no documento Plano de Modernização do Ensino do Exército (PME). Construído em parceria com a Unicamp, fez um amplo diagnóstico da situação das escolas de formação de praças e oficiais. Pensando no novo profissional do século XXI, foram sugeridas mudanças na legislação básica, na metodologia para a elaboração de currículos, no sistema de avaliação e nos perfis profissiográficos. Uma agenda importante de pesquisa é avaliar se as propostas elaboradas 25 anos atrás foram implementadas e se obtiveram sucesso para resolver os problemas identificados ou, como mostram estudos exploratórios, como o exposto por Godoy (2004) no que tange ao ensino de história militar, o PME foi uma forma de satisfazer demandas da sociedade civil e, adaptando-se às tradições militares, "algo deve mudar para que tudo permaneça como está".

Outra mudança importante é a equivalência de títulos de cursos de oficiais com cursos de pós-graduação regulados pelo sistema da Capes, ou seja, o "ensino civil", mas é injusto o militar ir para a reserva com 50 anos e concorrer em pé de igualdade com os não militares. É um privilégio, não se trata de igualdade de condições.

Se reformas no ensino militar são necessárias, ainda mais é conhecer a educação militar. E esta não é uma lacuna brasileira: sequer a educação para a defesa, política pública que todo Estado deve desenvolver, é tema de especialistas e políticos, como exemplifica o documento Metas Educativas para 2021, da Organização dos Estados Ibero-Americanos (OEI, 2010), no qual o tema é absolutamente ausente. Pode-se dizer, portanto, que impera a ideia: "educação militar é coisa de militar".

Outra questão a ser pontuada é a formulação doutrinária. A profissionalização das FAs brasileiras, como a dos demais países latino-americanos, ocorreu por influência externa. Saint-Pierre (2011) critica a adoção automática de conceitos formulados para outros contextos e interesses (como o de segurança multidimensional), sem a necessária reflexão sobre as ideologias e os interesses que eles carregam consigo. Talvez este seja o principal exercício que cabe aos acadêmicos nacionais: apontar as contradições de uma formação que não responde, desde sua origem doutrinária, às necessidades nacionais.

Uma educação militar de qualidade deve proporcionar armas também para o pensamento, possibilitando que os cadetes não apenas identifiquem as armadilhas doutrinárias externas, mas também que desenvolvam eles mesmos doutrinas nacionais, em conjunto com os civis especializados no tema, e subordinados à condução política determinada pela soberania popular.

6. Forças armadas e serviços de inteligência no Brasil*

Priscila Brandão
Marco Cepik

Introdução**

Neste capítulo, discutimos a relação entre as forças armadas e a trajetória institucional dos serviços de inteligência no Brasil desde a promulgação da Constituição de 1988. Há mais de 20 anos analisamos as possibilidades, condicionantes e os desafios de legitimação, profissionalização e controle democrático dos órgãos de inteligência no país.

Entre 2002 e 2021, o número de agências, setores e unidades do Poder Executivo federal representados no Conselho do Sistema Brasileiro de Inteligência (Sisbin) aumentou de 22 para 48, os quais subordinam-se a 19 ministérios diferentes.[1] Embora menos de um terço dos órgãos do Sisbin apoie diretamente o processo decisório nacional em temas de segurança e defesa, todos estão subordinados às regras oficiais e práticas informais de sigilo. Além disso, na medida em que são considerados oficialmente órgãos de inteligência, ingressam no limbo jurídico que caracteriza as operações de inteligência no Brasil. Em 2015, a deputada Jô Moraes (PCdoB-MG) apresentou o Projeto de Lei nº 3.578 na Câmara dos Deputados, visando à regulamentação do uso de meios e técnicas sigilosas de ações de busca de informação por parte das agências fede-

---

* Este capítulo foi concluído em setembro de 2022. No momento da publicação, Marco Cepik, tendo sido requisitado pela Casa Civil da Presidência da República, ocupa o cargo de diretor adjunto da Agência Brasileira de Inteligência (Abin). Este texto reflete os resultados da pesquisa realizada pelos autores à época, e as conclusões aqui expressas são da estrita responsabilidade dos autores. O texto não representa qualquer posicionamento oficial da Abin ou de qualquer outro órgão público federal.

** Os autores agradecem a assistência de pesquisa de Camila da Silva Souza (Relações Internacionais, UFRGS).

1 Abin. "Seis órgãos têm ingresso aprovado no Sisbin". Disponível em: <www.gov.br/abin/pt- br/assuntos/notícias/seis-orgaos-tem-ingresso-aprovado-no-sisbin>. Acesso em: 6 set. 2021.

rais e estaduais de inteligência. Em 2019, o projeto foi arquivado sem sequer ter sido apreciado pela Câmara dos Deputados. Ao longo dos anos também observamos em nossas pesquisas alguns desenvolvimentos positivos, mas muito mais incertezas e condicionalidades para a possibilidade de uma atuação de serviços de inteligência compatível com um regime democrático. Isso se deve a pesados legados históricos, além de escolhas e condições permissivas reiteradas ou criadas desde 1988.

Os problemas atuais do Sisbin e dos órgãos de inteligência das forças armadas são caracterizados por significativa "dependência da trajetória". Trabalhamos com o conceito de *path dependency*, que nos permitiu identificar o tipo de clivagem (falha de democratização) que constituiu o fator causal decisivo na trajetória do setor de inteligência das forças armadas. O impacto produzido imediatamente após as mudanças institucionais ocorridas durante a conjuntura crítica (legado inicial) foi reproduzido enquanto um legado com implicações de médio prazo sobre as relações entre as forças armadas, o Sisbin e o regime democrático no Brasil.

Os legados políticos de um regime autoritário podem ser mais ou menos transcendidos ao longo do tempo (Stern, 1998). No Brasil, o estigma da inteligência tem fundamento no fato histórico de que os "órgãos de informação" do regime ditatorial (1964-1985) foram parte integrante de um aparato repressivo marcado pelo uso sistemático da violência física e emocional contra seus opositores, incluindo tortura, assassinatos, ocultação de cadáveres e supressão de direitos sociais e políticos.[2] A superação desse estigma depende de uma agenda de fortalecimento dos mecanismos de controle democrático, a qual tem sido negligenciada desde os anos 1980.

Mesmo que os órgãos de inteligência contemporâneos não sejam empregados diretamente para a repressão, a excessiva opacidade que caracteriza sua atuação, principalmente na área militar e policial, configura um persistente déficit democrático. Além da expansão horizontal do sistema (até chegar aos atuais 48 órgãos federais – dados de fins de 2021), nas últimas duas décadas houve uma significativa expansão vertical da atividade de inteligência, por meio do Sistema de Inteligência de Defesa (Sinde), nas unidades militares das três

2 Comissão Nacional da Verdade (CNV). Disponível em: <https://bit.ly/3D1u4SC>. Acesso em: 25 jul. 2021.

forças em diversos escalões, e também por meio do Subsistema de Inteligência de Segurança Pública (Sisp), abrangendo estados e municípios. O número total de unidades estatais e privadas que possuem alguma capacidade de inteligência no Brasil, bem como a quantidade de pessoas atuando na área e os orçamentos manejados são até hoje desconhecidos pelo público e pelos órgãos formalmente encarregados de fiscalizar sua atuação.

Tutela militar, Justiça de Transição e prioridades de inteligência

Uma clivagem decisiva na trajetória da inteligência brasileira ocorreu na época da Lei de Anistia de 1979, um marco polêmico que impossibilitou uma adequada Justiça de Transição no país. A Justiça de Transição pode ser entendida como um arcabouço articulado de medidas judiciais, políticas e simbólicas para reconhecer, responsabilizar e superar coletivamente os abusos e traumas do passado, realizando uma efetiva transformação política. As medidas judiciais dizem respeito ao julgamento dos crimes cometidos pelo Estado durante regimes violentos (Teitel, 2011:135), e as medidas políticas e simbólicas dizem respeito à promoção de reconciliação entre sociedades fraturadas, promoção de programas de reparação, memória e, sobretudo, a reforma de um amplo espectro de instituições estatais responsáveis pelo desenvolvimento das ações violentas (Torelly, 2012:47).

Nas palavras de Esteban Cuya, é preciso promover "reformas institucionais dentro das estruturas coercitivas do Estado, para transformá-las em um órgão democrático", compatível com o estado de direito (Cuya, 2011:40). Entretanto, as instituições do poder coercitivo só têm seus objetivos alterados na medida em que seus responsáveis reconhecem que as funções até então desempenhadas não dispõem de legitimidade, ou que haja uma força externa capaz de submeter claras regras democráticas a esses mesmos agentes. Nada disso ocorreu no Brasil. Embora existam até hoje questionamentos jurídicos sobre a validade da Lei da Anistia à luz da Constituição de 1988 e dos estatutos internacionais de direitos aos quais o Brasil se vinculou desde então, o mais importante foi o significado simbólico desde então projetado: os militares impuseram, por meio daquela lei, a ideia de que o Estado-violador é que estaria perdoando aqueles que lutaram contra o regime, sem reconhecer a ilegalidade de suas ações. O regime que derrubou a ordem constituída e implementou um arcabouço institucional sustentado na repressão sistemática, ironicamente, perdoava aqueles que reagiram de forma violenta à violência por eles impetrada contra a democracia. A Lei da Anistia é o lugar do acordo e da cláusula pétrea do esquecimento, sendo qualquer tipo de revisão desse "acordo", uma ruptura inaceitável para os militares (Soares, 2021b). Segundo Torelly e Abrão (2010:29), o entendimento dos militares seria o de que o termo anistia, em seu sentido "etimológico", significaria esquecimento. Rever a anistia deturparia as medidas jus transicionais do Estado brasileiro pois, em última análise, faria o país reviver um processo transicional que procurou esquecer o passado, não superá-lo (Torelly e Abrão, 2010:29). A afirmação realizada por João Quartim de Moraes em 1989 ainda é totalmente cabível para o país na atualidade: os militares limitam o pleno estado de direito constitucionalizado, reivindicando uma tutela sobre o presente e o passado, sobre os poderes legalmente constituídos e sobre a própria cidadania (Moraes, 1989:76).

Dado o tipo de transição realizada no Brasil na conjuntura crítica entre 1979 e 1988, sempre que há uma crise política ou econômica no país, sempre que aumentam as tensões sociais e as divergências entre cidadãos, as forças armadas reiteram o mesmo *modus operandi* que se pode designar como tutelar, condicionando a obediência aos poderes constitucionais aos seus interesses corporativos, materiais e simbólicos. Mesmo iniciativas muito limitadas de Justiça Transicional, como a Comissão Especial sobre Mortos e Desaparecidos (1995), a Comissão de Anistia (2001) ou a Comissão Nacional da Verdade (2011) desencadearam reações desproporcionalmente duras, reiterando uma percepção de ameaça voltada para atores internos, vinculados ao próprio processo político e às dinâmicas mais ou menos conflitivas da sociedade brasileira. A ênfase recorrente da inteligência militar no Brasil, em aspectos internos da vida nacional, decorre do empoderamento político das forças armadas durante o processo de elaboração da Constituição de 1988.

Face ao rígido controle dos militares e de seus aliados civis mais conservadores desde o processo de transição, as possibilidades de alteração efetiva das missões das forças armadas durante a Constituinte foram limitadas. Um fator decisivo foi a pressão exercida sobre a Comissão de Organização Eleitoral, Partidária e Garantia das Instituições, presidida pelo coronel Jarbas Passarinho e que teve como relator o deputado Prisco Vianna, ambos quadros de confiança no regime militar. Tal liderança garantiu que os debates fossem escassos e pautados pelo aparato doutrinário da Escola Superior de Guerra (ESG), inclusive em relação ao entendimento sobre as missões constitucionais das forças armadas (Schinke, 2021:10). Na época, a imprensa já denunciava como a Assembleia Constituinte estava acatando todos os interesses dos ministérios militares, fosse pela ameaça que o alto-comando constituía, pois vigia o medo de retroceder na democracia, fosse pelo *lobby* militar apoiado no acompanhamento que o Centro de Informações do Exército fazia da pauta política do Congresso (Martins, 1988).

Os artigos relativos à função das forças armadas, propostos no anteprojeto Afonso Arinos, consistiam basicamente em uma reprodução da minuta que o Exército já havia enviado previamente. Naquele processo conseguiram evitar a criação do Ministério da Defesa e incluíram a "garantia dos poderes constitucionais" e da "lei e da ordem" como parte da missão das forças armadas definida pela Constituição. Ao prever que uma lei complementar estabeleceria as normas a serem adotadas para a organização, preparo e emprego das forças armadas, a subcomissão responsável por este tema abriu todo um leque de possibilidades de institucionalização que poderiam ser definidas pelos próprios militares. Ainda, corroborando a tese do esquecimento como significado da Lei da Anistia, as forças armadas vetaram a proposta elaborada pelo senador José Paulo Bisol, que concedia a anistia a todos os militares que foram punidos por "motivação política" entre 2 de setembro de 1961 e 1º de fevereiro de 1967. Também vetaram todas as outras propostas que não atendiam aos seus interesses. Em relação ao trato das informações, por exemplo, o deputado José Genoíno (PT-SP) propôs uma ementa (30) que preceituava o impedimento de o Estado utilizar os serviços de informações para vasculhar a vida privada e as atividades políticas, sindicais ou religiosas das pessoas. O deputado Eduardo Bomfim (PMDB-AL) havia proposto que o Estado divulgasse todas as informações e documentos relativos às operações policiais e militares, de caráter repressivo, contra os movimentos políticos e populares, ocorridas entre março de 1964 e março de 1985, no prazo de 90 dias. Estas e outras propostas foram vetadas.[3] No sentido de garantir alguma

---

3 Emendas Aditivas 400019-6 (extinguem o SNI); Emenda 400021-5 (suprime o termo garantia dos poderes constitucionais, da lei e da ordem); Disposição Transitória, Emenda 187 (extingue o SNI); Emenda 031 (extingue as DSIs e ASIs); Emenda 19 (extingue o SNI); Emenda 20 (extingue o CSN); proposta do deputado Mozarildo Cavalcante, de extinção do serviço militar obrigatório.

"concessão" para os civis, foi definido que os militares apenas atuariam para garantir a lei e a ordem, a partir de uma iniciativa dos poderes constitucionais (Brasil, 1988).

De modo geral, no entanto, o alto grau de autonomia militar resultante do processo constitucional foi caracterizado por João Quartim de Moraes como "o mais seguro indício de atraso de uma civilização" (Moraes, 1989:68). Mathias e Guzzi afirmam que, ao legitimar as forças armadas como representantes dos valores nacionais permanentes, os civis transformaram as forças armadas no próprio valor em si, garantindo-lhes um lugar superior àquele ocupado por qualquer outro sujeito nacional (Mathias e Guzzi, 2010:50). Por sua vez, José Murilo de Carvalho (1987) destacou na época uma questão fundamental para pensar o futuro da democracia brasileira e da atuação da atividade de inteligência: ao se apegar apenas às questões macro, relativas à missão constitucional das forças armadas, e desprezar as questões micro, relegando a uma lei complementar a definição dos novos desenhos institucionais, descuidou-se do processo de desideologização da engrenagem militar. Isso incluía autonomia para a organização e o controle sobre o Conselho de Segurança Nacional, o processo de reformulação de uma política de defesa nacional e a manutenção do Serviço Nacional de Informações (SNI). Carvalho (1987:4) foi assertivo: "Sem atacar o problema por este lado, qualquer solução que busque eliminar o intervencionismo militar a nível de definições gerais será precária e de curta duração". É no nível micro que a instituição militar efetivamente funciona, e uma das maiores preocupações do autor estava relacionada ao processo educacional para civis e militares. A autonomia e exclusividade militar na formação dos profissionais das forças armadas reduziria o ritmo de modernização democrática.

No caso dos sistemas de informação e repressão herdados do regime militar, os anos 1980 foram abundantes em evidências de que a Nova República teria pouco ímpeto e transparência em mudar as práticas, as instituições e as ênfases. Os DOI-Codis, órgãos de segurança e informações envolvidos com torturas e assassinatos, foram dissolvidos por meio de portaria reservada no fim do governo do presidente Figueiredo. No entanto, parte do pessoal foi incorporada ao sistema de informações, sobretudo do Exército, parte foi absorvida pelas segundas seções em diferentes escalões das forças armadas, e parte foi absorvida por subunidades operacionais (Carvalho, 1987:12). Em 17 de dezembro de 1983, uma nova Lei de Segurança Nacional (Lei nº 7.170/1983) foi sancionada, incluindo entre os crimes previstos a "incitação à subversão" e a promoção de "animosidade entre as forças armadas e as classes sociais". Desde o governo Figueiredo havia uma expectativa de redução da estrutura e da atuação do SNI, mas isso não ocorreu no governo Sarney (Brandão, 2002). Durante os trabalhos da Assembleia Constituinte, as forças armadas e suas unidades de inteligência continuariam ativas no monitoramento e repressão dos movimentos sociais e sindicatos. Durante uma greve dos trabalhadores do setor do petróleo, por exemplo, blindados do Exército ocuparam a Refinaria Duque de Caxias. O reiterado emprego de tropas em ações não vinculadas à defesa nacional, contra "ameaças" internas à segurança, indicava a reiteração do legado produzido durante a conjuntura crítica representada pelo período que vai de 1979 a 1988.

O SNI, da Assembleia Constituinte ao seu fim

Durante a década de 1980, segundo depoimentos de militares concedidos ao projeto de memória do Cpdoc a partir de 1992, teria havido uma tentativa de melhorar a imagem do SNI junto à sociedade, a qual não teria produzido nenhuma repercussão. Segundo o general Ivan de Souza Mendes, o último general diretor do SNI, reconhecia-se a necessidade de o órgão rever suas posturas, deixando de priorizar questões internas de segurança, para orientar sua atenção para ameaças e problemas externos, tais como "espionagem internacional, industrial, problemas de fronteiras, entre outros" (Mendes apud Brandão, 2002:63). Em 1988, por meio do Decreto nº 96.876, foi estabelecido um novo regimento para o SNI. Embora o general Mendes dissesse que o chamado "Projeto SNI" não fora implementado porque o órgão foi extinto (Mendes apud Brandão, 2002:64), nos parece que a principal motivação do novo regimento era garantir que o SNI mantivesse o controle sobre seus acervos informacionais e sobre sua memória, uma vez que a nova Constituição de 1988 consagrou o instituto do *habeas data*. De acordo com o parágrafo único do inciso XIII do capítulo IV do novo regimento, seria competência privativa do ministro-chefe do SNI autorizar o fornecimento de informações aos solicitantes, decidindo inclusive sobre os pedidos de retificação encaminhados pelas pessoas interessadas.

É possível afirmar que o SNI foi um órgão bastante central mesmo no governo José Sarney, juntamente com o Ministério do Exército (Melo, 2013). O SNI sobreviveu à aprovação da nova Constituição, permanecendo como um dos principais legados do regime autoritário. Pressionado pelo art. 5º da Constituição, o SNI teria criado um arquivo paralelo, transferido para o Ministério do Exército, como forma de evitar que informações consideradas comprometedoras viessem a público (Kornis, 2021). Em relação às estruturas vinculadas ao SNI, apesar de ter havido debates no começo do governo José Sarney, levantadas principalmente pelo ministro da Justiça Fernando Lyra, nada foi feito. As Divisões de Segurança Interna (DSIs) e as Assessorias de Segurança Interna (ASIs), espalhadas pelos ministérios, universidades e estatais do país, continuaram operando até o ano de 1990, quando o SNI foi extinto, já durante o governo Fernando Collor. A Medida Provisória nº 150 transferiu para a Secretaria de Assuntos Estratégicos a função de produção de inteligência no nível do Executivo federal.

Os anos 1990 e a transição nos órgãos militares

A intervenção dos civis na área de informações militares foi inexistente. A política de reorganização das forças armadas foi elaborada de forma autônoma. Ao fixarem os contornos institucionais da transição e preservarem sua interpretação sobre a "necessidade e perfil" do regime ditatorial de 1964 a 1985, os militares asseguraram igualmente a continuidade de todas as funções de seu interesse, com impactos duradouros sobre a "qualidade" da democracia que ora se fundava. Mesmo a criação da aviação do Exército, longe de ser apenas uma decisão técnica, buscava reforçar a autonomia da força terrestre no novo sistema de defesa, reduzindo sua dependência em relação à Aeronáutica (Carvalho, 1987:12).

Daí a insistência de Carvalho para a observação dos aspectos da micropolítica, para além das discussões sobre as macrofunções das forças armadas na Assembleia Constituinte, pois, na análise de que uma ameaça externa é implausível, o setor interno acaba por mobilizar grande parte das funções e da capacidade material dos militares. Se, apesar da derrota no nível macro, houvesse um cuidado com a legislação ordinária, ou, nos termos de Carvalho, com a engenharia política e a formação dos profissionais, o resultado poderia ter sido diferente. Por exemplo, poderia ter sido estabelecido algum tipo de controle externo sobre o SNI. O órgão poderia ter sido desmilitarizado, as ASIs e DSIs extintas, seu chefe poderia perder o *status* de ministro e ter sua aprovação submetida ao Congresso (Carvalho, 1987:15). Mas nada disso ocorreu ao longo de toda a década de 1990. Poucos foram os deputados que elaboraram propostas para a redução do poder militar e, consequentemente, de reorientação da inteligência militar. Manteve-se a percepção relativa à necessidade das forças armadas de manter a sociedade sob controle (Moraes, 1989:69). Uma vez registrada de forma explícita essa percepção, ela logo deixou de ser uma categoria meramente subjetiva e começou a ser traduzida em políticas, orçamento e atuação. As mudanças nas estruturas de inteligência das forças singulares acompanharam o mesmo ritmo lento e de alcance limitado.

A mudança mais visível se daria no nome dos órgãos, embora depoimentos de ex-comandantes indiquem uma maior preocupação com ameaças internacionais à segurança nacional. Nesse sentido, a Aeronáutica foi a primeira a promover a regulamentação da nova Secretaria de Inteligência (Secint), realizada em janeiro de 1988, por meio do Decreto nº 95.637. No começo dos anos 1990, de acordo com o depoimento do brigadeiro Moreira Lima, a área externa teria se tornado prioritária para a secretaria – controle do espaço aéreo e acompanhamento de outras forças aéreas.[4] De acordo com o brigadeiro Sócrates Monteiro, entre 1992 e 1995 teria havido uma migração das atividades de coleta e análise de informações para o setor de comunicações, órgão responsável pelas operações de busca do ministério. Segundo Monteiro, teria havido também uma redução do quadro de agentes.[5] Por outro lado, em seu depoimento, o brigadeiro Mauro Gandra, ministro da Aeronáutica no governo Fernando Henrique, afirmava que o principal móvel da área de inteligência da Aeronáutica naquele período era o "estado de espírito" da própria Força Aérea.[6] Para ele, a mobilização de capacidades de inteligência para funções investigativas (por vezes caracterizadas como "contrainteligência") decorria do risco de envolvimento de membros da força com o tráfico de drogas e o contrabando.

O Ministério da Marinha foi o segundo a renomear seu órgão de informações para inteligência. De acordo com o almirante Mário César Flores, no começo dos anos 1990 a Marinha já teria reorientado seus interesses para questões navais e marítimas.[7] O Centro de Inteligência da Marinha (CIM) foi regulamentado por

---

4 Octávio Moreira Lima. Entrevista concedida ao Cpdoc em março de 1998.

5 Sócrates da Costa Monteiro. Entrevista concedida ao Cpdoc em maio de 1998.

6 Mauro José Miranda Gandra. Entrevista concedida ao Cpdoc em novembro de 1998.

7 Almirante Flores. Entrevista concedida ao Cpdoc em setembro de 1998.

meio do Decreto nº 16, de 28 de janeiro de 1991. O CIM deixou de ser subordinado diretamente ao ministro e passou a ser subordinado ao Estado-Maior da Armada. A partir da posse do presidente Itamar Franco, quando houve um processo de (re)militarização do governo, ele voltou a ser subordinado diretamente ao ministro.[8] De acordo com o almirante Ivan Serpa, houve um crescimento no número de oficiais no quadro de pessoal do CIM, pelo fato de ter havido uma ampliação das áreas de atuação da Marinha, incluindo questões políticas, econômicas e sociais.[9] Assim como a Aeronáutica, a força naval também incluiria entre as missões do órgão de inteligência a vigilância e investigação de potenciais desvios de conduta dos quadros da força, algo em desacordo com a separação necessária entre funções de inteligência e de correição, com implicações deletérias para ambas as funções, como consequências antidemocráticas. Antes da criação da Abin, o CIM também prestava assessoria a alguns ministérios civis, investigando firmas e pessoas, "vasculhando" a vida de deputados envolvidos nas discussões relativas ao orçamento das forças armadas. O Movimento Sem Terra (MST) também seria um foco de preocupação, pois, segundo o almirante Serpa, apesar de o CIM não se preocupar mais com a subversão, ele precisa se preocupar com o MST, que "quer reeditar isto, quer tumultuar a área".[10]

A última força a adotar a expressão inteligência foi o Exército, em 1992. De acordo com o general Zenildo Lucena, houve mudanças antes de 1990, mas elas foram aprofundadas com as alterações realizadas pelo presidente Collor. Na ocasião, o ministro do Exército, Carlos Alberto Tinoco, subordinou o ainda Centro de Informações do Exército (CIE) ao estado-maior da força. Segundo o general Fernando Cardoso, tal conflito criou um desconforto tão grande, que na prática ele não teria se concretizado. O Centro de Inteligência do Exército foi criado em 1992, sendo então subordinado ao estado-maior. Segundo o general Zenildo Lucena, no início dos anos 1990 os resquícios do regime militar seriam muito fortes: acompanhamento de política interna, vigilância sobre partidos, sindicatos e até mesmo movimentos religiosos. (Cardoso apud Antunes, 2002:109).

De modo geral, no plano discursivo as declarações públicas dos dirigentes das forças armadas e dos órgãos de inteligência desde os anos 1990 enfatizam o comprometimento com as missões constitucionais e com o desenvolvimento

8 Decreto nº 967, de 29 de outubro de 1993.
9 Ivan da Silveira Serpa. Entrevista concedida ao Cpdoc em dezembro de 1997.
10 Ibid.

nacional, não mencionando critérios de aferição de qualidade dos conhecimentos e ações, tampouco de conformidade legal dos métodos empregados (Cepik, 2003b). Na prática, como as próprias missões constitucionais incluíam ações dentro do território nacional, inclusive garantia da lei e da ordem (GLO), os órgãos das três forças continuavam atuando no chamado campo interno, sem regulamentação, transparência ou controle externo. Um dos principais eventos pós-1988 que mobilizou a atuação da inteligência das três forças no exercício da segurança pública foi a Conferência ECO-92, quando foram discutidas, pela primeira vez após o fim da Guerra Fria, questões relacionadas à segurança climática do planeta. Havia 118 chefes de Estado a serem protegidos, e o governo federal concluiu que o país não dispunha de capacidades policiais suficientes para garantir a segurança das autoridades e do público.

Aquela experiência fez com que a missão de segurança pública passasse a ser vista como uma função recorrente das forças armadas (Mathias e Guzzi, 2010:52). É razoável supor, portanto, que também a inteligência militar continuou a ser mobilizada para apoiar operações de GLO, como são exemplos a Operação Rio, realizada na cidade do Rio de Janeiro em fins de 1994, com o objetivo de conter o tráfico de drogas; a contenção do movimento grevista dos petroleiros em 1995; a greve dos policiais, já em 2001. O próprio presidente Fernando Henrique Cardoso autorizou mobilizar 250 soldados do Exército para proteger uma fazenda de seus filhos, ameaçada de invasão pelo MST. A tendência de utilização das forças armadas e de seus serviços de inteligência em missões de segurança interna consolidou-se por meio da Lei Complementar nº 117, promulgada já no primeiro mandato do presidente Lula, em 2004. De acordo com o art. 15, § 3º, daquela lei,

> consideram-se esgotados os instrumentos relacionados no art. 144 da Constituição Federal quando [...] forem eles formalmente reconhecidos pelo respectivo Chefe do Poder Executivo Federal ou Estadual como indisponíveis, inexistentes ou insuficientes ao desempenho regular de sua missão constitucional.

Houve outras condicionantes institucionais que ajudaram a conformar o papel da inteligência militar no Brasil desde 1988, mas o legado da transição conservadora e da tutela militar foi muito forte. Em 1996, foi publicada a primeira Política de Defesa Nacional da Nova República. Muito mais um documento diplomático genérico do que uma política pública setorial consistente, adotada no contexto das negociações para a adesão brasileira ao Tratado de Não Proliferação Nuclear (TNP) em 1998 e para a criação do Ministério da Defesa em 1999 (Fuccille, 2006). Embora a própria criação do Ministério da Defesa no começo do segundo mandato presidencial de Fernando Henrique Cardoso tenha sido problemática, a transformação dos ministérios militares em comandos das forças singulares teve implicações para o arranjo institucional da inteligência militar.

O Sisbin e a inteligência militar

Em 1999, além da criação do Ministério da Defesa, também foi aprovada pelo Congresso Nacional e sancionada pelo presidente Fernando Henrique Cardoso a Lei nº 9.883, que criou o Sisbin e a Agência Brasileira de Inteligência (Abin). A indefinição legal sobre o desenho institucional da área de inteligência durou quase nove anos (1990-1999), quatro deles já com propostas tramitando no Congresso Nacional. Com a nova lei, o antigo Departamento de Inteligência da Secretaria de Assuntos Estratégicos (DI/SAE), transformado em Subsecretaria de Inteligência da SAE (SSI/SAE), no governo Itamar Franco, daria lugar à Abin.

Os artigos que definiram missões e formas de funcionamento utilizaram linguagem ampla e vaga. A nova lei manteve "a acepção comum de igualar inteligência ao processamento de informações" para a análise decisória, não definiu hierarquia e regras de inclusão no Sisbin, não atribui a quem o sistema deveria ser responsivo, assim como não regulamentou as relações entre seus componentes (Brandão, 2002:174). Como analisamos em outros trabalhos, nos anos subsequentes algumas delimitações foram estabelecidas, e o processo de desmilitarização e regulamentação legal das atividades e carreiras na Abin avançou (Cepik e Brandão, 2003b; Cepik, 2005a). Entretanto, outras decisões reforçaram legados problemáticos do ponto de vista das relações civil-militares. Por exemplo, desde 2000 a Abin foi subordinada ao ministro-chefe do Gabinete de Segurança Institucional (GSI) da Presidência da República. Enquanto o diretor da Abin precisa ter seu nome aprovado pelo Senado, o chefe do GSI tem sido, desde a criação do órgão, um general do Exército nomeado pelo presidente (Cepik, 2021).

Com a criação do Ministério da Defesa mantiveram-se os órgãos centrais de inteligência de cada força, subordinados aos respectivos comandantes. O presidente da República seria assessorado por um Conselho de Defesa Militar em assuntos relativos ao emprego dos meios militares, e pelo ministro da Defesa sobre os assuntos pertinentes às forças.[11] Os setores de Inteligência da Marinha, do Exército e da Aeronáutica, juntamente com o Estado-Maior de Defesa (EMD), por meio da Secretaria de Política, Estratégia e Assuntos Internacionais (Speai), comporiam os órgãos militares participantes do Conselho Consultivo do Sisbin. A primeira estrutura regimental do MD seria definida por meio do Decreto nº 3.080, de 10 de junho de 1999, e a última, dentro do recorte temporal deste trabalho, em 1 de fevereiro de 2017, por meio do Decreto nº 8.978.

Em junho de 2002 foi criado o Sistema de Inteligência de Defesa (Sinde), por meio de uma Portaria Normativa do MD.[12] As definições sobre missão e alcance, mais uma vez, foram vagas, repetindo para o âmbito da defesa o teor abrangente da lei de 1999. Outros regulamentos definiram aspectos complementares. Vale mencionar o Decreto nº 4.376, que dispunha sobre a organização e o funcionamento do Sisbin, e as portarias nºs 24 e 239 do Gabinete de Segurança Institucional (GSI), que aprovavam, respectivamente, o regimento interno do Conselho Consultivo do Sisbin e definiam os procedimentos para a troca de informação entre os componentes do sistema.[13] O Ministério da Defesa publicou ainda a Portaria MD nº 1.037, de 13 de novembro de 2003, que aprovou os regimentos internos dos órgãos a ele vinculados.

De modo específico o EMD tornou-se responsável por assessorar o ministro, planejar o emprego combinado das três forças e formular a doutrina comum de inteligência operacional.[14] A Speai seria o órgão responsável por elaborar os subsídios para a definição de uma política nacional de defesa, pela formulação da doutrina, por formular o dimensionamento global dos meios de defesa, supervisionar a atividade de inteligência, entre outras funções.[15] Subordinado à Speai estaria o Departamento de Inteligência e Estratégia (DPE), composto pela Divisão de Inteligência (DI), Divisão de Contrainteligência (DCI) e uma

11 Lei Complementar nº 97, de 9 de junho de 1999.

12 Portaria nº 295, de 3 de junho de 2002.

13 Portarias nº 24, de 20 de dezembro de 2002, e nº 239, de 20 de junho de 2003.

14 Portaria MD nº 1.037, de 13 de novembro de 2003, cap. I, art. 1º, IV.

15 Ibid., cap. I, art. 1º.

Assessoria de Planejamento e Doutrina (APD). Caberia à DI produzir inteligência estratégica e de defesa, promover os vínculos do MD com o Sisbin, assessorar participantes de reuniões relativas a acordos, consultas e atuação junto a organismos internacionais nos assuntos de inteligência, entre outras funções. À Divisão de Contrainteligência caberia produzir informações de contrainteligência, propor normas de contrainteligência, ligar-se ao Sisbin, assim como assessorar participantes de reuniões sobre acordos, consultas e atuação dos organismos internacionais, estabelecer normas de contrainteligência para proteção do conhecimento sensível e das estruturas que a compõem, acompanhar o desenvolvimento de sistemas criptológicos, visando à padronização do Sinde, o gerenciamento dos trâmites de mensagem eletrônica entre o DIE e o Sisbin, entre outros.[16]

O Sinde passou a ser composto pelas subchefias de Inteligência Tática e Operacional do MD, pela Subchefia de Estratégia do Estado-Maior da Armada, pela Subchefia de Inteligência do Comando de Operações Navais, pelo Centro de Inteligência da Marinha, pela 2ª Subchefia do Estado-Maior do Exército e pelo Centro de Inteligência do Exército, pela 2ª Subchefia do Estado-Maior da Aeronáutica e pelo Centro de Inteligência da Aeronáutica. Por óbvio, não havia nenhum vínculo de subordinação entre seus integrantes e seu funcionamento dependia diretamente do relacionamento entre seus comandantes. Foi criada também, na estrutura organizacional do MD, a Subchefia de Inteligência, com a responsabilidade de propor as bases de uma doutrina comum de inteligência e contrainteligência para as forças armadas, diretrizes para o emprego da criptologia, bases para a doutrina comum de emprego das atividades de guerra eletrônica, telecomunicações, cartografia, meteorologia e sensoriamento remoto como apoio à atividade de inteligência, além de coordenar, com a Speai, as atividades de inteligência e contrainteligência e assessorar o chefe do Estado-Maior de Defesa.[17]

De acordo com Marta Nascimento e Ivan Fialho (2017:34), durante muitos anos instrutores do Curso Superior de Inteligência Estratégica da Escola Superior de Guerra (ESG), a inteligência estratégica teria a responsabilidade de levantar informações relativas às capacidades, políticas, objetivos, interesses e vulnerabilidades dos países de interesse, atualizar tais informações e realizar sua

16 Ibid., cap. III, art. 17.

17 Ibid., cap. III, art. 9º.

posterior análise. A inteligência tática seria aquela necessária ao planejamento e condução de operações táticas, e o conceito de inteligência operacional seria entendido como a inteligência requerida para o planejamento e a condução de campanhas e grandes operações militares orientadas para a conquista dos objetivos estratégicos, permanentemente exercida para produzir e salvaguardar conhecimento para o planejamento, condução e sustentação de operações militares (Nascimento e Fialho, 2017:20).

Institucionalmente, o funcionamento do Sinde acompanhou o modelo "confederado" que caracterizou os primeiros anos do MD. Em 2008 as diretrizes da Estratégia Nacional de Defesa (END) permitiram um foco mais claro na defesa externa e criaram nova possibilidade de consolidação do MD sob a autoridade civil. Entretanto, tal possibilidade não se realizou. Por exemplo, o Decreto nº 7.364, de 23 de novembro de 2010, estabeleceu um novo regimento para o ministério, consolidando a tendência de militarização. Entre as principais alterações relativas à inteligência, foi extinta a Speai, com suas funções sendo transferidas para o Estado-Maior Conjunto das Forças Armadas (EMCFA).

A partir de então, caberia ao EMCFA a elaboração de políticas e estratégias nacionais e setoriais de defesa, de inteligência e de contrainteligência estratégica. As funções de inteligência desenvolvidas pela antiga Speai passariam para a responsabilidade da Subchefia de Inteligência Estratégica, subordinada à Chefia de Assuntos Estratégicos. A Chefia de Preparo e Emprego também assumiria responsabilidades vinculadas ao setor de inteligência, na medida em que ali se encontra a Assessoria de Inteligência Operacional, responsável por todas as funções relativas à inteligência operacional.[18]

Em 2013, uma nova alteração regimental criou o Gabinete do EMCFA e a Subchefia de Inteligência Operacional. Nesse novo desenho, a área de inteligência permaneceu centralizada no EMCFA, mas dividida em duas chefias, uma de inteligência operacional (Subchefia de Inteligência Operacional da Chefia de Operações Conjuntas) e outra de inteligência estratégica (Subchefia de Inteligência Estratégica da Chefia de Assuntos Estratégicos), sendo esta última responsável por articular o MD com os demais componentes do Sinde.[19] Em 2017 seria criada a Subchefia de Inteligência de Defesa (SC2), subordinada à

---

18 Decreto nº 7.364, de 23 de novembro de 2010.

19 Decreto nº 7.974, de 1 de abril de 2013.

Chefia de Operações Conjuntas do EMCFA, eliminando novamente a distinção estratégico/operacional no organograma do MD.[20]

Nas últimas duas décadas, os diferentes documentos de doutrina e os manuais de produção de inteligência e contrainteligência das forças singulares e do MD adotaram as definições correntes na literatura internacional sobre fontes e meios.[21] Destaca-se, entretanto, a natureza formalista e repetitiva dos conceitos em diferentes documentos, sem que se possa conhecer (por meio de documentos desclassificados) o conteúdo ou a qualidade da inteligência produzida.[22] Em 2016, uma Política Nacional de Inteligência (PNI) foi estabelecida no país por meio do Decreto nº 8.793.[23] No ano seguinte, outro decreto definiu uma Estratégia Nacional de Inteligência (Esint).[24] Os dois documentos reiteraram o compromisso da inteligência com a Constituição. Os planos da Seção de Inteligência (SC2) do EMCFA e dos centros de Inteligência militar da Marinha, Exército e Força Aérea devem se ajustar à PNI e à Esint. O problema é que a própria PNI é genérica e algo inconsistente com uma análise estratégica da situação internacional, por exemplo, ao afirmar que o terrorismo é uma ameaça prioritária para o Brasil. Há indícios de maior profissionalização e melhor formação técnica nos últimos anos, por meio da Escola de Inteligência Militar do Exército (EsIMEx), por exemplo, mas a doutrina da força terrestre segue sendo classificada e não há como avaliar as prioridades operacionais e resultados analíticos.

Inteligência militar e o desafio do controle democrático

A atuação da inteligência militar contemporânea no Brasil deve ser analisada sob diversos aspectos, incluindo os desafios internacionais comuns a outros serviços do mesmo tipo, tais como a capacidade de analisar estrategicamente

20 Decreto nº 8.978, de 1º de fevereiro de 2017.

21 Ver, por exemplo, a Portaria Normativa nº 585/EMD, de 28 de dezembro de 2006, que dispõe sobre a doutrina de inteligência operacional para operações combinadas (MD32-M-01). Ou ainda, para citar outro exemplo, a Portaria nº 031-EME, de 23 de fevereiro de 2015, que aprova o Manual de Fundamentos EB20-MF-10.107 Inteligência Militar Terrestre, 2. ed.

22 Ver, por exemplo, o *Intelligence Risk Assessment*, publicado anualmente pelo Serviço de Inteligência de Defesa da Dinamarca. Disponível em: <https://bit.ly/2WlWJSQ>. Acesso em 29 set. 2021.

23 Decreto nº 8.793, de 29 de junho de 2016.

24 Decreto s/n, de 15 de dezembro de 2017.

a rápida mudança no contexto de segurança internacional ou a importância crescente de tecnologias digitais nas áreas de coleta, análise, disseminação e contrainteligência. Entretanto, do ponto de vista do controle democrático e da eventual superação definitiva do legado autoritário e do estigma, destacamos dois problemas.

O primeiro é a fragilidade institucional e técnica dos órgãos de supervisão e controle externo, nos poderes Legislativo, Executivo e Judiciário. No Congresso Nacional, por exemplo, a Comissão de Controle das Atividades de Inteligência (Ccai), prevista na Lei nº 9.883/1999 e instalada em 2000, somente teve seu regimento interno formalizado em 2013, por meio da Resolução nº 2 do Congresso Nacional. A despeito dos amplos poderes de que a Ccai dispõe regimentalmente para investigar, questionar, demandar documentos e depoimentos, sua atuação tem sido intermitente, acrítica e desinformada. A maioria dos parlamentares que participam da comissão tem pouco conhecimento ou interesse na área. Sem suporte técnico e incentivos políticos, a inoperância da Ccai exemplifica o inexistente controle sobre as atividades das dezenas de órgãos que compõem o Sisbin, inclusive os militares. Tampouco há evidências públicas de que os órgãos militares de inteligência sejam supervisionados e fiscalizados pela Câmara de Relações Exteriores e Defesa Nacional do Conselho de Governo (Creden-CG), pelo Ministério Público Militar (MPM), pelo Conselho Nacional do Ministério Público (CNMP), ou pelo Conselho Nacional de Justiça (CNJ), para mencionar três instituições que teriam tal atribuição.

O segundo problema é a normalização da utilização das forças armadas e suas capacidades de inteligência em diversas atividades de segurança institucional, investigação criminal e ordem interna (Vasconcelos, 2021). Conforme a Lei Complementar nº 136 de 2010 e demais decretos e normas, tais atividades vão além das hipóteses de emprego classificadas como operações de GLO. Entre 1992 e 2018, as forças armadas foram empregadas em 136 operações de GLO. Além delas, é preciso considerar as funções permanentes de repressão de ilícitos no espaço aéreo e na faixa de fronteiras, entre outras. As ações subsidiárias vêm se tornando cada vez mais centrais, em detrimento da defesa externa, mesmo antes da militarização de várias áreas de governo promovidas por Bolsonaro (Acácio e Amorim Neto, 2021).

Um exemplo preocupante do perfil potencial de utilização da inteligência militar brasileira nos últimos anos é sua participação na Força-Tarefa de Inteligência (FTI) para o enfrentamento do crime organizado, criada em 15 de outubro de 2018, nos estertores do governo Michel Temer.[25]

A FTI foi subordinada ao Gabinete de Segurança Institucional (GSI), então chefiado pelo general Sérgio Etchegoyen. Compõem sua estrutura o GSI, a Abin, os centros de inteligência da Marinha, do Exército e da Aeronáutica, o Conselho de Controle de Atividades Financeiras (Coaf) e a Secretaria da Receita Federal do Ministério da Fazenda, o Departamento de Polícia Federal (PF), o Departamento de Polícia Rodoviária Federal (PRF), o Departamento Penitenciário Nacional (Depen) e a Secretaria Nacional de Segurança Pública (Senasp), do Ministério da Justiça e Segurança Pública. A atuação da FTI é orientada pela Norma Geral de Ação (Portaria nº 7/2019, do GSI), a qual é sigilosa. Segundo seu decreto de criação, a FTI tem como função analisar, compartilhar dados, produzir relatórios de inteligência, com o objetivo de subsidiar a elaboração de políticas públicas direcionadas ao "enfrentamento a organizações criminosas que afrontam o Estado brasileiro e suas instituições". Todas essas funções cabem à FTI, só não cabe legalmente a presença da inteligência militar. Combate ao crime organizado tem dinâmica e regulação próprias que não cabem dentro do conceito de GLO.

Apesar de carregar ambiguidades, a Lei nº 12.850, de 2 de agosto de 2013, define como uma organização criminosa

> a associação de 4 (quatro) ou mais pessoas estruturalmente ordenada e caracterizada pela divisão de tarefas, ainda que informalmente, com objetivo de obter, direta ou indiretamente, vantagem de qualquer natureza, mediante a prática de infrações penais cujas penas máximas sejam superiores a 4 (quatro) anos, ou que sejam de caráter transnacional.

Fica claro que o combate ao crime organizado é incompatível com as missões constitucionais das forças armadas, responsáveis pela defesa da soberania do país, seja em termos de ameaças externas ao território, seja (excepcionalmente) em relação às ameaças internas de quebra da institucionalidade democrática, conforme deliberação dos poderes constitucionais. A militarização do combate ao "crime organizado" é inconstitucional, ainda mais se a associarmos ao foro

---

25 Decreto nº 9.527, de 15 de outubro de 2018.

privilegiado que os militares receberam a partir da reorganização do Código Penal Militar, normatizado pela Lei nº 13.491, de 13 de outubro de 2017.

Ainda em 2018 foi apresentado um projeto de decreto legislativo que previa a suspensão do decreto que criou a FTI (PDL nº 1055, de 30 de outubro de 2018, de autoria do deputado Paulo Pimenta, do Partido dos Trabalhadores), bem como foi ajuizada no STM uma Arguição por Descumprimento de Preceito Fundamental (ADPF), a fim de que fosse declarado inconstitucional o Decreto nº 9.527. Entretanto, o PDL foi rejeitado, e a ADPF nº 550, direcionada às análises da AGU e do MPF, recebeu pareceres contrários à anulação da FTI, evidenciando o quanto o poder civil é conivente com essas ações ilegais. Como afirma Fernando Ameno (2021), os órgãos militares possuem desde então forte protagonismo na FTI.

Conclusão

Neste capítulo, argumentamos que a atuação da inteligência militar no Brasil ainda apresenta importantes déficits objetivos de legitimidade. Três fatores contribuem cumulativamente para tal desfecho. O primeiro são as excessivas prerrogativas que os militares brasileiros acumularam desde a transição de regime, evidenciadas no veto à Justiça Transicional e no problemático art. 142 da Constituição Federal de 1988. O segundo fator foi a banalização crescente do uso das forças armadas em missões outras além da defesa nacional, principalmente GLO e funções permanentes típicas de polícia ou guarda constabular (terrestre e marítima). O emprego de serviços de inteligência militares no combate ao crime organizado e o aumento recente da militarização de políticas públicas e gestão governamental trazem riscos evidentes de politização, perda de foco e eventuais abusos. O terceiro fator decorre da fragilidade institucional e renúncia dos órgãos encarregados de realizar o controle externo das atividades de inteligência no Brasil. Uma legislação vaga e com hiatos enormes (sobretudo em relação à regulação das operações de busca e obtenção de inteligência), combinada com normas e documentos doutrinários formalistas, cria oportunidades de evasão (*shirking*) à prestação de contas.

Como já salientamos em outros trabalhos, a reprodução dos legados históricos se alimenta do não aproveitamento das conjunturas críticas para a mudança de rumos. O controle externo, para ser efetivo, não pode restringir-se às auditorias de contas e à verificação da conformidade legal. Principalmente quando a Constituição, a legislação infraconstitucional e as normas administrativas deixam tanta margem de discricionariedade, como no caso da defesa e da segurança no Brasil. Desde a Constituição de 1988, a inteligência militar brasileira destacou-se no setor de segurança (institucional e pública), em detrimento da inteligência para a defesa externa. As forças armadas não são instituições policiais, mas sim vocacionadas para a dissuasão e, se necessário, para a guerra em defesa das pessoas e dos interesses brasileiros. Por mais que pareça difícil ou distante da realidade atual, é preciso priorizar a inteligência estratégica sobre a segurança internacional e a inteligência operacional sobre as capacidades militares de outros países, sem alinhamentos ideológicos ou vieses doutrinários, deixando a igualmente difícil tarefa de reformar e qualificar as políticas de segurança institucional e de segurança pública para os atores e instituições adequados.

Três medidas concretas precisam ser tomadas no âmbito da Comissão de Controle das Atividades de Inteligência (Ccai), no Congresso Nacional. Primeiro, averiguar a qualidade das análises de inteligência produzidas pelos órgãos militares. Segundo, determinar que a Abin, os órgãos de inteligência de defesa e outros componentes do Sisbin publiquem pelo menos um relatório ostensivo anual, com as respectivas apreciações e estimativas sobre os desafios estratégicos do Brasil. Com base nessa medida, é preciso rever criticamente o inchaço ineficiente e antidemocrático do próprio Sisbin. Terceiro, a comissão deve garantir que a Lei de Acesso à Informação (LAI) seja plenamente utilizada em prol, inclusive, do respeito ao uso não abusivo do sigilo governamental. O enfraquecimento da LAI não interessa à segurança e à defesa. Para realizar as três medidas, é preciso que a Ccai assuma suas responsabilidades, antes tarde do que nunca, e faça uso de seus poderes legais.

Resumindo, este texto discutiu a relação entre as forças armadas e a trajetória institucional dos serviços de inteligência no Brasil desde a Constituição de 1988. Dado o papel dos serviços de informação na repressão aos opositores da ditadura militar (1964-1985), o estigma que cerca a atividade demanda que os déficits de legitimidade que marcaram a transição, a criação do Sistema Brasileiro de Inteligência (Sisbin) e sua expansão (48 órgãos federais em 2021), sejam explicados e superados. Houve três conjunturas críticas em que os mecanismos de reprodução (*path dependence*) do legado autoritário foram mantidos. A primeira culminou com a definição das missões constitucionais das forças armadas, incluindo seu envolvimento em diversas operações internas de segurança em detrimento da defesa contra ameaças externas (1988). A segunda conjuntura crítica culminou com a criação de sistemas de inteligência de defesa e de segurança pública com missões vagas e precário controle externo (1999). A terceira conjuntura crítica culminou com a militarização do Ministério da Defesa e o envolvimento cada vez mais direto das forças armadas no processo político nacional (2018). Ao longo do período pós-1988 houve desempenhos diferenciados dos órgãos criados, como revela a institucionalização relativamente bem-sucedida da Agência Brasileira de Inteligência (Abin), em comparação com a opacidade e a ausência de controle externo que caracteriza os órgãos de inteligência das forças armadas e das polícias federais e estaduais. O (auto) fortalecimento da Comissão de Controle das Atividades de Inteligência (Ccai) no Congresso Nacional é considerado crucial para que reformas adicionais do Sistema de Inteligência de Defesa (Sinde) possam ocorrer, e a atividade de inteligência militar possa contribuir mais efetivamente para a defesa externa do Brasil.

7. A cooperação em defesa como instrumento da política externa brasileira: a criação e os anos iniciais da Unasul e do Conselho de Defesa Sul-Americano

Lucas Pereira Rezende

Introdução*

Desde a criação, em 2008, da União de Nações Sul-Americanas (Unasul) e de seu Conselho de Defesa Sul-Americano (CDS), a cooperação em defesa no subcontinente tornou-se um objeto de estudos bastante explorado, tendo surpreendido acadêmicos e participantes por seu avanço inicial acelerado (Saint-Pierre e Palacios Jr., 2014). O que não era esperado, todavia, com um início de vida institucional tão promissor, era que com menos de 10 anos de vida a Unasul fosse rapidamente desmantelada por seu principal proponente e mantenedor, o Brasil (Vaz, Fuccille e Rezende, 2017; Mijares e Nolte, 2018). Ainda que o Brasil tenha tido dificuldades em transmutar sua liderança regional em resultados para suas ambições de política externa (Malamud, 2011), no contexto sul-americano, no período dos governos do Partido dos Trabalhadores (PT), em especial durante os dois primeiros mandatos de Lula da Silva (2003-2010) e no primeiro mandato de Dilma Rousseff (2011-2014), período de gestação e auge da Unasul, a cooperação em defesa emergiu como um instrumento da política externa brasileira (PEB), nos moldes da chamada nova diplomacia de defesa, trazendo resultados pontuais importantes, ainda que breves, e marcando uma forma de governança então inédita, e até agora única, em tais padrões para o país.

Parte indissociável dos processos de integração regional que emergiram após o final da Guerra Fria, a cooperação em defesa tem características particulares, uma vez que envolve, diretamente, a capacidade dos Estados em garantir sua

* Este capítulo contou com a colaboração, no levantamento de dados, do acadêmico Luiz Felipe Camargos Sanches, estudante do curso de Relações Econômicas Internacionais da Universidade Federal de Minas Gerais (UFMG), a quem agradeço a contribuição.

própria sobrevivência. A cooperação entre forças armadas de diversos países passa, a partir dos anos 1990, a acontecer também em tempos de paz, levando ao que Wilkins (2012) apresenta como mudança do paradigma das tradicionais alianças, resultantes de tentativas de alteração da balança de poder, para um novo padrão de alinhamento.

Cottey e Forster (2004) vão chamar o padrão de cooperação militar surgido no pós-Guerra Fria de nova diplomacia de defesa. O que a difere do antigo modelo de alianças baseadas na *realpolitik* é que ela é orientada para a cooperação militar de forças armadas em tempos de paz, como uma ferramenta de política externa e de segurança. Exemplos desse novo modelo são as operações de paz da ONU e de outros organismos multilaterais, que explodiram em quantidade a partir dos anos 1990; as Parcerias para a Paz da Otan (PfP); e a cooperação em tempos de paz entre Estados, em especial os europeus, em questões relativas às políticas de segurança e defesa e às relações democráticas entre civis e militares.

Sobre o último ponto, Cottey e Forster (2004) apontam cinco áreas em que a diplomacia de defesa pode ajudar a promover a democratização das relações civil-militares: no controle político civil sobre os militares, no controle político civil democrático sobre a política de defesa, na supervisão parlamentar ou legislativa, no emprego da lei, direitos humanos e justiça e no engajamento da sociedade civil.

Esses alinhamentos aconteceram, com dinâmicas distintas, em todas as regiões. Aponto em Rezende (2015) que eles foram incentivados pela unipolaridade dos Estados Unidos na balança de poder global. Haveria, por essa proposta, um incentivo sistêmico para a cooperação em defesa, uma vez que funciona como forma de: (1) aumentar os recursos dos Estados envolvidos de forma equilibrada, sem despertar corridas armamentistas ou a discordância da potência unipolar – desde que feita com a aquiescência, ou pelo menos a não discordância, do unipolo; (2) melhorar a posição relativa dos cooperadores frente ao unipolo global sem, com isso, despertar um balanceamento *offshore* ou ter gastos excessivos; (3) contenção de candidatos a hegêmonas regionais, o que beneficia tanto o unipolo quanto os atores envolvidos; (4) racionalidade estatal, tal como descrita pelo realismo ofensivo, desde que forme instituições que contribuam para uma dinâmica mais ampla de fortalecimento da capacidade de ação dos Estados envolvidos.

Por esta proposta teórica, havia no período entre 2003 e 2016 dois incentivos operando favoravelmente na América do Sul: a unipolaridade dos Estados Unidos na balança de poder global pós-1989 e a unipolaridade do Brasil na balança de poder sul-americana[1] consolidada nos anos 2000 (Rezende, 2015). Ainda que a balança de poder global esteja se firmando em direção a uma bi ou multipolaridade (Mearsheimer, 2019), o fato de a América do Sul estar sob a mesma região dos Estados Unidos não alteraria o incentivo regional à cooperação, uma vez que a região continua sob zona primordial de influência estadunidense. A variável dominante, nesse caso, seria a resposta do Brasil, ator preponderante (como unipolo ou candidato a hegêmona regional), às pressões sistêmicas regionais, em concomitância com as dinâmicas domésticas da crise política e econômica a partir da reeleição de Dilma Rousseff, que acabaram por levar ao esvaziamento da Unasul e do CDS (Vaz, Fuccille e Rezende, 2017), processo que foi acelerado nas gestões de Michel Temer e Jair Bolsonaro, dando fim ao breve emprego da diplomacia de defesa pelo Brasil na América do Sul.

Durante os dois primeiros mandatos de Lula da Silva e no primeiro de Dilma Rousseff, contudo, houve um direcionamento da PEB para uma perspectiva globalista, o que incluiu grande atenção para a América do Sul e cujo ápice foi experimentado durante os anos de funcionamento ativo da Unasul. Neste capítulo, apresento a tese de que, entre 2003 e 2014, houve o uso da nova diplomacia de defesa pelo Brasil, em especial por meio do Conselho de Defesa da Unasul, em um raro período de emprego da cooperação em defesa para os objetivos de política externa brasileira em sua região. No entanto, o desengajamento brasileiro a partir do segundo mandato de Rousseff fez ruir a experiência, não legando resultados duradouros nem para a integração regional, então objetivo da PEB, nem para o controle civil dos militares, um dos efeitos esperados da nova diplomacia de defesa. Para tanto, analisaremos, a partir de 2003 e com foco no Brasil: (1) os alinhamentos multilaterais sul-americanos em defesa; (2) os alinhamentos bilaterais do Brasil em defesa, a fim de demonstrar como a cooperação em defesa serviu como instrumento da PEB na América do Sul no período analisado, diminuindo a partir de 2014 e praticamente desaparecendo após a saída do Brasil da Unasul.

---

1 Partimos da premissa da unipolaridade dos EUA entre 1989 e 2013. A crise da Ucrânia, a partir de 2014, representou o primeiro enfrentamento direto à ordem estadunidense desde 1989, o que se confirmou a partir da invasão da Rússia ao vizinho em 2022. Segundo Mearsheimer (2019), a rápida desconstrução da ordem liberal estadunidense desde então confirmaria o fim da era unipolar global.

Alinhamentos multilaterais sul-americanos em defesa

A erosão do sistema interamericano de defesa, formado durante a Guerra Fria, e o surgimento das novas ameaças e as dinâmicas da unipolaridade fizeram surgir na América do Sul e em outras regiões não críticas uma percepção normativa para a integração regional (Cepik, 2010; Fuccille e Rezende, 2013). Nesse cenário, a União de Nações Sul-Americanas (Unasul) foi criada, em 2008, por iniciativa do Brasil, congregando todos os 12 países independentes da América do Sul. A Unasul foi resultado de um aprofundamento desse novo alinhamento regional que se desenhava desde o início dos anos 2000, quando, ainda sob a presidência de Fernando Henrique Cardoso no Brasil, acontece a I Cúpula Sul-Americana de Chefes de Estado. A posse de Lula da Silva, em 2003, trouxe uma mudança significativa, aumentando-se o papel do Brasil como *player* global (Albuquerque, 2009; Fuccille e Rezende, 2013).

A criação do Conselho de Defesa Sul-Americano (CDS) demandou um pouco mais de esforço. Esse foi o assunto mais polêmico nas negociações do Tratado Constitutivo da Unasul. A resistência maior veio por parte da Colômbia, que se mostrava receosa em como os demais membros da Unasul tratariam as Farcs e em como se daria o processo de votação no CDS, e também do Peru. O receio era que o CDS e a Unasul consolidassem um imperialismo brasileiro na região. Muito pelo esforço do então ministro da defesa brasileiro, Nelson Jobim, e de esforços do próprio presidente Lula, tais dificuldades foram superadas, o que possibilitou a criação dessas instituições nos moldes então propostos pelo Brasil (Cepik, 2010; Fuccille e Rezende, 2013).

Segundo informado verbalmente pelo ministro Rodrigo Baena em 2013, havia duas grandes prioridades na criação do CDS: (1) criar uma identidade comum em defesa e (2) possuir cadeias produtivas regionais em defesa. Esses eixos, então, se desenvolvem em outros, mais específicos. Para compreendê-los, então, é importante que aprofundemos seus planos de ação que, diferentemente dos demais alinhamentos regionais de defesa, produziram, nos seus anos de atividade, diversos encontros e documentos que direcionaram políticas multilaterais dos países envolvidos. Nos planos de ação do CDS havia quatro eixos (Unasul, 2010, 2012, 2013, 2014):

1) *Política de defesa*. Era o principal eixo e teve alguns temas constantes, demonstrando sua prioridade. Era o caso do grupo de trabalho para a

transparência do inventário militar dos países da região, a criação de uma plataforma virtual de comunicação, do grupo de trabalho para o estabelecimento de uma política regional para ameaças cibernéticas e informáticas, a proteção e defesa dos recursos naturais e a discussão conceitual de ameaças comuns a todos os Estados sul-americanos.

2) *Cooperação militar, ações humanitárias e operações de paz*. Buscava aliar as experiências regionais de operações combinadas, conjuntas e interaliadas. Foi através desse eixo que se amadureceu o intercâmbio de experiências em operações de paz, visando ao planejamento e à condução de operações interaliadas, além da cooperação militar para dar respostas coletivas a desastres naturais.
3) *Indústria e tecnologia de defesa*. Enquanto no primeiro plano de ação via-se mais objetivos políticos amplos, os demais trouxeram objetivos específicos, como o desenvolvimento de um básico de treinamento comum (Unasul 1) e de um veículo aéreo não tripulado (Vant). Essas aeronaves, ainda que jamais realizadas, eram indicadores da prioridade que a Unasul, em seus primeiros anos, daria para a integração das indústrias de defesa regionais. De outra parte, levantava suspeitas sobre a superioridade industrial no Brasil, o que poderia tornar os demais países da Unasul como seus caudatários. Para que isso não ocorresse, o princípio da teoria realista ofensiva de cooperação em defesa (Rezende, 2015) de aumentar os recursos dos Estados envolvidos de forma equilibrada, sem despertar corridas armamentistas, deveria continuar sendo cumprido – o que aparecia neste eixo dos planos de ação através das transferências de tecnologia e equipamentos de defesa aos países que não o tinham, além da iniciativa de trazer produções conjuntas envolvendo a indústria de defesa de outros países, além do Brasil, em especial Argentina e Chile.
4) *Formação e capacitação*. A grande ênfase foi na criação da Escola Sul-Americana de Defesa (Esude), que tinha o objetivo de consolidar a experiência dos cursos CAD-SUL conjuntos realizados pela ESG desde o início do governo Lula. E, aqui, era comandada por um acadêmico civil, Antonio Jorge Ramalho da Rocha, e não por militares.

É importante frisar que tanto a Unasul quanto o CDS, ainda nos primeiros anos, trouxeram alguns resultados significativos (Saint-Pierre e Palacios, 2014; Souza, 2016). Essas instituições não buscaram aproximar dois únicos atores, como o Mercosul, mas todo o subcontinente sul-americano, sob a iniciativa do Brasil, em um momento em que suas ações eram mais próximas de uma potência unipolar. No processo formador dessas instituições, o papel do Brasil foi crucial como fiador político e financeiro de ambos (Battaglino, 2009; Cepik, 2010; Etchegoyen, 2011; Fuccille e Rezende, 2013; Torres e Gomes, 2012). Igualmente significativa e digna de nota é a velocidade com a qual o CDS logrou sucesso em apontar medidas de confiança que pareciam, previamente, insuperáveis (Saint-Pierre e Palacios, 2014).

Podemos associar um papel protagônico do Brasil, condizente com o de uma potência unipolar, não apenas na articulação e criação da Unasul e do CDS, mas também na solução de crises como a que envolveu Colômbia, Equador e Venezuela, em 2008; na crise doméstica boliviana de 2008, que ameaçava fragmentar o país; na solução para a crise hondurenha, que depôs o presidente Manuel Zelaya, em 2009; e no apoio para a solução do quase golpe no Equador, em 2010, para tentar depor o presidente Rafael Correa. Todas essas crises apontavam para um sucesso quase que instantâneo da Unasul e do CDS, trazendo uma percepção otimista para as recém-criadas instituições, como a de Serbin (2009), reforçando o papel de liderança do Brasil e a importância da cooperação em defesa para a PEB do período. É mister notar que o emprego da nova diplomacia de defesa pelo Brasil deve ser lido como uma ferramenta do hegêmona regional para a criação de novos regimes, nos moldes sugeridos por Keohane (2005), o que reforça a importância do crescimento proporcional de recursos, via transferência de equipamentos e tecnologia, sugerido em Rezende (2015), para evitar uma corrida armamentista na região.

Outro órgão importante na cooperação em defesa ligado à Unasul era o Centro de Estudos Estratégicos de Defesa (Ceed). Ainda que seu objetivo fosse, e que tenha funcionado como depositário de documentos importantes concebidos pelo CDS, como o documento final que estabelece a metodologia para medição dos gastos em defesa na América do Sul (CDS, 2011), o Ceed não operava sem críticas por seu insulamento militar.

Talvez o mais importante objetivo de institucionalização almejado pelo CDS tenha sido a Esude. Tinha por objetivo atuar "por meio da capacitação através do ensino e pesquisa sobre temáticas comuns à região, que contribuam para o avanço gradual de uma visão compartilhada em matéria de defesa e segurança regional" (Ministério da Defesa, 2017). Essa escola teve vida ainda mais breve. Tendo sido criada em 2014, suas atividades iniciadas em 2016 e seu ocaso vindo junto com o da Unasul em 2017, não lhe foi possível a consolidação e centralização dos cursos e treinamentos conjuntos e combinados a partir do CDS, ficando mais na promessa teórica do que tendo entregado resultados normativos de fato.

Mesmo que tenham tido vida curta, a Unasul e o CDS foram alinhamentos sem precedentes para a cooperação em defesa na América do Sul em tempos de paz. Nunca a agenda sobre o tema foi tão ampla e abarcou tantas iniciativas em um intervalo de tempo tão curto, e a cooperação em defesa teve papel importante na tentativa de construção de uma identidade sul-americana em defesa (Abdenur e Souza Neto, 2014), ainda que tal objetivo não tenha sido efetivamente concretizado (Willrich e Rezende, 2018). Por outro lado, desde a crise do governo Rousseff, e mais acentuadamente nas gestões de Michel Temer e Jair Bolsonaro, o Brasil passou a ser bem menos protagônico, o que esvaziou a importância da Unasul e do CDS nas crises vividas pela região a partir de 2014.

O congelamento da participação do Brasil e sua retirada da Unasul pelos governos Temer e Bolsonaro, respectivamente, deram fim à breve experiência da nova diplomacia de defesa na região, jogando uma pá de cal no uso da cooperação em defesa como instrumento de política externa brasileira via organizações internacionais regionais (Vaz, Fuccille e Rezende, 2017; Bragatti e Miranda, 2018; Mijares e Nolte, 2018).

Os relacionamentos bilaterais em defesa

Para além do ambiente institucional da Unasul e CDS, precisamos também entender como a cooperação em defesa aconteceu bilateralmente nesse período. Acordos bilaterais, de maneira geral, são mais fáceis de serem negociados (Waltz, 1979) e de levarem a cooperações mais profundas do que os multilaterais (Urpelainen, 2012). O desenho desses alinhamentos será definido em função da confiança dos atores envolvidos (Mattes, 2012). Quando analisamos os acordos e tratados bilaterais ativos do Brasil com os demais membros da Unasul, sumarizados no quadro 1, constatamos algumas observações importantes. A primeira delas é a grande quantidade de acordos assinados durante os governos de Lula da Silva em comparação com o período posterior. Entre 2003 e 2010, foram assinados, ao todo, 15 acordos, e oito estão em vigor. Ao todo, entre acordos bilaterais vigentes ou em tramitação e com assinatura próxima, temos um total de 24. Apenas nove foram assinados antes do governo Lula da Silva e mais nenhum foi assinado pelos governos que o sucederam. Esses acordos são relevantes para a demonstração de como a cooperação em defesa serviu aos propósitos da PEB no período.

Houve acordos em defesa celebrados com todos os países-membros da Unasul neste levantamento. O acordo bilateral com a Colômbia sobre cooperação em defesa merece uma visão cuidadosa. 2008, ano de assinatura do tratado, é também o ano de negociação e formação da Unasul, em abril, e do CDS, em dezembro. O Brasil foi o país que capitaneou a criação de ambos, e a Colômbia, o país que mais mostrou resistência a essas criações na época. É possível sugerir que o tratado bilateral ajudou o Brasil na persuasão da Colômbia para seu ingresso na Unasul, em um esforço brasileiro para coadunar os subcomplexos regionais de segurança da América do Sul (Fuccille e Rezende, 2013).

O Paraguai é o país que mais tem acordos bilaterais em defesa e assuntos militares com o Brasil, totalizando seis tratados. Já Bolívia, Chile, Guiana, Honduras, Suriname e Uruguai possuem apenas um acordo bilateral cada no domínio da defesa com o Brasil, todos assinados durante os primeiros mandatos de Lula.

Sobre o perfil da cooperação bilateral do Brasil, em 2013, o então coronel José Mario Alves de Souza, da Divisão de Cooperação Internacional do Ministério da Defesa do Brasil (informação verbal), afirmou que havia dois tipos: a bilateral propriamente dita, em que existe intercâmbio de benefícios e de conhecimento, e a cooperação técnico-militar, na qual havia mais transferência do Brasil para a outra parte, com o compromisso de elevar os recursos e capacidades do outro Estado. Na segunda, houve no período uma parceria inédita entre o Ministério da Defesa (MD) e a Agência Brasileira de Cooperação (ABC), do Ministério das Relações Exteriores (MRE), o que aproximou os dois ministérios. Esse ponto foi reforçado pelo ministro Rodrigo Baena, assessor especial para assuntos de defesa da Secretaria-Geral do Itamaraty em 2013, que enfatizou o fato de, pela primeira vez, haver um militar (coronel Afonso da Costa) trabalhando no Itamaraty (informação verbal, 2013). Pelo aspecto das relações civil-militares, esta presença é importante, entendendo-a como parte de uma concertação entre as pastas da Defesa e das Relações Exteriores. Lembremos que o ministro da Defesa na época era Celso Amorim, um diplomata, que levou consigo outros servidores do MRE para dentro do MD.[2]

---

2 Além de outros nomes em funções que se alternaram no período, o chefe de gabinete de Amorim, Luiz Feldman, era também diplomata cedido pelo MRE. Não foi a primeira vez que um diplomata assumiu o Ministério da Defesa nas gestões petistas. O primeiro deles foi José Viegas Filho (2003-2004), que, contudo, saiu do ministério após uma crise de insubordinação militar envolvendo uma nota de cunho político pelo Exército brasileiro sem o aval do MD.

Quadro 1 | Acordos e tratados bilaterais do Brasil em defesa e assuntos militares com os demais países da América do Sul, com ano de assinatura e *status* (2003-2022)*

Tema do tratado / País	Argentina	Bolívia	Chile	Colômbia	Equador	Guiana	Honduras	Paraguai	Peru	Suriname	Uruguai
Cooperação em matéria de defesa	2005 - Vigente	2007 - Em tramitação	2007 - Em tramitação	2008 - Vigente	2007 - Vigente	2009 - Em tramitação	2007 - Em tramitação	2007 - Em tramitação	2006 - Em tramitação	2008 - Em tramitação**	2010 - Em tramitação
Combate ao tráfego de aeronaves envolvidas em atividades ilícitas internacionais	2002 - Vigente			1997 - Vigente				2000 - Vigente	1999 - Em Tramitação		
Provisão de apoio às operações da Missão de Observadores Militares Equador-Peru (Momep-II)					1998 - Em tramitação				1998 - Em tramitação		
Ajuste complementar ao acordo de cooperação científica e tecnológica militar	2005 - Vigente										
Cooperação entre ministérios da Defesa				2003 - Vigente							
Cooperação militar								1995 - Vigente			

Tema do tratado / País	Argentina	Bolívia	Chile	Colômbia	Equador	Guiana	Honduras	Paraguai	Peru	Suriname	Uruguai
Funcionamento de estações de rádio para serviço de assistência a aeronaves militares								1974 - Vigente			
Criação de uma missão técnica aeronáutica brasileira em Assunção								1982 - Vigente			
Mecanismos 2+2 dos ministérios da Defesa e das Relações Exteriores								2007 - Vigente			
Cooperação em proteção e vigilância da Amazônia									2003 - Vigente		

* Dados extraídos da plataforma Concórdia, do Ministério das Relações Exteriores, até 17 set. 2022. A situação é idêntica às consultas prévias realizadas até 2013, indicando ou um desinteresse político em celebrar novos acordos ou um descaso do MRE na atualização dos tratados internacionais brasileiros.

** Esses acordos constavam na plataforma Concórdia nas consultas realizadas em 2013, mas não apareceram nas consultas de 2022.

Fonte: elaborado pelo autor com dados extraídos da plataforma Concórdia. Disponível em:<https://concordia.itamaraty.gov.br/>. Acesso em: 17 set. 2022.

Na época, a ABC provia o transporte dos militares sul-americanos que vinham fazer cursos no país, além de uma ajuda de custo para os gastos nos dias em que não havia treinamento – uma vez que, durante os exercícios, os gastos eram suportados pelas academias militares. Havia encontros periódicos para a discussão da agenda de defesa, anuais ou bienais, mantidos pelo Brasil com outros países da América do Sul. Com o Paraguai e o Uruguai não havia encontros bilaterais, uma vez que há missões militares permanentes do Brasil nesses países. Além dos encontros bilaterais, houve aqueles multilaterais, como o Encontro Tripartite, entre Brasil, Colômbia e Peru, em nível conjunto de forças (coronel Mario, ministro Rodrigo Baena e tenente-coronel Salonski, informação verbal, 2013). Ainda que já existissem iniciativas semelhantes antes, estas foram robustecidas nos anos de funcionamento do CDS/Unasul (Rezende, 2015).

Segundo Ramírez (2009), brasileiros e colombianos sempre foram muito afastados e, ainda que as relações comerciais e a preocupação de ambos com o aspecto de segurança regional os tenham aproximado, a parceria militar da Colômbia com os Estados Unidos é um fator que reavivou as desconfianças de ambos. Contudo, havia espaço para uma continuidade dos processos de concertação mútua. Identificamos, em especial, o processo de negociação bilateral que levou tanto ao acordo de cooperação em matéria de defesa (Concórdia, s.d.) quanto à própria criação do CDS.

Arellano (2009) apontava uma preocupação com relação ao futuro da relação entre Brasil e Venezuela, uma vez que, na época, os projetos de cooperação coordenados pelos presidentes Lula e Chávez entravam em choque em diversos pontos. O modelo brasileiro, menos desafiador do *status quo* global, acabou vencendo, dando luz à Unasul. Ainda assim, durante o governo Lula, houve iniciativas importantes de aproximação bilateral, como a criação do Grupo de Países Amigos da Venezuela e a mediação da crise com Colômbia e Equador, já pela Unasul.

Nas crises domésticas venezuelanas após a morte de Chávez e no difícil relacionamento entre o governo Maduro e a oposição, já no governo Rousseff, o papel do Brasil foi importante para que a Unasul fosse defendida como entidade mediadora, em lugar da OEA, nos anos deste estudo. Ainda que essas iniciativas possam ser vistas pela ótica do Brasil de tentar manter os EUA afastados dos problemas regionais, não houve aprofundamento das relações com a Venezuela nos governos que se seguiram.

Um dos aspectos importantes para a cooperação em defesa, segundo o general César Augusto Nardi de Sousa, então subchefe de Política e Estratégia do Ministério da Defesa do Brasil e responsável pela representação brasileira no CDS, eram os cursos comuns de formação doutrinária (informação verbal, 2013). Houve, nesse sentido, alguns avanços importantes durante os anos de vida do CDS. Destacamos o desenvolvimento do Curso Avançado de Defesa Sul-Americano (CAD-SUL), oferecido pela Escola Superior de Guerra (ESG); o Curso Superior de Defesa, oferecido na Escola de Comando e Estado-Maior do Exército (Eceme); e o Curso de Altos Estudos de Política e Estratégia (Caepe), ofertado pela ESG de Brasília. Além do CAD-SUL, havia, continuamente, a presença de estudantes de outros países nesses cursos. Contudo, não havia uma constância, e os dados são, na maioria dos casos, pouco acessíveis. Ainda assim, é importante a conexão, no período, entre os objetivos de política externa e de defesa brasileiros, e no uso da nova diplomacia de defesa como forma de aumentar a influência do Brasil na região.

Além dos intercâmbios de estudantes militares, o Brasil desenvolveu as cooperações bilateral e multilateral em seus exercícios de patrulhamento de fronteira. Segundo o ministro Rodrigo Baena, em todas as operações Ágata, todos os países fronteiriços foram convidados a enviar observadores, e grande parte o fez (informação verbal, 2013). Em alguns momentos, segundo o então ministro da Defesa Celso Amorim, houve, até mesmo, cooperação ativa desses países (informação verbal, 2013). Essas operações são combinadas e têm a coordenação e supervisão do MD, em parceria com o Ministério da Justiça e o Ministério da Fazenda e em coordenação também com outros órgãos estaduais e federais, de acordo com os *Livros brancos de defesa nacional* brasileiros (Brasil, 2012a, 2016a, 2020a).

Já as operações interaliadas que não são conjuntas são organizadas pelas próprias forças, o que lhes dá uma grande independência de ação, mas indicam uma baixa subordinação delas ao poder civil, representado pelo Ministério de Defesa. Essas operações são apresentadas nos quadros 2, 3 e 4.[3]

---

[3] Esses exercícios militares dos quadros 2, 3 e 4 são tanto bilaterais quanto multilaterais que não envolvam organizações internacionais. Colocamos apenas os países da América do Sul presentes em cada um dos exercícios, não significando, contudo, que sejam apenas esses seus membros. O total absoluto dos exercícios não corresponde à soma dos totais dos países, uma vez que muitos deles eram multilaterais e se repetem nas contagens individuais dos partícipes.

Ao observá-las, temos conclusões curiosas. Ainda que o Exército seja a maior força brasileira em número de contingente, ele não é a força com maior intercâmbio militar na região. Na verdade, em todo o período analisado, o Exército foi a força que realizou menos intercâmbios, sendo apenas um entre 2010 e 2011; quatro entre 2013 e 2015; e quatro entre 2016 e 2019 (Brasil, 2012a, 2016a, 2020a).

Quadro 2 | Os exercícios militares interaliados de cada força do Brasil com os países sul-americanos entre 2010 e 2011

País/Força	Exército	Marinha	Força Aérea	TOTAL
Argentina		ASPIRANTEX, PANAMAX, FRATERNO XXVIII, PAMPAREX, ACRUX V, UNITAS LII FASE I e II, FRATERNO XXIX, UNITAS LI, INTERCAMBIO SUR	COOPERACIÓN, CRUZEX V	11
Bolívia			COOPERACIÓN, BOLBRA I	2
Chile	COMPETIÇÃO FUERZAS COMANDO	INTERCAMBIO SUR, PANAMAX	ANGEL THUNDER, COOPERACIÓN CRUZEX V	5
Colômbia	COMPETIÇÃO FUERZAS COMANDO	BRACOLPER, INTERCAMBIO SUR, PANAMAX	ANGEL THUNDER, COOPERACIÓN	6
Equador	COMPETIÇÃO FUERZAS COMANDO	INTERCAMBIO SUR, PANAMAX	COOPERACIÓN	4
Guiana		CARIBEX		1
Paraguai	COMPETIÇÃO FUERZAS COMANDO	PLATINA, ACRUX V, INTERCAMBIO SUR, PANAMAX	BOIADEIRO, COOPERACIÓN	7
Peru	COMPETIÇÃO FUERZAS COMANDO	BRACOLPER, INTERCAMBIO SUR, PANAMAX	COOPERACIÓN, PERBRA IV	6
Suriname				0
Uruguai	COMPETIÇÃO FUERZAS COMANDO	ASPIRANTEX, PAMPAREX, DIPLOMEX I, DIPLOMEX II, INTERCAMBIO SUR, PANAMAX	COOPERACIÓN, CRUZEX V	9
Venezuela		VENBRAS	COOPERACIÓN, CRUZEX V	3
TOTAL	1	15	6	22

Fonte: elaborado pelo autor com dados de Brasil (2012a).

Quadro 3 | Os exercícios militares interaliados de cada força do Brasil com os países sul-americanos entre 2013 e 2015

País/Força	Exército	Marinha	Força Aérea*	TOTAL
Argentina	YAGUARETÉ, GUARANI, DUENDE, SACI	ASPIRANTEX, PAMPAREX, ACRUX, DIPLOMEX, UNITAS LIII, FRATERNO, UNITAS LIV, UNITAS LANT	CRUZEX, COPERACIÓN II (Virtual), SALITRE	16
Bolívia		BRASBOL, ACRUX	BOLBRA II, CRUZEX C2	4
Chile		UNITAS LANT	PANAMAX, CRUZEX C2, SALITRE, FLECHA, SALITRE	6
Colômbia		BRACOLPER, UNITAS LIV	COLBRA IV, PANAMAX, ANGEL DE LOS ANDES, AMAZONAS, CRUZEX C2,	7
Equador			CRUZEX C2	1
Guiana		CARIBEX		1
Paraguai		PLATINA, ACRUX	PANAMAX, CRUZEX C2, PARBRAIII, PARBRA III	6
Peru		BRACOLPER, BRAPER	PERBRA V, PANAMAX, AMAZONAS, CRUZEX C2, PERBRA V, COOPERACIÓN III	8
Suriname		CARIBEX		1
Uruguai		ASPIRANTEX, PAMPAREX, ACRUX, DIPLOMEX, UNITAS LIII, ATLANTIS II/III, UNITAS LANT	CRUZEX C2	8
Venezuela			CRUZEX C2, VENBRA VI	2
TOTAL	**4**	**14**	**13**	**31**

* Apesar da repetição de alguns exercícios interaliados, casos de PARBRA III e PERBRA V, a informação está correta, uma vez que foram exercícios distintos, com objetivos diversos, ainda que sob o mesmo nome (Brasil, 2016).

Fonte: elaborado pelo autor com dados de Brasil (2016a).

Quadro 4 | Os exercícios militares interaliados de cada força do Brasil com os países sul-americanos entre 2016 e 2019

País/Força	Exército	Marinha	Força Aérea	TOTAL
Argentina	AMAZONGLOG-2017, GUARANI - Exercício trienal (2017 a 2019), ARUNDU - Exercício trienal (2018 a 2020)	ASPIRANTEX, DIPLOMEX, UNITAS LIX FASE I e II, UNITAS LIX I e II, FRATERNO, UNITAS LANT, EXERCÍCIO DE COOPERAÇÃO EM CASOS DE DESASTRES	COOPERACIÓN, PEGASUS	12
Bolívia				0
Chile		UNITAS LANT	PANAMAX, CRUZEX, PEGASUS	4
Colômbia	AMAZONGLOG-2017	BRACOLPER	AMAZONAS, PANAMAX, MOBILITY GUARDIAN, ANGEL DE LOS ANDES, PEGASUS	7
Equador				0
Guiana		CARIBEX		1
Paraguai	PARANÁ - Exercício bienal (2018 a 2019)	ACRUX	PANAMAX	3
Peru	AMAZONGLOG-2017	BRACOLPER,	COOPERACÍON, AMAZONAS, PANAMAX, MAPLE FLAG, CRUZEX, PEGASUS	8
Suriname		CARIBEX		1
Uruguai		ASPIRANTEX, DIPLOMEX, UNITAS LIX FASE I e II, UNITAS LIX I e II, ATLANTIS	COOPERACÍON, CRUZEX, PEGASUS	8
Venezuela				0
TOTAL	**4**	**11**	**8**	**23**

Fonte: elaborado pelo autor com dados de Brasil (2020a).

A força brasileira que mais esteve presente em exercícios interaliados com os Estados da América do Sul foi a Marinha, que realizou 15 atividades entre 2010 e 2011, 14 entre 2013 e 2015 e 11 entre 2016 e 2019. A Força Aérea realizou respectivamente seis, 13 e oito exercícios nos períodos analisados.

Pelo viés dos países envolvidos, o maior número de exercícios interaliados foi com a Argentina: 11 entre 2010 e 2011, 16 entre 2013 e 2015 e 12 entre 2016 e 2019. Em sequência, com destaque, aparecem o Uruguai, com, respectivamente, nove, oito e oito; o Peru com seis, oito e oito; Colômbia com seis, sete e sete; e o Paraguai, com sete, seis e três exercícios interaliados. O país que teve menos exercícios com o Brasil foi o Suriname, com apenas um exercício nos períodos de 2013 a 2015 e 2016 a 2019.

A análise dos quadros 2, 3 e 4 nos permite observar que, nos três períodos em foco, foi entre 2013 e 2015, auge da Unasul, que mais exercícios interaliados foram realizados, com um total de 31, em contraposição a 22 nos anos iniciais e 23 exercícios no último período, quando a Unasul já entrava em ostracismo. Isso reforça nossa hipótese de como a cooperação em defesa foi uma ferramenta importante da política externa nos anos de existência da Unasul, em linha com a nova diplomacia de defesa – algo, segundo Almino (2002), incomum na relação entre as políticas externa e de defesa no Brasil.

Se, no governo de Fernando Henrique Cardoso, Alsina Jr. (2003) apontava que não havia articulação entre as políticas externa e de defesa no Brasil, vemos aqui como, em especial nos anos Lula (2003-2010), houve esforços significativos de aumentar os acordos regionais de cooperação em defesa, algo que não foi continuado nos governos seguintes. Também vimos que o auge da Unasul e do CDS foi também o período em que houve mais exercícios militares com os países sul-americanos, que, igualmente, diminuíram nos governos que se seguiram, mostrando a excepcionalidade do período.

Efeitos e considerações da cooperação em defesa como instrumento da PEB

Por mais que a cooperação em defesa tenha sido utilizada enquanto instrumento da PEB tanto na Unasul quanto paralelamente em acordos e exercícios militares com os países da América do Sul nos anos analisados, a ausência de continuidade fez com que essas iniciativas promissoras rapidamente se tornassem irrelevantes. No entanto, foi através do CDS/Unasul que notamos o emprego da nova diplomacia de defesa pelo Brasil como forma de, como Cottey e Forster (2004) definem o conceito, promover o engajamento estratégico junto aos seus vizinhos sul-americanos, tendo seu auge acontecido durante os dois primeiros mandatos de Lula da Silva. Se a diplomacia de defesa serve tanto ao propósito de aumentar a segurança regional quanto a global pela perspectiva da sociedade internacional mediante práticas sociais envolvendo civis e militares (Silva, 2018), o experimento sul-americano do CDS/Unasul foi um exemplo de como ela pode servir como instrumento de integração política. E, no caso brasileiro, de como essas iniciativas fizeram da cooperação em defesa um importante instrumento de política externa para sua própria região no início do século XXI.

Todavia, mesmo nesse período em que a cooperação em defesa serviu aos propósitos da PEB, aspectos relevantes da nova diplomacia de defesa não foram plenamente observados e/ou desenvolvidos. Um dos que merece destaque é o estado das relações civil-militares (RCMs) brasileiras. André Blower apontava a Unasul e o CDS como um *locus* potencial para o desenvolvimento de RCMs equilibradas nos países da região, em especial no Brasil. Segundo seu argumento, os impactos da agenda da Unasul no Brasil estariam no centro "do campo das vinculações entre Estado, sociedade e forças armadas" (Blower, 2014:141). A despeito de apregoar um suposto desconhecimento civil da agenda de defesa, seu argumento evidencia um dos aspectos que nos parecem centrais para entender as RCMs do período: a efetiva ocupação dos militares brasileiros.

Tanto pela institucionalização da Unasul e suas instâncias quanto pela alta participação brasileira na Missão de Estabilização do Haiti (Minustah, 2004-2017), houve um direcionamento ocupacional dos militares em questões externas como nunca observado desde o final da Segunda Guerra Mundial (Castro e Marques, 2019). Isso possibilitou que eles passassem a atuar em linha com a PEB do período (Aguilar e Mendonça, 2021), que buscava assegurar o papel de liderança e de ator unipolar do Brasil na América do Sul (Rezende, 2015).

A ocupação dos militares brasileiros os manteve relativamente distantes da vida política nacional, ao menos até 2011/2012, quando da instalação da Comissão Nacional da Verdade, além do fim da Minustah em 2017 – mudanças estas trabalhadas respectivamente por Gallo (2024) e Kenkel, Siman e Santos (2024) neste mesmo livro. Tal inflexão trouxe de volta os militares à vida política do Brasil, também sob influência das experiências pessoais que comandantes e comandados tiveram na Minustah (Castro e Marques, 2019), mantendo o histórico de intervenções dos militares na política explorado no primeiro volume desta coletânea.

Se, por um lado, Cottey e Forster (2004) apontam a nova diplomacia de defesa como um instrumento de equilíbrio das relações civil-militares, a curta experiência de seu emprego pelo Brasil não pôde assegurar tal balanço. Houve aspectos positivos nos primeiros anos, uma vez que as políticas defendidas pelo Brasil no CDS espelhavam os documentos de defesa brasileiros, atualizados a partir dos governos Lula, e que, por sua vez, partiam da concepção de política externa amoriniana. No entanto, o CDS acabou por consolidar-se como um órgão majoritariamente militar, dificultando o já difícil diálogo civil-militar na América do Sul e distanciando ainda mais o conselho da esfera política (Saint-Pierre, 2013). Isso contribuiu para a posterior desvinculação da cooperação em defesa dos objetivos da PEB – o que, portanto, contraria a expectativa da nova diplomacia de defesa.

Aguilar e Mendonça (2021) reforçam que a conexão das políticas de defesa e externa aconteceu no período estudado, mas que o desengajamento brasileiro fez com que ficasse mais no papel do que em um exercício prático duradouro. Não podemos afirmar que qualquer um dos cinco pontos de incremento das RCMs que a nova diplomacia de defesa potencialmente traz, segundo Cottey e Forster (2004), pôde ser observado ao final da experiência CDS/Unasul (controle político dos militares, controle civil da agenda de defesa, supervisão parlamentar e legislativa, emprego dos direitos humanos e justiça, e engajamento da sociedade civil). Se a ocupação dos militares brasileiros em funções externas é necessária para um equilíbrio doméstico das RCMs, é um sinal que estas não corroboraram as expectativas dos autores.

No período entre o final do primeiro mandato de Rousseff, em 2014, e o fim do governo Bolsonaro, em 2022, acentuou-se o caráter de recuo da inserção internacional brasileira via cooperação em defesa. De uma participação em política externa *ativa e altiva*, retomando o mote de Celso Amorim nos anos Lula e no primeiro mandato de Rousseff (Amorim, 2012), o Brasil passou para um papel de baixo engajamento internacional. O último encontro dos ministros da Defesa sul-americanos de 2014, por exemplo, teve uma ausência notável: o ministro da Defesa brasileiro – demonstrando claro desinteresse do país junto ao CDS/Unasul ainda nas gestões do PT. O avião de treinamento conjunto Unasul 1, o projeto de Vant, assim como a metodologia comum para o inventário militar sul-americano (que virou realidade nos últimos anos do CDS e contribuiu para a diminuição das desconfianças dos partícipes) acabaram abandonados por falta de uma liderança que levasse adiante o projeto. Após o *impeachment* de Rousseff, o desengajamento se acelerou no governo Temer, que suspendeu a participação brasileira na Unasul, e se consolidou na gestão Bolsonaro, que retirou o país da instituição.[4] Não houve a celebração de mais nenhum acordo de cooperação na área de defesa entre o Brasil e qualquer outro país da América do Sul nesse período, e diminuíram os cursos e exercícios militares conjuntos. Os militares brasileiros voltaram para a casa e para a política, retomando velhos hábitos.

Ainda que tenha tido vida breve, a experiência da nova diplomacia de defesa vivida, mesmo que de forma inconstante, durante os governos petistas, mostrou como a cooperação em defesa do período funcionou temporariamente como ferramenta da política externa brasileira na região. Ao mesmo tempo, o CDS e a Unasul evidenciaram os limites desse tipo de alinhamento sem um esforço contínuo e consistente de uma liderança política. Ao contrário da expectativa de Keohane (2005), os regimes cooperativos em defesa não sobreviveram à ausência do unipolo regional. Cottey e Forster (2004) apontam que, para que seja bem-sucedida, a nova diplomacia de defesa precisa de investimentos longos e contínuos, algo que a inconstância brasileira, apontada por Aguilar e Mendonça (2021), impediu que fosse consolidado.

À conclusão deste capítulo, Lula terminava o primeiro ano de seu terceiro mandato, duas décadas depois de sua chegada ao poder pela primeira vez. Apesar de ter demonstrado, durante a campanha eleitoral e nos primeiros meses de sua gestão, um interesse em reavivar a Unasul, no primeiro encontro entre presidentes da América do Sul de seu novo mandato, Lula teve frustrada a tentativa de reavivar a instituição por parte de algumas lideranças. Gabriel Boric, presidente do Chile, Luis Lacalle Pou, presidente do Uruguai, e Mário Abdo Benítez, presidente do Paraguai vetaram qualquer menção à Unasul na declaração final do encontro, em maio de 2023 (Coletta e Machado, 2023). Caberá observar, nos anos vindouros, se a cooperação em defesa voltará a ser usada como ferramenta de política externa ou se a nova diplomacia de defesa na América do Sul foi uma curta, excepcional e temporalmente localizada experiência na história da inserção internacional brasileira.

---

4 Enquanto um ato do poder Executivo brasileiro, é questionável a legalidade da saída do Brasil da Unasul, uma vez que cabe ao poder Legislativo confirmar a adesão ou a saída do país de acordos internacionais.

Entrevistas

Professor Antonio Jorge Ramalho da Rocha. Diretor do Instituto Pandiá Calógeras, do Ministério da Defesa da República Federativa do Brasil, assessor especial do ministro da Defesa e professor da Universidade de Brasília. Entrevista realizada em seu gabinete, no Ministério da Defesa, em Brasília/DF, em 12 de julho de 2013.

Ministro de Estado embaixador Celso Amorim. Ministro da Defesa do Brasil. Entrevista realizada em seu gabinete, no Ministério da Defesa da República Federativa do Brasil, em Brasília/DF, em 24 de maio de 2012.

General de divisão César Augusto Nardi de Souza. Subchefe de Política e Estratégia do Ministério da Defesa da República Federativa do Brasil. Entrevista realizada em seu gabinete, no Ministério da Defesa, em Brasília/DF, em 12 de julho de 2013.

Coronel de infantaria José Mario Alves de Souza. Subchefia de Assuntos Internacionais/Chefia de Assuntos Estratégicos (Scai/CAE) do Ministério da Defesa da República Federativa do Brasil. Entrevista realizada no Ministério da Defesa, em Brasília/DF, em 11 de julho de 2013.

Tenente-coronel Luiz Henrique Salonski da Silva. Subchefia de Assuntos Internacionais/Chefia de Assuntos Estratégicos (Scai/CAE) do Ministério da Defesa da República Federativa do Brasil. Entrevista realizada no Ministério da Defesa, em Brasília/DF, em 11 de julho de 2013.

Ministro Rodrigo de Lima Baena Soares. Assessor especial para assuntos de defesa da Coordenação de Assuntos de Defesa da Secretaria-Geral do Ministério das Relações Exteriores da República Federativa do Brasil. Entrevista realizada em seu gabinete, na Secretaria-Geral do Ministério das Relações Exteriores, em Brasília/DF, em 9 de julho de 2013.

8. Forjando o escudo de Minerva: as mulheres nas forças armadas brasileiras*

Maria Cecília de Oliveira Adão
Suzeley Kalil

Introdução

O objetivo deste capítulo é acompanhar o processo de incorporação das mulheres às forças armadas brasileiras, iniciado nos anos 1980 e que se torna pleno em 2012, com a efetiva abertura das escolas de formação de oficiais às mulheres. Utilizando as lentes dos estudos de gênero, e ancorando-se nas resoluções da ONU que impulsionam a transversalidade de gênero em âmbito internacional, pretende-se estudar como é construída a identidade da mulher militar, as funções que lhe são destinadas no meio castrense, sua participação nas diferentes missões atribuídas às forças armadas, se há mudanças nas relações de gênero e se essas apontam para o incremento da equidade no âmbito militar brasileiro.

Quando se comparam as três forças, nota-se que o processo de incorporação das mulheres, iniciado nos anos 1980 e ainda não findado, foi marcado por diferenças profundas no ritmo e amplitude da incorporação em cada uma delas. Cabe dizer que este é um trabalho investigativo que não tem como objetivos descrever a percepção das forças armadas sobre a presença de homossexuais e transexuais em suas fileiras. Por isso, adverte-se que não se trata de um estudo de gênero, mas sobre mulheres. Ainda assim, adota-se uma perspectiva de gênero para a análise.

Como em qualquer categoria analítica, não é fácil delimitar um fenômeno a uma categoria. E gênero é uma categoria bastante fluida, pois é muito mais

* A redação deste texto só foi possível pelo inestimável trabalho de levantamento de dados realizado por Ana Carolina Faustini Miguel, graduada em relações internacionais pela Faculdade de Ciências Humanas e Sociais da Universidade Estadual Paulista (FCHS/Unesp, *campus* de Franca), a quem registramos nossos agradecimentos.

opaca que classe e etnia. Segundo Roudinesco e Plon (apud Moraes, 2002:41-42), gênero é um termo

> derivado do latim *genus* e é utilizado pelo senso comum para designar qualquer categoria, grupo ou família que apresente os mesmos sinais em comum. Empregado como conceito pela primeira vez em 1964, por Roberto Stoller, serviu inicialmente para distinguir o sexo (no sentido anatômico) da identidade (no sentido social ou psíquico). Nessa acepção, portanto, o gênero designa o sentimento (social ou psíquico) da identidade sexual, enquanto o sexo define a organização anatômica da diferença entre macho e fêmea [...]. Por esse ponto de vista, o gênero é uma entidade moral, política e cultural, isto é, uma construção ideológica, enquanto o sexo se mantém com uma especificidade anatômica.

De toda forma, as teorias feministas mais recentes sugerem uma superposição entre sexo e gênero e tomam ambos como construções socioculturais dos papéis sociais entre homens e mulheres, segundo proposta de Judith Butler (2003), em contraposição às concepções feministas mais tradicionais, para as quais sexo seria um atributo biológico, enquanto gênero uma construção social. Hoje, há consenso em aceitar que há três classes de atributos aos seres humanos: sexo, gênero e orientação sexual. Estes contribuem, inclusive, para a desnaturalização desses conceitos socialmente construídos e para a diferenciação entre o *homo sapiens* e os outros animais.

Há ainda um quarto elemento chamado identidade de gênero, que representaria as construções socioculturais relativas aos papéis esperados pela sociedade para cada um dos sexos. Reforce-se que tais atributos são superpostos, construídos como que em camadas ao longo da constituição do indivíduo enquanto pessoa. Ressaltamos que todas essas categorias são relacionais, ou seja, não se pode falar em gênero, sexo, orientação sexual e em identidade de gênero no singular; sempre estamos nos referindo a papéis sociais no plural (Giannini e Mathias, 2018).

Ainda, a identidade de gênero diz respeito à forma na qual cada indivíduo se sente confortável ou confrontado nos papéis dele exigidos na sociedade (Piscitelli, 2002), ou seja, desde a tenra idade, vão-se construindo comportamentos ditos "naturais" para cada sexo, sendo que estes descrevem também as relações de poder. Tais papéis, na identidade ocidental, fazem do homem sujeito e da mulher objeto nas relações sociais (Scott, 1996:274). Na classificação contemporânea, o elemento que distingue uma variada gama de identidades, e a forma como a própria pessoa se assume está além dos polos mulher-homem, e inclui pessoas transgênero, gênero fluido, gênero *queer* etc. Nesse sentido, as *drag queens* seriam um exemplo de identidade de gênero (Senkevics, 2012; Passos, 2012). Em todos esses casos, essa identidade pauta-se também nas disputas de poder entre os gêneros.

Na discussão aqui proposta, outra categoria deve ser somada, a de militar, membro das forças armadas, o que diz respeito a uma categoria construída a partir da imputação de papéis sociais a indivíduos de uma dada organização. É verdade que ao falar em forças armadas estamos nos referindo a uma instituição, que pode ser analisada de diferentes perspectivas. Porém, há consenso na literatura de que a construção do *ethos* militar é profundamente diferente daquele de qualquer outra profissão, podendo ser comparada àqueles que são produto das instituições totais (Goffman, 1987). Nesse sentido, pode-se dizer que da mesma forma que ser mulher não é natural – nas palavras de Beauvoir (1980:9), "ninguém nasce mulher, torna-se mulher" –, ser militar é uma construção social. Em outras palavras, apresentamos como hipótese que a construção da identidade militar é semelhante àquela da construção da identidade de gênero: militar seria um terceiro gênero, nem masculino e nem feminino, mas outro, apenas comparável ao de padres e monges.

Segundo Erving Goffman, as instituições totais, como as forças armadas, separam seus membros do restante da sociedade para que se constitua um novo indivíduo. Essa ruptura ocorre a partir de três atividades: (1) todos os aspectos da vida do militar são realizados em um mesmo local e sob uma única autoridade; (2) as atividades diárias são realizadas em conjunto sob um mesmo conjunto de regras de tratamento; (3) a ordem dessas atividades e o tempo necessário para realizá-las são rigorosamente predeterminados por um conjunto de regras e pessoas. Todas essas atividades e membros da instituição militar fazem parte de um plano racional com vistas a cumprir com os objetivos oficiais da instituição (Goffman, 1987:18).

Ainda segundo Goffman (1987:23), as instituições totais não buscam uma "vitória cultural" sobre os indivíduos, mas sim manter uma "tensão permanente" com o mundo exterior. Para os objetivos aqui perseguidos, vale, então, a crítica de Celso Castro (2007:3), segundo a qual a instituição militar é uma "instituição totalizante", pois numa "academia militar [porta de entrada para qualquer força armada] busca-se justamente uma 'vitória cultural' e não criar uma 'tensão persistente'" que é extensiva inclusive à família do militar. Assim,

> A mudança de caracterização – de *total* para *totalizante* – pretende caracterizar melhor a experiência totalizadora e básica para a identidade militar, que engloba e fundamenta as características diferenciais entre militares e paisanos: a da preeminência da coletividade sobre os indivíduos. O resultado é a representação da carreira militar como uma "carreira total" num mundo coerente, repleto de significação e onde as pessoas "têm vínculos" entre si. O militar é, assim, produto de um desenvolvimento especial do individualismo moderno, posto que profundamente marcado tanto por ideais meritocráticos quanto pela hierarquia – uma espécie de "individualismo hierárquico" [Castro, 2007:5, grifo no original].

Em outras palavras, a caracterização das forças armadas como instituição totalizante reforça nossa proposta de que ser militar é uma categoria tão forte quanto gênero, e, portanto, pode-se falar em "terceiro gênero". Para o militar são impostos comportamentos que deverão desconstruir sua identidade original e colocar em seu lugar uma nova identidade.

O comportamento institucional é aquele relacionado com o que se chama função militar e plasma-se em leis e regulamentos. Já o comportamento esperado, mais informal e fluido, é determinado também pela sociedade em que este militar se insere. Os adjetivos que definem o militar são, em certa medida, os mesmos que definem os homens, o ser masculino: viril, corajoso, audacioso etc. Porém, do militar também são exigidos comportamentos que na sociedade são atribuídos (e desvalorizados) às mulheres: ele deve ser asseado – manter seu quarto/espaço "individual" impecável, seu uniforme deve sempre estar alinhado e bem passado –, deve ser exemplo de solidariedade e polidez no trato com os civis, ser obediente (o lema da Aman representa bem isso: "Cadete: ides comandar, aprendei a obedecer"), compreensivo e justo com os subordinados etc.

Constituir-se em um terceiro gênero poderia levar a crer que a inclusão da mulher nas forças armadas seria facilitada, pois o militar seria um ser híbrido. Mas isso, como veremos, não acontece. Jules Falquet (2017:61-78), estudando o serviço militar na Turquia, que é obrigatório apenas para o sexo masculino, percebido como fisicamente adequado, mostra que na preparação do ser militar a maior diferença a ser construída é não apenas com relação aos civis, mas principalmente em relação às mulheres. Falquet aponta que, nesse sentido, é mais fácil a aceitação de trans ou homossexuais na caserna, desde que estes assumam uma identidade militar compatível, isto é, adotem comportamento viril superior às mulheres. Ou seja, o militar constitui-se e entende-se um gênero superior aos outros: aos civis (ambos os gêneros) e, em particular, às mulheres.

A atividade do militar é a guerra e esta foi historicamente construída, até naturalizar-se, como atividade exclusivamente masculina e, portanto, dela estão excluídas as mulheres que, por analogia, também estão praticamente fora das atividades que a geram: a política e a diplomacia (Scott, 1996:272). Como a guerra é "naturalmente" masculina, o papel reservado às mulheres é o de vítima. Assim, nessa perspectiva, quando a mulher "ousa" rejeitar este papel, assumindo o protagonismo guerreiro, ela assume uma feição menos feminina, andrógina ou mutilada, como são exemplos as guerreiras de Lesbos ou a deusa Atena (Mathias, 2009:18). Da mesma forma, também o homem, se assume o papel de vítima ou apresenta um comportamento cauteloso no conflito, é chamado de "maricas", afeminado, pois tomou para si papéis "naturalmente" femininos ou não guerreiros. É interessante observar que, mesmo quando se quer romper com esses padrões de comportamento, repetem-se os estereótipos. Um exemplo pode ser visto no filme *Mulher maravilha* dirigido por Patty Jenkins (2017): os personagens Diana e Steve Trevor, o soldado resgatado por Diana, são dotados de inteligência emocional e enquanto tal defendem a paz; já Ares, o vilão, representa o guerreiro tradicional, que quer tudo resolver pela violência.

Deslegitimar a presença feminina na guerra não significa que elas não tenham participado delas. Ao contrário, mostra a história que sempre houve mulheres nas guerras, inclusive como combatentes. Nas guerras anteriores à modernização napoleônica, a responsabilidade pela logística era das mulheres (Lynn, 2006:202-205), e mesmo depois, como descrevem historiadores da guerra contra o Paraguai (1864-1870), se não a totalidade, boa parte do apoio logístico era fornecida por mãos femininas (Pascal, 2012).

A profissionalização das forças armadas redundou em transformar toda a atividade castrense em exclusividade masculina, restringindo-se a presença feminina às áreas administrativas e de saúde em momentos excepcionais, como nas guerras mundiais e nos conflitos guerrilheiros. Há, no entanto, uma função que a mulher desempenha na guerra que é legitimada e até consagrada por governos e líderes políticos: a de prostituta e serviçal – reproduzindo a função da esposa na vida normal, em períodos de paz.

Nos momentos de maior necessidade de mão de obra, como nas primeira (1914-1918) e segunda (1939-1945) guerras mundiais, o conflito funcionou, paradoxalmente, como um veículo de libertação feminina, pois delas era exigido deixar o lar e se dedicar à produção para a guerra ou ainda fazendo parte do corpo de soldados, inclusive como combatentes (Carreiras, 2006:8).[1] É o que lembra Svetlana Aleksiévitch ao receber o Nobel de literatura em 2015 pelo livro *A guerra não tem rosto de mulher*, publicado no Brasil em 2016 pela Companhia das Letras: "Uma vez ouvi: 'A única vez em que ficamos livres foi durante a guerra. No *front*'".

Essas falas apontam que as mulheres constituem um exército de reserva para as forças armadas (Moskos, Williams e Segal, 2000), pois verifica-se um aumento da utilização da mão de obra feminina sempre que faltam braços masculinos para a guerra. Pode-se dizer que a explicação para esta falta deriva de pelo menos três fatores: o desinteresse masculino pela profissão militar em favor de outras profissões que oferecem maior renda ou *status*; mudanças na forma como determinada sociedade percebe as ameaças; necessidade de dar uma nova imagem às forças armadas de determinado país, gerada pela participação institucional em governos autoritários e violadores dos direitos humanos (Segal, 1999; D'Araujo, 2004; Mathias e Adão, 2008).

A luta das mulheres levou, a partir de meados do século XX, à promoção de maior igualdade de gênero. Enquanto fórum global de debates para a promoção da paz, a ONU tardou a incorporar a questão de gênero no âmbito da segurança internacional. Apesar da menção à igualdade de gênero já em sua Carta Constitutiva (1948) e das conferências sobre a mulher – cidade do México, 1975; Copenhague, 1980; Nairóbi, 1985; Pequim, 1995 –,[2] foi apenas com a edição da Resolução CS nº 1.325/2000 que se adotou uma postura proativa em relação ao papel da promoção da equidade de gênero para a paz sustentável, cujo

---

1 Na Segunda Guerra Mundial, o Brasil teve um corpo de enfermeiras enviadas ao *front* e também criou grupos femininos militarizados de auxiliares de guerra (1942-1945), contingente apenas muito recentemente incorporado à história, mas sem reconhecimento enquanto militares. Ver Moreira (2020).

2 Há informações de que foi nessa conferência que se enfatizou a necessidade da entrada das mulheres na resolução de conflitos, propondo engajar ou incrementar mulheres nas forças armadas e policiais enviadas para missões de paz. Ver Oliveira (2021).

principal resultado foi o estímulo aos países no sentido de adotarem planos de ação de empoderamento das mulheres, especialmente no campo da resolução de conflitos e construção da paz (Izzo, 2009:200).

Ao longo dos quatro lustros posteriores à Resolução CS-ONU CS nº 1325/2000, o CS-ONU continuou enfatizando a necessidade de vencer a violência de gênero, especialmente em conflitos armados e em processos de reconstrução nacional, buscando erradicar a violência sexual como arma de guerra; instando os países a fomentarem medidas de equidade por meio de ações de empoderamento feminino, mormente aumentando o número de mulheres em postos de decisão e em processos de paz. As iniciativas nessa direção, indicativas da constituição de uma agenda "Mulheres, Paz e Segurança", foram plasmadas em seguidas resoluções de nºs 1.820/2008; 1.888/2009; 1.960/2010; 2.106/2013; 2.122/2013; 2.242/2015 e 2.467/2019.

Parte fundamental dessa agenda é o incentivo ao incremento da participação de mulheres nas forças de segurança (forças armadas e policiais) em contextos instáveis. A ONU reconhece, entretanto, que a limitada presença de mulheres no terreno é reflexo de sua participação nas forças armadas no âmbito nacional e, em especial, das funções que podem exercer. Ressalte-se, entretanto, que, embora a ONU insista que tais resoluções reverberam a transversalidade de gênero, sua leitura e, principalmente, sua interpretação reforçam os estereótipos consagrados para mulher e homem e, portanto, sequer tocam em gênero – que implicaria sair da dicotomia e, acima de tudo, compreender que as categorias são relacionais. Para citar um exemplo, há uma única menção à palavra gênero na Resolução nº 1.325/2000, e ela é utilizada como sinônimo de sexo. Diz o art. 13:

> [O Conselho de Segurança das Nações Unidas] solicita a todos que participem do planejamento para o desarmamento, a desmobilização e a reintegração, levando em conta as necessidades distintas dos ex-combatentes segundo o gênero, feminino ou masculino, bem como a necessidade de seus familiares.

Cabe destacar ainda a lentidão do processo de engajamento da ONU na adoção de medidas de equidade de gênero na esfera da segurança e defesa, pois já na Carta de 1945 afirmava-se a igualdade entre homens e mulheres. Da mesma forma, desde a Convenção sobre os Direitos Políticos das Mulheres, de 1953, a ONU declara que as mulheres devem ter os mesmos direitos de exercer funções públicas, bem como igualdade de direitos no exercício das mesmas funções (Dantas, 2018:34). Independentemente da lentidão, o posicionamento da ONU e a expedição de normas gerais têm grande importância, pois têm forçado países a adotar medidas em favor do engajamento de gênero em todas as esferas sociais.

Contexto das mulheres nas forças armadas no mundo

A mais poderosa força armada do mundo, com um contingente de cerca de 1,5 milhão de soldados, a dos EUA, demorou a reconhecer a função militar das mulheres. Exemplo paradigmático ocorreu com as Mulheres Pilotos de Serviço da Força Aérea (Women Airforce Service Pilots – WASPs, na sigla em inglês) que atuaram na Segunda Guerra Mundial e tiveram seus direitos militares reconhecidos apenas em 1977, incluindo as 38 que morreram em serviço entre 1942 e 1944 (Mathias, 2009). As mulheres foram incorporadas às forças armadas estadunidenses em 1948, mas a maior parte dos postos a elas franqueados situava-se na área da saúde, sendo que somente em 1976 foram admitidas nas academias militares. Dessa forma, a primeira operação comandada exclusivamente por uma mulher aconteceu somente em 2011 – Operação Odyssey Dawn, na Líbia, sob comando da brigadeiro Margaret H. Woodward. Porém apenas em 2013 elas conquistaram o direito pleno às unidades de combate (Kulkarni, 2015). Dados de 2018 indicam que o corpo feminino representa 16% da totalidade das forças armadas estadunidenses, chegando a 19% entre os oficiais.[3]

Outro país importante a mencionar é o Paquistão, pois é a única nação muçulmana que permite às militares ascenderem aos mais altos postos, sendo também exemplo de como o processo de construção da paridade não é linear. As mulheres foram incorporadas em 1948, como auxiliares do corpo médico, passando às armas combatentes em 1995 exclusivamente no Exército e, paulatinamente, já nos anos 2000, na Força Aérea. Permanece proibido o acesso feminino aos corpos combatentes da Marinha (Kulkarni, 2015). Segundo o *ranking* do Global Firepower (2021),[4] o Paquistão ocupava a 10ª posição entre

3 Disponível em: <www.cfr.org/backgrounder/demographics-us-military>. Acesso em: 25 set. 2021.
4 Disponível em: <www.globalfirepower.com/countries-listing.php>. Acesso em: 25 set. 2021.

140 países analisados. No entanto, apesar do tamanho de sua força militar, as mulheres não chegam a constituir 1% do contingente ativo.

Outro exemplo que merece ser lembrado é o do Nepal. Esse pequeno e instável país da Ásia possui um Exército de formação maoísta, o Exército Popular de Libertação (PLA, na sigla em inglês) em que a participação feminina, segundo dados de 2006, ultrapassa 30%, chegando a 40% nas armas combatentes (Horning, 2006). Esse número é ainda mais impressionante quando se leva em conta que as mulheres apenas puderam ingressar no PLA em 2003. O PLA é, assim, a força armada que mais se aproxima da paridade de gênero, o que não implica, necessariamente, que em outros campos esse equilíbrio seja replicado, ou mesmo descreva as condições de trabalho dos membros não homens no interior da força.

Há que se considerar, no entanto, que não são somente os países em guerra que têm mulheres em posição de combate. Há diversos, inclusive da América Latina, que permitem às mulheres o acesso a quaisquer atividades que queiram exercer nas forças armadas. O primeiro país a regulamentar a entrada feminina em posição de combate foi a Noruega, onde não há quaisquer restrições para mulheres. Em 2016, o país estendeu a elas também a conscrição obrigatória. O número de mulheres nas forças armadas norueguesas, no entanto, permanece ainda reduzido e não ultrapassa os 10% (Giannini, Folly e Lima, 2017).

Outros países que permitem o acesso total de mulheres às forças armadas incluem Suécia, Canadá, Alemanha, Dinamarca, Espanha, França, Polônia, Portugal e Romênia, na Europa, e Austrália e Nova Zelândia, na Oceania. Entre os países em desenvolvimento, destacam-se a África do Sul e diversos países latino-americanos que, além de permitirem a plena participação de mulheres em suas forças armadas, também as tem em uma proporção relativamente alta. Na África do Sul, mulheres chegam a representar 25% do efetivo, enquanto, na América Latina os países com maior proporção de mulheres são Chile (17,5%), Uruguai (16,9%) e Argentina (16,3%) (Giannini, Folly e Lima, 2017).

Considerando o conjunto dos países, os distintos momentos de incorporação das mulheres e as diferenças no processo de engajamento feminino nas armas combatentes, pode-se dizer que permanece atual o que dissemos tempos atrás, ou seja, que o principal motivo para tal "está intimamente relacionado com democracia e crise" (Mathias e Adão, 2008:292). Ou, em outras palavras:

> [...] são três os principais fatores que levam à integração das mulheres às forças armadas. O primeiro é a democracia que cada vez mais exige maior igualdade na oferta de oportunidades aos cidadãos. Depois, está a mudança na forma de fazer a guerra, nisto compreendendo as mudanças tecnológicas (sofisticação nos armamentos) e administrativas (gestão da guerra). O terceiro fato poderia ser chamado de psicossocial, pois é consequência da percepção dos agentes sobre a função dos militares. Isto engloba a questão econômica (proventos e benefícios) e também o prestígio da profissão, resultante tanto do grau de legitimidade castrense (crise de identidade e grau de confiança da sociedade) como da atração da profissão para o sexo masculino. Adicionalmente, o estabelecimento do voluntariado no recrutamento militar também explica a abertura [da profissão] para as mulheres [Mathias e Adão, 2008:292].

Observe-se que tais fatores podem indicar que a entrada das mulheres nas forças armadas pode atingir de maneira transformadora o *ethos* militar. É isso que defende, por exemplo, a pesquisa empreendida por Gisele Oliveira (2021), apontando que a participação feminina na Força Aérea brasileira cria uma força "cada vez mais andrógina quanto ao *ethos*". No entanto, e ao contrário, conforme outra importante investigação, embora sejam perceptivelmente substantivas as mudanças impostas à instituição militar pelo ingresso das mulheres nas forças armadas e sua inevitável ascensão aos postos de comando, os "princípios que tradicionalmente regem as forças armadas são basicamente os da disciplina e da hierarquia", e tudo indica que seguirá sendo assim. Ademais, ainda que haja menos testosterona circulando nos quartéis,

> não significa alterar o *ethos* da instituição, voltado para formar seres humanos preparados para defender a sociedade, aquilo que na versão medieval e mais tradicional tem se chamado "guerreiros', e que modernamente chamamos de "soldados" [D'Araujo, 2004:440].

Brasil

Conforme já indicado, as forças armadas são instituições de Estado localizadas em uma sociedade, refletindo, ainda que se considere que o espelho usado seja côncavo (Penido e Mathias, 2021a), as lutas e conquistas da sociedade. Focalizando especificamente o caso brasileiro, cabe lembrar que foi especialmente ao longo dos anos 1980 que as mulheres conquistaram importantes direitos e consolidaram outros. Por exemplo, foi apenas em 1981 que as mulheres "puderam jogar futebol profissionalmente [...] surgiram as primeiras delegacias voltadas para o atendimento a mulheres vítimas de violência [em São Paulo, em 1985]" (D'Araujo, 2004:432).

No âmbito da participação política, a década de 1980 mostrou engajamento feminino. Tomando como exemplo a eleição de deputadas para a Câmara Federal, tem-se a seguinte evolução: 0,8% (1978); 1,6% (1982); 4,6% (1986) – estas para Congresso Constituinte, no qual havia 26 deputadas e nenhuma senadora –; 5,8% (1990), destaque-se que o grande salto aconteceu nos anos 2000, aumentando de 8,3% em 2002 para 15% em 2018 (Brasil, 2018a). Todavia, isso não se refletiu na participação no Executivo federal: há apenas duas mulheres em cargos de ministro ou equivalente, o que representa 8,7% (IBGE, 2021).

Também data dos anos 1980 a abertura dos colégios militares (ensino fundamental) para meninas (Carra, 2017), o engajamento de mulheres nas polícias militares dos estados (exceto em São Paulo, no qual existia um corpo feminino desde 1955) e sua incorporação em academias de polícia, como a mais importante delas, a Academia de Polícia Militar do Barro Branco, em São Paulo (Denari, 2017).

Dado o impulso democratizante regional, tributário do desenvolvimento de uma cultura de maior equidade entre os sexos, a maioria dos países já havia aberto suas forças armadas para as mulheres. É nesse contexto que também no Brasil se conhece a integração feminina às forças. Primeiro na Marinha (1980), depois na Força Aérea (1982). Ressalte-se que no primeiro caso, as mulheres compunham o Corpo Auxiliar Feminino da Reserva da Marinha. Percebemos, então, que a participação das mulheres nas forças armadas, e não apenas nas brasileiras, é um processo longo, entrecortado e está longe de chegar às metas de paridade numérica preconizado pela ONU.

Antes propriamente de entrar no estudo das mulheres nas forças armadas brasileiras, cabe informar como são estruturadas tais forças. A Armada, o Exército e a Força Aérea estão estruturadas hierarquicamente em três escalões: oficiais de estado-maior; oficiais superiores e oficiais subalternos. Diferentemente de suas congêneres sul-americanas, as forças armadas nacionais não têm um suboficialato, e sim um quarto escalão (inferior hierarquicamente aos três acima relacionados) o qual inclui os soldados, cabos, sargentos e subtenentes.

O acesso ao comando de cada força singular é restrito aos oficiais de estado-maior, cuja exigência é titular-se em uma das escolas de comando e estado-maior – na Armada, a Escola de Guerra Naval (EGN-RJ); no Exército, a Escola de Comando e Estado-Maior do Exército (Eceme-RJ), e na Força Aérea, a Escola de Comando e Estado Maior da Aeronáutica (Ecemar-RJ). Consideradas escolas de pós-graduação, para ingressar em uma delas o militar deve ter antes cursado uma das academias de formação, respectivamente Escola Naval (EN), Academia Militar das Agulhas Negras (Aman) e Academia da Força Aérea (AFA).

O processo de incorporação das mulheres às três forças não foi uniforme ou linear. Ao contrário, é um processo ainda em andamento, entrecortado e lento. Afirma-se que a lentidão do processo foi necessária porque a entrada das mulheres nos quartéis implicaria mudanças importantes, tanto de infraestrutura física, as mais fáceis de resolver – mas, no caso do Brasil sempre adiadas para as calendas – quanto comportamentais. Especialmente nesse caso, a administração das forças armadas enfatizava que a incorporação feminina deveria ocorrer na exata medida que não causasse impacto no perfil do combatente ou das habilidades militares (Giannini, Folly e Lima, 2017:40).

Os argumentos contrários à entrada das mulheres nas forças armadas (FAs) são os mesmos usados para bloquear seu acesso a outras profissões, e se baseiam na suposta identidade da mulher aos papéis sociais a ela impingidos, tomados como a-históricos e naturais. Por outro lado, tomar a mudança de perfil do militar como argumento contrário à modernização das FAs é o mesmo por elas utilizado para impedir qualquer interferência no processo de educação militar (Penido e Mathias, 2021a). Tais justificativas ignoram as novas realidades tanto do desenvolvimento político (democracia) e social (demandas por equidade transversal), mas principalmente técnico – sobre a forma de fazer a guerra e construir a paz.

Sabendo-se que as FAs são instituições conservadoras por definição, aventa-se que a explicação para a resistência à mudança tem como ingrediente fundamental, no caso brasileiro, a rejeição a qualquer tipo de controle civil sobre elas, alimentada ainda mais pela forma como se realizou no país a transição do regime burocrático-autoritário para o governo democrático. Tal transição, que contou com alto controle militar, redundou que passados 30 anos de governos civis, os militares mantenham como "reserva de domínio" exclusiva a educação militar, a Justiça Militar e, a despeito da aparência de reforma, o controle sobre os serviços de informação e inteligência do Estado.

Observa-se, inclusive por parte dos analistas, que os argumentos contrários à incorporação das mulheres nas FAs são aceitos sem questionar o que seria essencial; tomam-se mudanças cosméticas, por exemplo, a incorporação de novo vocabulário, como fundamentais; ignoram-se pesquisas que mostram adaptações infraestruturais colocadas pela administração militar como barreiras à inclusão de gênero, como a edificação de banheiros exclusivos. Investigação promovida nas FAs norueguesas apontam que a adoção de banheiros e dormitórios unissex melhoraram a convivência no interior dos quartéis (Giannini, Folly e Lima, 2017:5).

Como mencionado, estamos entre aquelas que acreditam que o *ethos* militar, independentemente das mudanças provocadas pelos avanços tecnológicos e sociais, permanece o mesmo: a hierarquia e a disciplina são pilares fundamentais e indissociáveis da profissão do soldado. Assim, cabe questionar: quais habilidades militares as mulheres impactariam? Quem define essas habilidades? As novas guerras exigem um novo perfil militar?

Voltando ao tema da incorporação feminina às FAs nacionais, o quadro 1 oferece uma dimensão das diferenças entre as três forças, especialmente de ritmo dessa inclusão – o que indica também mais ou menos permeabilidade às demandas sociais.

Quadro 1 | Ingresso das mulheres nas forças armadas brasileiras

FAs	Ano	Marco legal	Corpo/Quadro/Função
Armada	1980	Lei nº 6.807/1980	Corpo Auxiliar Feminino da Reserva da Marinha (CAFRM)
Exército	1992	Lei nº 7.831/1989	Quadro Complementar de Oficiais do Exército
Força Aérea	1982	Lei nº 6.924/1981	Corpo Feminino da Reserva da Aeronáutica

Fonte: adaptado de Almeida (2015:102).

Observe-se, em primeiro lugar, que as funções para as quais as mulheres são inicialmente chamadas a contribuir não fazem parte de fato das atividades específicas das forças armadas: são corpos e quadros *apensados*, cujas funções são de caráter técnico e administrativo. Em outras palavras, embora costume-se dizer que o ingresso feminino nas FAs aconteceu no Brasil em 1980 pela criação do Corpo Auxiliar Feminino da Reserva da Marinha, o próprio título desse corpo mostra que os direitos militares não foram estendidos às mulheres: como a costela de Adão, elas representavam algo a mais e complementar à profissão. As funções que exerciam não representavam avanço na atividade-fim da Marinha, que é a defesa nacional.

Por outro lado, aspecto positivo a considerar é que tanto a Marinha quanto a Força Aérea tomaram a iniciativa de incorporar mulheres *antes* da Constituição de 1988 que, como sabemos, ainda é um marco progressista no estabelecimento de direitos iguais de toda natureza, especialmente no que se refere à determinação de buscar, ao menos na esfera pública, equidade entre homens e mulheres no exercício de suas profissões.

Outro ponto a sublinhar está na distinta forma de incorporação pelo Exército. Diferentemente das demais forças, ele não criou um corpo especial para o ingresso de mulheres em suas fileiras. Ao contrário, a própria lei revela a resistência em admitir mulheres nos quadros, conforme se verifica em seu art. 4º, § 3º: "Tendo em vista a necessidade das medidas da adaptação a serem implementadas pela Administração do Exército, o regulamento disporá sobre a admissão de candidatos do sexo feminino, observado o disposto nesta Lei". E, diferente das suas congêneres, tal incorporação aconteceu depois da Constituição e com uma diferença de 12 anos da Armada.

Quadro 2 | Incorporação das mulheres aos quadros e armas de apoio

FAs	Ano	Marco legal	Corpo/Quadro/Função
Armada	1997	Lei nº 9.519/1997	Extinção do CAFRM. Abertura dos quadros tradicionais da Marinha às mulheres. Armas de apoio: intendência e engenharia.
Exército	1996 1997 2000	Ministro Ministro Portaria MD nº 124/2000	Institui serviço militar voluntário para mulheres – área da saúde. Instituto Militar de Engenharia passa a admitir mulheres. Admissão de mulheres na Escola de Formação de Sargentos da Saúde.
Força Aérea	1995 1996	Aviso Ministerial nº 006/GM3/024 Ministro	Admissão de mulheres no Curso de Formação de Intendência. Instituto de Tecnologia da Aeronáutica (ITA).

Fonte: sítios oficiais de cada uma das forças singulares.

Como se pode observar pela simples comparação entre os quadros, salta aos olhos a lentidão das mudanças promovidas: são 15 anos desde o ingresso na Armada até a primeira mudança significativa, esta promovida pela Força Aérea, que foi muito mais substantiva, pois abriu espaço para as mulheres em uma atividade-meio fundamental para a realização da defesa nacional. Já as mudanças implementadas pela Marinha representam a real incorporação feminina à Armada, pois passam a ser parte da força, gozando dos deveres e direitos do marinheiro. No âmbito das funções a serem executadas pelas mulheres, elas permanecem restritas às atividades de administração e apoio. O destaque para o Exército fica na abertura de postos no baixo oficialato, ainda que restrito à área de saúde.

Quadro 3 | Incorporação das mulheres às armas combatentes

Força	Ano	Marco legal	Ingresso/Armas
Armada	2014 2017	Lei nº 12.704/2012 Lei nº 13.541/2017	Abertura Escola Naval (EN) – intendência. Ingresso e ascensão de ambos os sexos sem restrição de postos.*
Exército	2017	Lei nº 12.705/2012	Abertura Academia das Agulhas Negras (Aman) – intendência e material bélico.
Força Aérea	2003	Portaria nº 556T/GC3/2002 Lei nº 12.464/2011	Abertura Academia da Força Aérea (AFA) – oficiais aviadores.**

* Até 2019, havia restrições para o ingresso de mulheres no Corpo de Fuzileiros Navais (Oliveira, 2021).
** Até 2022, o Curso de Formação de Oficiais de Infantaria da Aeronáutica era de acesso exclusivo ao sexo masculino (Oliveira, 2021).
Fonte: adaptado de Camargo (2019).

O quadro 3 reforça principalmente o descompasso entre as forças singulares no que tange ao acesso das mulheres às atividades-fim de defesa nacional atribuídas a cada uma das forças. Outro aspecto que salta aos olhos é a lentidão do processo de incorporação feminina, bem como a quem coube a iniciativa da ação: enquanto o Exército foi apenas reativo, a Força Aérea foi pioneira, com a Marinha adotando posição intermediária, embora tenha sido a primeira força a permitir o ingresso de mulheres às suas instalações.

Outra questão depreendida do quadro 3 diz respeito à resistência, até agora bem-sucedida, do Exército em permitir o acesso de mulheres ao comando da força. Fazendo uma leitura inapropriada da lei, que determina a igualdade de direito e acesso; ignorando pesquisas e experiências internacionais, que apontam para a necessária modernização das forças armadas, da qual é condição *sine qua non* a inserção feminina nas fileiras militares; fazendo prevalecer uma visão preconceituosa da mulher, na qual ela está "naturalmente" afeita para algumas tarefas etc., até o momento a força de terra brasileira restringe o acesso das mulheres a intendência e material bélico, o que significa que o posto máximo só pode ser atingido por elas por volta de 2050: o de general de divisão (três estrelas). Ou seja, jamais haverá uma mulher no Alto-Comando do Exército.

Importa informar ainda que apenas para a AFA o concurso de ingresso é universal para ambos os sexos, enquanto para a EsPECEx/Aman e EN há cotas para mulheres e estas têm girado em torno de 10%. E, em relação aos praças, apenas na Marinha se permite o ingresso para todos os postos, incluindo soldados e cabos, enquanto no Exército e na Força Aérea, elas entram a partir de terceiro sargento (Oliveira, 2021).

Em termos quantitativos, qual a situação da militar nas FAs brasileiras hoje? As FAs brasileiras registravam, em 2016, um contingente total de 318.837 membros, dos quais 25.507 eram mulheres, apresentando em 2019 um total de 364.544, dos quais 31.791 eram mulheres. Na tabela 1 apresentamos a participação feminina desagregada por força.

Tabela 1 | Percentual de mulheres nas FAs brasileiras (2016-2019)

	2016 (%)	2019 (%)	2019-2016
Marinha	2,4	2,28	-0,12
Exército	2,48	3,12	+0,64
Força Aérea	3,12	3,31	+0,2
Total	**8,00**	**8,72**	**+0,72**

Fonte: Giannini, Folly e Lima (2017); Oliveira (2021).

Conforme os dados apontados, observa-se, primeiro, que considerando o intervalo de três anos e tomado em termos totais, isto é, considerando o conjunto das FAs, o crescimento do contingente feminino é maior do que o masculino. Ainda assim, se permanecer neste ritmo, levará mais de 40 anos para haver paridade entre homens e mulheres nas forças. Considerando ainda a existência de cotas, a questão sequer se coloca.

Outro aspecto que merece destaque é o incremento no número de mulheres nas fileiras do Exército. Tomando apenas como apresentado na tabela 1, o dado pode levar a crer que, de alguma maneira, a força de terra busca compensar seu engajamento medíocre na questão da equidade de gênero – como mencionado antes, o Exército brasileiro (EB) sempre teve comportamento refratário às medidas de incremento feminino em suas fileiras. Entretanto, das 11.379 mulheres engajadas no EB, 74,44% são temporárias e, portanto, permanecem na força por menos de 10 anos e em cargos que são normalmente associados aos tradicionais femininos – como os de enfermeiras, psicólogas ou secretárias. Reforça esse argumento quando notamos que o maior percentual de mulheres (35,56%, considerando as três forças) está no posto de segundo tenente, com um total de 3.309 mulheres, 79 das quais no EB, incorporadas *como temporárias em sua totalidade.*

Outro dado apresentado na tabela 1 que merece destaque é o decréscimo no número de mulheres incorporadas pela Marinha. Mesmo muito pequeno, sua relevância é enorme, pois esta é a força que, embora tenha sido pioneira e já não apresente nenhuma barreira formal para a ascensão feminina aos postos de comando, o contingente feminino é insignificante *vis-à-vis* o masculino, tornando ainda mais demorado um cenário de maior equilíbrio de gênero nessa força.

Um aspecto positivo a comentar é o caso da Força Aérea. Como apontado na tabela 1, esta é a força que apresenta o maior contingente feminino relativo e, ainda que o crescimento apresentado no intervalo de três anos seja menor que o do EB, diferentemente deste o maior número de mulheres está entre as militares de carreira: são 7.851 para um total de 12.092 membros, o que equivale a 64,93%. Todavia, tomando o mesmo exemplo da patente de segundo tenente, na FAB se repete o apontado para o EB: a maioria das militares ali engajadas é temporária.

Em resumo, em termos quantitativos, é possível perceber esforços no sentido de incorporar mulheres às FAs. Porém, tais esforços não têm redundado na superação das diferenças de ritmo entre as forças. Ademais, distintamente do que se imaginava, o aprofundamento da legislação visando à maior equidade nas FAs, que, como apontado por Giannini, Foly e Lima (2017), impactou positivamente no incremento do efetivo feminino engajado às FAs entre 2012-2016, não teve fôlego suficiente para ser mais duradouro e, neste sentido, mais efetivo em estabelecer de fato uma política de menor desequilíbrio de gênero no interior das FAs brasileiras.

9. A questão LGBT nas forças armadas do século XXI: notas sobre a realidade ibero-americana (Espanha, Portugal, Argentina e Brasil)

Alexandre Fuccille

Introdução

No pós-Guerra Fria, a integração de mulheres, minorias étnicas, homossexuais, minorias religiosas ou linguísticas nas forças armadas passou a constituir objeto de enorme atenção por parte das chefias militares e também dos cientistas sociais, dando origem a um extenso conjunto de obras e investigações. O problema da diversidade convoca, assim, para o debate das relações civil-militares, o problema dos direitos civis e políticos e da multiplicação de identidades grupais, mas também a questão da legitimidade e eficácia militares.

Na alvorada da terceira década do século XXI, a homossexualidade expressa por meio das mais diferentes orientações sexuais que fujam da normatividade heterossexual continua a incomodar grande parte da população. Nas forças armadas, esteio do Estado contemporâneo e corpo público destinado à defesa nacional, isso em geral não tem sido diferente e remete a um antigo debate que encontra suas bases nas três grandes religiões monoteístas da Terra – judaísmo, cristianismo e islamismo, que juntas representam quase dois terços dos habitantes do planeta.

Analisando o que alguns denominam "civilização ocidental judaico-cristã", rubrica genérica e controversa que cobre os quatro países em tela – Espanha, Portugal, Argentina e Brasil –, vemos trechos explícitos dos escritos sagrados – que encontram larga aceitação e forte enraizamento social – condenando a homossexualidade. Na Torá, mais precisamente no livro Levítico (escrito entre o final do século VII a.C. e o período de cativeiro na Babilônia), a atividade sexual entre dois homens é definida como abominação: "Não se deite com um homem como quem se deita com uma mulher; é repugnante" (18:22). Na Bíblia, por seu turno, apesar de possuir o Antigo Testamento, onde as condenações pululam, há também um Novo Testamento mais recente, ou seja, depois de Cristo, em que diversas interdições à homossexualidade seguem:

> Não sabeis que os injustos não hão de herdar o reino de Deus? Não erreis: nem os devassos, nem os idólatras, nem os adúlteros, nem os efeminados, nem os sodomitas, nem os ladrões, nem os avarentos, nem os bêbados, nem os maldizentes, nem os roubadores herdarão o reino de Deus [Coríntios 6: 9-10].

Ou ainda:

> Sabendo isto, que a lei não é feita para o justo, mas para os injustos e obstinados, para os ímpios e pecadores, para os profanos e irreligiosos, para os parricidas e matricidas, para os homicidas, para os devassos, para os sodomitas, para os roubadores de homens, para os mentirosos, para os perjuros, e para o que for contrário à sã doutrina [Timóteo 1:9-10].

Enfim, ainda que sem empregar a palavra homossexual, que surgiria apenas muitos séculos depois, por meio das menções acima que sugerem uma relação entre pessoas do mesmo sexo, é evidente o elo condenatório surgido entre moral e religião.

A incorporação da comunidade LGBT[1] (lésbicas, *gays*, bissexuais e transgêneros), doravante também referida algumas vezes pelo termo homossexuais, é algo ainda relativamente recentemente, e iniciou-se pela aceitação de homossexuais nas fileiras das forças armadas holandesas em 1974 – ou seja, há menos de meio século.[2]

Contudo, vale recordar que esse país europeu se pauta por uma larga tradição de tolerância no quesito orientação sexual, tendo a relação sexual entre pessoas de mesmo sexo sido retirada do Código Penal já em 1811, e em 2001 foi o primeiro país do mundo a legalizar o casamento entre pessoas do mesmo

1 Utilizamos aqui a forma reduzida LGBT em vez de LGBTQIA+ (lésbicas, *gays*, bissexuais, transgêneros, *queers*, intersexuais, assexuais, além de outras identidades de gênero e orientações sexuais que não se encaixam no padrão cis-heteronormativo), uma vez que, ainda que desejável, o final da nomenclatura LGBTQIA+ sequer ainda tem sido considerado nas forças armadas "mais abertas" do mundo.

2 Menos de duas décadas depois do início da aceitação aberta da homossexualidade nas forças armadas da Holanda, estimava-se que cerca de 10% dos 12 mil soldados eram homossexuais. Ver Konigsberg (1992).

sexo, assim como o divórcio e o direito de adoção de crianças por esses casais. Apesar desse vanguardismo, isso não permitiu suplantar o preconceito e acusações infundadas comumente associados à falta da virilidade que histórica e simbolicamente a profissão militar comporta. Assim, em 2010, o general quatro estrelas norte-americano John Sheehan, do Corpo de Marines e ex-comandante da Organização do Tratado do Atlântico Norte (Otan), em audiência no Congresso estadunidense sobre a lei de 1993 batizada de "Don't ask, don't tell", que impõe aos militares homossexuais daquele país não revelar sua orientação sexual, afirmou que a incapacidade de soldados holandeses da Força de Paz da ONU de impedir o massacre de Srebrenica em 1995 – onde ao menos 8 mil muçulmanos foram mortos após a tomada do enclave bósnio pelas forças sérvias, apesar da presença dos capacetes azuis – pode ser explicada, em parte, pela presença de homossexuais em suas fileiras. A embaixadora holandesa nos EUA, Renée Jones-Bos, reagiu energicamente, afirmando que

> a missão militar de soldados holandeses da ONU em Srebrenica foi estudada e avaliada de forma exaustiva em nível nacional e internacional. Nada nos relatórios sugere uma ligação entre os homossexuais que serviam ao Exército e o massacre de muçulmanos bósnios.[3]

E ainda acrescentou: "Estou orgulhosa do fato de *gays* e lésbicas servirem há décadas nas forças armadas holandesas, como é o caso atualmente, no Afeganistão".

Num breve périplo pelo globo, na maioria das forças militares ocidentais do hemisfério norte foram removidas as políticas de exclusão de membros de minorias sexuais. Dos 30 países que participam da Otan, mais de 20 permitem que pessoas abertamente *gays*, lésbicas e bissexuais sirvam.[4] Dos membros

---

3 "Masacre de Srebrenica, ¿culpa de soldados gay de Holanda?" (https://webcache.googleusercontent.com/search?q=cache:9xSx4hl-ZJIJ:https://www.bbc.com/mundo/internacional/2010/03/100319_srebrenica_militares_gays_homosexuales_holanda_otan_general_eeuu_jp+&cd=5&hl=es-419&ct=clnk&gl=es); "General americano culpa massacre de Srebrenica a soldados gays holandeses" (www.istoedinheiro.com.br/noticias/investidores/20100319/general-americano-culpa-massacre-srebrenica-soldados-gays-holandeses/26345); "Holanda rebate acusação de fracasso em Srebrenica por fator gay" (https://br.reuters.com/article/idBRSPE62I09V20100319). Acessos em: 7 maio 2021.

4 "World Legal Survey". International Lesbian, Gay, Bisexual, Trans and Intersex Association/Ilga World. Disponível em: <https://ilga.org/information/>. Acesso em: 11 maio 2021.

permanentes do Conselho de Segurança das Nações Unidas, apenas dois (Reino Unido e França) aceitam pessoas LGB nas forças armadas. Com respeito aos outros três, na China temos abertamente a proibição de *gays* e lésbicas, enquanto na Rússia os *gays* e lésbicas são excluídos em tempo de paz (permitindo que alguns *gays* sirvam em tempos de guerra) e nos Estados Unidos tínhamos a política *Don't ask, don't tell* (tecnicamente permitindo que pessoas *gays* e lésbicas sirvam, mas apenas em segredo e celibato), ampliada em termos de direitos em dezembro de 2010 pelo então presidente Barack Obama, mas que começou a sofrer revisões e restrições a partir de 2017 sob a administração Donald Trump.[5] No Oriente Médio o único país que permite que pessoas abertamente homossexuais sirvam nas forças armadas é Israel e no continente africano o tema ainda é tabu. Ou seja, a política restritiva de direitos ainda é uma realidade na maior parte do mundo, e no caso dos transgêneros e intersexuais e sua incorporação a questão sequer é debatida.

Ainda que, no nível do discurso, os países analisados na presente pesquisa não permitam discriminação de qualquer ordem com base em suas Cartas Magnas e mantenham a suposta maior tolerância e liberalidade que caracterizariam as sociedades ocidentais, a realidade no interior das forças armadas ainda está bastante distante da normatividade constitucional. Ao contrário, o debate sobre o acesso explícito de homossexuais e pessoas de diferentes orientações sexuais que fogem da ideia de "normalidade" a essa profissão encontra obstáculos de toda ordem – física, moral e religiosa. Mais: a homossexualidade em largas parcelas da população da América Latina é vista como desvio ou depravação moral, uma doença, uma anomalia ou indignidade social, ainda que essa interpretação tenha sido removida da Classificação Internacional de Doenças da Organização Mundial de Saúde (CID/OMS) desde 1990.

Em outra direção, um estudo desenvolvido pela Rand Corporation sobre a homossexualidade nas forças armadas descobriu que servir ao lado de *gays* e lésbicas fez com que o pessoal heterossexual desenvolvesse respeito por seus companheiros homossexuais, sem comprometer qualquer aspecto da eficácia

5 "Countries that Allow military service by openly gay people". *PalmCenter*, 2018. Disponível em: <https://web.archive.org/web/20180824065255/http://www.palmcenter.org/files/active/0/CountriesWithoutBan.pdf>. Acesso em: 22 maio 2021.

militar, incluindo a coesão da unidade, moral, recrutamento e retenção.[6] Destarte, vejamos o que temos com respeito aos quatro países ibero-americanos que nos propusemos a analisar, ressaltando que ainda, infelizmente, a bibliografia com respeito a essa temática é bastante rarefeita.

Espanha

A Espanha coloca-se como um prolífico caso não apenas com respeito aos estudos de transitologia e consolidologia nos países ibero-americanos, onde a construção do controle civil democrático e da direção política sobre os militares no contexto pós-autoritário é o melhor e mais claro exemplo de que, se é possível obter a subordinação militar e rever prerrogativas herdadas do período de exceção, também o é em relação à questão da incorporação de não heterossexuais.

O retorno à democracia a partir de 1975 e a nova Constituição de 1978, que proíbe de maneira expressa perseguir e discriminar os cidadãos com base em qualquer condição pessoal específica,[7] são pontos basilares da nova realidade que podemos verificar no país ibérico. A despeito disso, há relatos de casos de discriminação, perseguição e condenação a homossexuais antes da formalização do aceite dessa comunidade nas fileiras das forças armadas espanholas na segunda metade da década de 1980.[8]

Em concreto, as políticas do Estado espanhol se destacaram pela retirada dos obstáculos que dificultavam o trato igualitário entre homens e mulheres dentro do espaço militar. Na legislação, esse comportamento ganhou forma por meio de várias normativas institucionais. O governo espanhol revogou, na década de 1980, a lei que prescrevia a homossexualidade como contrária à honra militar, explícita no art. 352 do antigo Código de Justiça Militar de 1945 (ou seja, do período da ditadura franquista). Uma sentença da Suprema Corte de 21 de

---

6 "Donald Trump's 'trans ban' reverses more than 70 years of military integration". *The Washington Post*, 29 jan. 2019. Disponível em: <www.washingtonpost.com/outlook/2019/01/29/donald-trumps-trans-ban-reverses-more-than-years-military-integration/?noredirect=on&utm_term=.e014d9bb2723>. Acesso em: 12 jun. 2021.

7 Para detalhes, ver Platero (2009).

8 Uma arqueologia de vários casos pode ser conferida em Petit (2003).

setembro de 1988 estabeleceu que é lícito para um militar ser homossexual, desde que se submeta aos mesmos requisitos disciplinares que os militares heterossexuais (o que inclui não ter relações com inferiores na escala hierárquica nem em estabelecimentos militares).

No ano de 2005, ano em que o casamento homossexual foi legalizado no país, um casal militar com orientação homossexual pertencente à Força Aérea se uniu em matrimônio. Assim, na Prefeitura de Sevilha, capital andaluza, teve lugar o primeiro casamento homossexual nas forças armadas da Espanha. Nesse contexto, é curioso notar o que um dos recém-casados afirmou: "O Exército espanhol se democratizou, mas os militares homossexuais continuam nas catacumbas". Sua afirmação dizia respeito ao fato de que havia muitas pessoas com orientação homossexual nas fileiras militares, mas que essas pessoas tinham um suposto medo de revelar seus desejos com receio das reações. Devido a este fato e ao clamor social da época, o Ministério da Defesa se manifestou contundentemente por meio de um comunicado, informando que qualquer tipo de discriminação nas forças armadas seria intolerável.[9]

No final da primeira década deste século as forças armadas espanholas passaram a permitir que aspirantes a militares transgêneros ingressassem também na profissão militar.[10] Tal iniciativa, promovida pela então ministra da Defesa Carme Chacón (que fez história ao tomar posse neste ministério e passar em revista as tropas grávida de sete meses), alterou o regulamento de agosto de 2001, na prática representando uma abertura mais ampla no perfil psicofísico do pessoal das forças armadas – extensivo à Guarda Civil, corpo de gendarmeria espanhola – e mudando o entendimento anterior de catalogação da "disforia sexual" como uma psicopatologia grave que tornava os transgêneros medicamente incapazes.[11]

---

9 Ver Gaycomotu. "Gays en las barracas". Disponível em: <www.gaycomotu.com/index.php?option=com_content&view=article&id=287:gays-en-lasbarracas&catid=36:actualidad&Itemid=152>. Acesso em: 29 jun. 2021. Ver, também, Soares (2012).

10 Muitas dessas iniciativas continuam a se aprofundar desde a criação do Ministério da Igualdade em 2008, durante o governo socialista de José Luis Rodríguez Zapatero.

11 "El Ejército permitirá el ingreso de los transexuales". Disponível em: <www.elmundo.es/elmundo/2009/03/05/espana/1236271613.html>. Acesso em: 2 jul. 2021. Até 2019, apenas 19 países aceitavam transgêneros nas fileiras de suas forças armadas, sendo a Espanha o único dos países aqui em análise. Na América Latina, a Bolívia é o único país que possui legislação que permite a presença dessas pessoas no Exército. Ver Hague Centre for Strategic Studies. "LGBT military personnel: a strategic vision for inclusion". Disponível em: <https://web.archive.org/web/20190511370230/http://hcss.nl/report/lgbt_military_personnel__a_strategic_vision_for_inclusion_3>. Acesso em: 23 maio 2021.

Não obstante, relatos de casos acerca de discriminações seguem existindo, como vários que levantamos por meio da plataforma digital do jornal *El País* (https://elpais.com/). Há até mesmo relatos de que a defesa nacional espanhola estaria fragilizada pela incorporação de *gays* nas forças armadas, insinuando que Marrocos teria uma extraordinária oportunidade para recuperar as cidades de Ceuta e Melilha, dada a nova configuração militar do país.[12]

A experiência espanhola no sentido de visibilizar suas ações em favor de impulsionar a consciência sobre os temas de gênero e medidas para a igualdade de trato dentro das instituições militares deve servir de inspiração para outros países, em especial os ibero-americanos, no sentido de buscar instrumentos novos para permitir o efetivo combate à discriminação e aos problemas gerados por ações que dificultam a integração de coletivos vulneráveis socialmente. Contudo, como todas as experiências contemporâneas nessa temática, ela não é isenta de problemas e contradições.

Portugal

Com relativa proximidade cronológica, o país luso acompanhou seu vizinho ibérico no tocante às transformações de costumes em geral e no interior das forças armadas, com a "liberalidade ocidental" – como chamam alguns – fazendo-se valer em diversos planos, em especial após a Revolução dos Cravos, em 1974, que derrubou o regime autoritário salazarista, e o ingresso na União Europeia (UE) em 1986.

Já no ano de 1982 Portugal descriminalizava a homossexualidade e, no final do século passado (1999), homossexuais e bissexuais podiam servir abertamente nas forças armadas. No início do atual milênio (2001), a união de fato entre pessoas do mesmo sexo era regulamentada (com os mesmos direitos que casais de sexos diferentes, com exceção da adoção) e em 2004 a orientação sexual era incluída na Constituição portuguesa em seu art. 13º, que trata do Princípio da Igualdade:

> Ninguém pode ser privilegiado, beneficiado, prejudicado, privado de qualquer direito ou isento de qualquer dever em razão de ascendência, sexo, raça, língua, território de

12 Ver Herrera (2019).

> origem, religião, convicções políticas ou ideológicas, instrução, situação económica, condição social ou orientação sexual.

De forma sumária, outros marcos relevantes foram a inclusão explícita de questões relacionadas com orientação sexual na Lei de Educação Sexual nas escolas (2009), a extensão do casamento civil a casais de pessoas do mesmo sexo em 2010 e a Lei de Identidade de Gênero, que permite a mudança de sexo e de nome nos documentos oficiais (2011).

Se no plano normativo as coisas avançaram, o que não é desprezível, a realidade ainda é permeada de preconceitos e problemas. Destarte, em 2015 um jovem militar de 23 anos foi encontrado morto na Base Aérea de Beja, em razão de ter sido alvo de insultos por parte dos colegas devido à sua orientação sexual. O jovem tinha sido transferido para a organização militar havia três semanas e, segundo relatos, era alvo de perseguições, insultos e "chacota constante" devido aos seus "maneirismos femininos". O caso teve o desfecho trágico depois de uma festa em que os militares participaram e os ataques e a pressão psicológica acabaram por fazer sucumbir o jovem, que cometeu suicídio.[13]

A existência de legislação que garanta os direitos de pessoas de diferentes orientações sexuais é fundamental como suporte à mudança efetiva do contexto social. No entanto, existem algumas questões que merecem reflexão. A legislação baseia-se em categorias definidas, que funcionam como "caixas da diversidade de identidades" existentes e que, ao mesmo tempo, limitam a expressão das mesmas identidades que têm como objetivo proteger. Por exemplo, a legislação pode falar de lésbicas, *gays*, bissexuais e transgêneros e não levar em consideração a fluidez, a mobilidade e a complexidade dessas identidades. Como em muitos outros aspectos das identidades sociais, a orientação sexual é um processo interno e interrelacional de negociação de representações, expectativas e papéis sociais.[14] A expressão da diversidade multidimensional da sexualidade humana há muito não se reduz a categorias estanques como homossexual, heterossexual e bissexual. Nesse sentido, mulheres com discursos muito semelhantes no que se refere à descrição de vivências de atrações e relações amorosas, podem identificar-se de forma diferente em relação à orientação sexual. É frequente que mulheres numa

---

13 "Bullying homofóbico leva militar à morte em Beja". Disponível em: <https://dezanove.pt/bullying-homofobico-leva-militar-a-761786>.Acesso em: 11 jul. 2021.

14 Ver Haslam et al. (2005).

relação amorosa com outra mulher tenham diferentes autoconceitos relativamente à orientação sexual. Algumas podem considerar-se bissexuais, outras lésbicas e outras ainda podem recusar identificar-se com qualquer uma das categorias definidas para a orientação sexual. Por outro lado, mulheres que nunca viveram qualquer relacionamento físico amoroso com outra mulher podem identificar-se como lésbicas. A diversidade de atrações e comportamentos sexuais ao longo da vida é algo fluido e mutável.[15]

Outro aspecto relevante na análise da legislação que defende os direitos desses grupos é a forma como promove a "normatização" da homossexualidade, traçando os limites do que é aceitável e do que é condenável. Ao mesmo tempo que inclui alguns(mas), promove a exclusão de outros(as). A legislação existente que defende a não discriminação em função da orientação sexual promove determinado modelo de "ser homossexual". Por exemplo, a legislação defende e promove as relações entre pessoas do mesmo sexo na medida em que estas se ajustam aos valores dominantes; estar numa relação monogâmica é claramente mais valorizado do que estar sozinho ou numa relação poliamorosa. Até mesmo a análise científica, embora utilize conceitos como a interseccionalidade, também não contempla toda a diversidade.

Assim, tal qual a Espanha, Portugal contempla importantes avanços, mas igualmente não está isento de problemas e contradições. O que podemos notar nesse processo é que, embora longe de ser a situação ideal e de termos uma verdadeira paridade nos direitos humanos em função da orientação sexual, em linhas gerais a União Europeia é claramente uma das regiões do mundo onde existe um conjunto de legislações mais inclusivo e abrangente. No entanto, se fizermos uma análise mais detalhada da legislação existente nos países da UE em função do período em que aderiram à organização supranacional, verificamos que os países fundadores e os que fizeram parte dos primeiros momentos de alargamento têm uma legislação mais inclusiva do que os países que entraram mais recentemente no bloco. Podemos considerar que os países que estão há mais tempo na UE refletem a influência das políticas europeias e um modo de vida ocidental (conceito ambíguo e problemático) "mais aberto", enquanto os que entraram há menos tempo (principalmente oriundos do Leste Europeu) ainda não tiveram tempo de ver transcritas na legislação nacional as diretivas europeias

15 Ver Alonso (2010).

de não discriminação em função da orientação sexual e identidade de gênero. O caso da península Ibérica insere-se exatamente nesse contexto em que, a despeito de problemas, estes dois países da Europa do Sul fizeram notáveis progressos.

Efetivamente, embora as restrições legais à presença de homossexuais no serviço militar tenham deixado de existir, as resistências ainda são enormes. Conforme bem frisado,

> quando descobre-se que um militar é homossexual, dada a camaradagem e o alto tempo em que passa com outros homens, é provável que este seja segregado, posto de lado, podendo acarretar um abandono precoce de uma carreira que em tese não teria nenhum problema para se desenvolver em sua plenitude [Carreiras, 2004:72].

Informalmente, militares relatam que é comum e generalizada a utilização de termos depreciativos e ofensivos para designar aqueles que incorram em suspeita de, ou se assumam como, homossexuais. Apesar disso, as forças armadas portuguesas transformaram-se enormemente nos últimos anos: além da integração plena numa democracia consolidada, operaram uma dramática redução de efetivos, assistiram ao fim do serviço militar obrigatório, profissionalizaram-se, envolveram-se em novas missões internacionais e integraram mulheres, pré-requisitos fundamentais para, agora, aprofundar o debate da orientação sexual entre suas tropas.

Argentina

Em termos sul-americanos, a Argentina, ao lado do Uruguai e Colômbia (que constituíam parte da Espanha de ultramar) destacam-se na questão da incorporação dos homossexuais às suas fileiras militares. Particularmente no país platino, sob o kirchnerismo, as questões de gênero e diversidade avançaram bastante no interior das forças armadas, em especial na gestão de Nilda Garré como ministra da Defesa – a primeira mulher a ocupar tal posto naquele país. A descriminalização da homossexualidade fez parte de uma ampla reforma do Código de Justiça Militar que, além disso, passou a punir o assédio sexual por um superior em relação a funcionários de uma hierarquia mais baixa. Isso ocorreu em 2009. O novo código militar também elimina a pena de morte, que na prática já não era aplicada, e tornou a Justiça Civil a única competente para julgar os crimes de integrantes das Forças Armadas (tal reforma foi qualificada por alguns estudiosos como uma "revolução jurídica" que colocou a Argentina na vanguarda da região, enquanto no Brasil esta excrescência, que é a Justiça Militar, segue intocada).[16]

Já em 2011 um tenente-coronel e um capitão do Exército argentino foram os primeiros militares a se beneficiar da lei que aprovou o casamento homossexual naquele país, promulgada em julho de 2010 (a Argentina se tornou o primeiro país da América Latina a permitir legalmente o casamento entre pessoas do mesmo sexo). Para os formados nas últimas ditaduras, conforme pesquisa realizada pelo centro Nueva Mayoría em 2015, os militares são sempre os mesmos dos antigos filmes argentinos: honestos, viris até nos mínimos gestos, fiéis, bons pais e confessionais, e consideraram tais reformas e legislações "um absurdo!".[17] Nesse contexto, um deputado chileno afirmou que se homossexuais passassem a ser aceitos nas forças armadas de seu país a nação seria "invadida pelo Peru e pela Bolívia".[18]

Outros, por seu turno, associam a luta pela incorporação feminina ao universo militar (inclusive em função combatente) como uma espécie de cavalo de Troia com vistas a macular esse universo viril e masculino que seria o mundo das armas e, mais adiante, facilitar o ingresso de homossexuais nas fileiras das forças armadas. É fato que dos quatro países em tela, nos dois que já tiveram ministros da Defesa mulheres (Espanha e Argentina) o avanço das pautas de gênero, minorias e respeito à diversidade ganharam força em suas gestões.[19] Em dada oportunidade, um jornalista bonaerense assim se manifestou:

---

16 Na feliz síntese de D'Araújo (2016:50), o caso brasileiro representa "manutenção de um despropósito em tamanho, funções e custos. Um contrassenso que só faz sentido se entendermos as posições de autonomia institucional que os militares continuam mantendo mesmo em tempos de paz e de estabilidade democrática".

17 Disponível em: <www.nuevamayoria.com/invest/sociedad/cso180359.htm>. Acesso em: 30 ago. 2021.

18 "Un diputado chileno afirma que si el Ejército permite la presencia de homosexuales el país 'será invadido por Perú y Bolivia'". Disponível em: <www.dosmanzanas.com/2012/10/un-diputado-chileno-afirma-que-si-el-ejercito-permite-la-presencia-de-homosexuales-el-pais-sera-invadido-por-peru-y-bolivia.html>. Acesso em 22 ago. 2021. "Si aceptan homosexuales en el Ejército, Perú y Bolivia nos volarán la raja". Disponível em: <www.elmundo.es/america/2012/10/10/noticias/1349900629.html>. Acesso em: 22 ago. 2021.

19 Ver Ministerio de Defensa e Fundación Friedrich Ebert (2011).

Para mí (sospecho) viene enganchado con todo el lobby rosa y su filosofía de género. La sexualidad como una "construcción cultural" y no como una realidad biológica. [...] No se Uds. pero no me gustaría ver a nuestras FF.AA. desfilando con travestis y cosas por el estilo en la "marcha del orgullo gay" [...]. Los caídos en Malvinas se retorcerían en sus tumbas, y todos los próceres que honraron con su sangre este suelo.[20]

Infelizmente essa não é uma voz isolada em nosso mais importante vizinho, ainda que minoritária (ao menos por ora). Vale recordar que durante a última ditadura militar argentina cerca 400 homossexuais desapareceram – quase o mesmo número de mortos e desaparecidos em duas décadas de regime autoritário no Brasil de 1964 a 1985 – sem que até hoje se saiba oficialmente de seu paradeiro.[21] Enfim, ainda que com muitos problemas, em especial devido ao vaivém das disputas políticas da atual década, a Argentina se coloca como uma referência para a região (por exemplo, é o único país na América Latina onde se reconhece plenamente o princípio da livre autodeterminação de gênero) e, ainda que não numerosos, os primeiros estudos em nível nacional indicam que a coesão dos grupos militares, a identidade, o aprestamento, ética militar e motivação para o combate, bem como as funções militares em missões de paz, não foram afetados.

Brasil

As reivindicações brasileiras, comparadas a outros países das Américas ou Europa, têm caráter tardio de luta e existência. Durante a ditadura militar de 1964 a 1985, apesar de experiências como "O Snob", a "Associação Brasileira de

---

20 Em trad. livre: "Para mim (suspeito), isso vem com todo o *lobby* cor-de-rosa e a sua filosofia de gênero. A sexualidade como 'construção cultural' e não como realidade biológica. [...] Não sei você, mas eu não gostaria de ver as nossas forças armadas desfilando com travestis e coisas assim na 'marcha do orgulho *gay*' [...]. Os caídos nas Malvinas se contorceriam em seus túmulos, e todos os heróis que honraram este solo com seu sangue". Ver Héctor Enrique Velázquez. "¡Basta!". Disponível em: <www.clarin.com/sociedad/reconocerian-parejas-oficiales-homosexuales-basta-argentina-error_0_Lv6nke-PlCtl.html>. Acesso em: 2 set. 2021.

21 Andrés Torres. "'Los 400' o la memoria homosexual de la última dictadura militar". Disponível em: <http://conti.derhuman.jus.gov.ar/2018/03/seminario/mesa_17/torres_mesa_17.pdf>. Acesso em: 14 ago. 2021.

Imprensa Gay" (proibida pelo AI-5) e o grupo "Somos", a agenda dos grupos com diferentes orientações sexuais foi invisibilizada.[22]

Num dos primeiros estudos brasileiros sobre a temática, publicado por Maria Celina D'Araujo, a autora apropriadamente aponta que "o homossexual frequentemente é associado a uma ameaça à tranquilidade da tropa, dos cadetes e dos conscritos pois não seria capaz de controlar impulsos nem de respeitar padrões morais condizentes com a profissão" (D'Araujo, 2004: 450).

Sendo em larga medida uma questão tabu, a presença de homossexuais nas forças armadas não é sequer nomeada e certamente menos ainda equacionada como uma questão politicamente relevante. A invisibilidade do problema decorre, pois, do fato de não ser tematizado, e não, naturalmente, da inexistência de homossexuais nas fileiras militares brasileiras. Ao longo dos governos FHC, Lula da Silva e Rousseff, por diferentes expedientes – ora provindos do Executivo, do Legislativo ou ainda provocados via Supremo Tribunal Federal (STF) –, foi proposta a modificação do art. 235 do Código Penal Militar de 1969 (ou seja, do período ditatorial mais duro) que prevê castigos para práticas libidinosas homossexuais em dependências militares.[23] Entre outros pontos, a tônica das propostas sugeria abolir palavras como "pederastia" e "homossexuais" dos regimentos de disciplina militar. Sobre isso, o então deputado Jair Bolsonaro, falando em nome de largas parcelas da corporação, se manifestou: "Nenhum pai estaria tranquilo ao saber que seu filho, durante cinco dias de acampamento, foi obrigado a dormir em uma minúscula barraca com um recruta homossexual sem poder protestar, sob o risco de ser castigado por crime de discriminação sexual". Posteriormente, em 2010, explicitou mais claramente o que pensa sobre o tema:

> Conta-se que um comandante da Marinha inglesa, precocemente, pedira transferência para a reserva e, indagado sobre o motivo, já que tinha tudo para uma longa

22 Vale destacar que, na época, tampouco este coletivo teve vida fácil entre setores de oposição à ditadura e integrantes da esquerda, tendo a homossexualidade sido frequentemente considerada "desvio pequeno-burguês" ou manifestação da "decadência burguesa". Ver Renan Honório Quinalha. "Contra a moral e os bons costumes: A política sexual da ditadura brasileira (1964-1988)". Disponível em: <www.teses.usp.br/teses/disponiveis/101/101131/tde-20062017-182552/publico/Renan_Honorio_Quinalha.pdf>. Acesso em: 26 jul. 2021. Ver, também, Pedro Duarte. "História do movimento LGBT brasileiro". Disponível em: <https://medium.com/pedro-a-duarte/hist%C3%B3ria-do-movimento-lgbt-brasileiro-26979af3ed35>. Acesso em: 26 jul. 2021. Ver, ainda, Souto Maior Júnior (2019).

23 Ver Scherer (2014).

carreira, respondeu: "Quando entrei para a Marinha, o homossexualismo [*sic*] era proibido, agora passou a ser tolerável, vou embora antes que se torne obrigatório". Entendo ser esta mais uma frente que se apresenta na busca da desmoralização das forças armadas, como se já não bastassem os baixos salários, a indenização a familiares de terroristas, o sucateamento do material e a escolha, por parte do presidente da República, Jair Bolsonaro, de ministros militares subservientes [Bolsonaro apud Saint-Clair, 2018:126].

Concretamente, neste século houve pequenos avanços, mas ainda muito distante do que assistimos nos outros países aqui analisados e mesmo do subcontinente sul-americano. As forças armadas brasileiras são ainda instituições em que o preconceito contra *gays* está presente no seu *ethos* por meio de perseguições e punições a esses indivíduos.[24] É imperativo dar visibilidade e denunciar as experiências de abuso que esses grupos vivem para proteger seu próprio Estado nacional.

Em 2008, a Comissão Interamericana da Organização dos Estados Americanos (OEA) notificou o Estado brasileiro sobre a possível violação de direitos de um casal *gay* que assumiu publicamente seu romance na capa da revista *Época*.[25] Desde então, a vida de Laci Marinho de Araújo e Fernando Alcântara de Figueiredo, o primeiro casal homossexual assumido das forças armadas brasileiras tornou-se insuportável. O Exército brasileiro os perseguiu com prisão, tortura psicológica, acusação de deserção e outros crimes.[26] Esse episódio, de grande repercussão midiática, pode ser visto como um ponto de inflexão na questão dos direitos da comunidade LGBTQIA+ e as forças armadas de nosso país.

Assim, ante um sistema político (Executivo e Legislativo) que se apequena e invisibiliza questões fundamentais do tempo presente, o STF, em 2011, equiparou os direitos entre casais heterossexuais e homoafetivos, e o então ministro da Defesa Nelson Jobim afirmou que não via problemas em tal decisão.[27] Com

---

24 Neste particular, é ilustrativo o longo relato de um coronel do Exército que se assume homossexual (Brito Júnior, 2019). Uma interessante cronologia de casos de homofobia nas forças armadas brasileiras também pode ser conferida em Soares (2015).

25 Ver: <http://g1.globo.com/distritofederal/noticia/2014/04/oea-quer-resposta-do-brasil-sobre-suposta-tortura-militares-gays-no-df.html>. Acesso em: 17 set. 2021.

26 A partir desta história singular, vale conferir Figueiredo (2008).

27 Na esteira dessa proatividade do Judiciário, vale destacar o direito de pessoas transexuais de realizar cirurgia de adequação corporal à identidade de gênero pelo SUS por decisão do TRF4 (2007), a união

base nisso, em 2013 a Justiça Federal de Pernambuco determinou que o Exército reconhecesse o companheiro de um sargento como dependente. Um ano antes, uma pesquisa realizada pelo Instituto de Pesquisa Econômica Aplicada (Ipea) constatava que 63,7% dos brasileiros apoiavam o ingresso de homossexuais nas forças armadas brasileiras e não o viam como um problema. Em 2015, o STF, em resposta à ação proposta pela Procuradoria-Geral da República, determinou a retirada dos termos "pederastia" e "homossexual" do Código Penal Militar por considerá-los discriminatórios e homofóbicos, e, nos últimos anos, vários casos judicializados de pessoas trans têm obtido sucessivas vitórias sobre o comportamento preconceituoso e ao arrepio da lei por parte da administração militar. São ainda incipientes, mas importantes avanços.

No primeiro informe mundial apresentado em 2015 sobre a situação da inclusão do coletivo de lésbicas, *gays*, bissexuais e transgêneros, organizado pelo The Hague Centre Strategic Studies, de 103 países do mundo analisados o Brasil ocupava a 23ª posição (Woodward e Duncanson, 2017:211). Isso se deve, principalmente, aos temas de reconhecimento de direitos aos casais de militares homossexuais, como a inclusão na previdência social, planos de saúde, entre outros pontos, com mudanças nas normas internas da instituição militar. Contudo, a tendência cultural da hipermasculinidade dentro das fileiras militares brasileiras – que não é uma exclusividade nacional, vale frisar – está longe de ser superada.

Uma boa síntese do quadro atual com respeito à orientação sexual e o maior aparelho militar latino-americano é dada pela constatação de que,

> ainda que a sociedade, de modo geral, tenha apresentado progressos no respeito e aceitação da diversidade sexual, a participação de pessoas homossexuais em atividades militares continua sendo razão de um preconceito infundado, fator que comprova a incidência de obstáculos velados à própria liberdade sexual dentro das Organizações Militares [brasileiras] [Costa e Soares, 2021:238].

---

estável homoafetiva (2011), o casamento civil homoafetivo pelo CNJ (2013), a mudança de (pre)nome e sexo no registro civil de pessoas transgênero independentemente de cirurgia, laudos e ação judicial (2018), o reconhecimento da homofobia e da transfobia como crimes de racismo (2019), a proibição da "cura *gay*" (2019) e a inconstitucionalidade da proibição do debate de gênero nas escolas (2020). Somadas a isso, uma interessante cronologia desde o governo Sarney até o governo Temer sobre direitos LGBT+ e a evolução do movimento pode ser conferida em: <https://linhasdotempo.fundacaofhc.org.br/direitos-lgbtqia>. Acesso em: 23 out. 2021.

O Brasil e mais particularmente suas forças armadas têm um enorme caminho pela frente.

Considerações finais

Para além de questões conjunturais, há um problema de fundo decorrente das bases e diretrizes historicamente organizadoras do modelo militar, a saber, uma estruturação sob padrões heterossexuais. Dito de outra forma, o fato de sempre o homem ter sido apresentado como mais forte e viril, em geral, constituiu, por meio de mecanismos sofisticados no interior da caserna, um conjunto de códigos e normas que acabou por redundar num ambiente fundamentalmente masculino. Assim, ao procurar reformar ou tornar esta estrutura mais arejada para contemplar a incorporação feminina num primeiro momento e, posteriormente, com o intento de contemplar e respeitar as diferentes orientações sexuais, deparamo-nos com uma grave questão: uma estrutura pensada somente por homens e para eles.

Devemos ter em conta que a incorporação dos homossexuais é ainda mais difícil, pois a temática da homossexualidade ainda é tabu, um tema polêmico e repleto de conotações negativas (social, moral, religiosa e de saúde). A homossexualidade, em grande parte dos países da América Latina, é, em geral, tratada como um desvio ou depravação moral, uma enfermidade, anomalia ou indignidade social. Distinta, portanto, da condição feminina, que está associada à ideia de fragilidade, ausência de força, vocação maternal, porém que não são aspectos reprováveis do ponto de vista moral, o que difere da orientação do desejo homossexual (Martínez, 2013).

Em uma pesquisa seminal realizada nos Estados Unidos no início deste século, os dados são eloquentes. Percebe-se claramente que os militares apresentam mais restrições com respeito aos homossexuais do que às mulheres. Nessa direção, enquanto somente 6,5% asseveravam que abandonariam as forças armadas se as mulheres fossem aceitas plenamente em funções combatentes, esse número saltava a 27,5% que deixariam a instituição militar se homossexuais fossem admitidos na caserna abertamente. Outrossim, cerca de dois terços dos entrevistados admitiam que se sentiam mais seguros liderados por outro colega homem, com

20% aceitando confiar sua segurança a um comando femíneo e *0% transigindo em ser conduzido por um homossexual.*[28]

No quadro global, as forças armadas de pelo menos 50 países têm políticas explícitas que confirmam que lésbicas, *gays* e bissexuais podem servir. Dezoito países (incluindo 11 membros da Otan) permitem que transgêneros sirvam nas suas fileiras militares. Todavia, ainda existem forças armadas onde todas as posições são fechadas para essas pessoas. Em países onde a homossexualidade é ilegal ou onde o pessoal das organizações militares não tem permissão para entrar em relacionamentos do mesmo sexo, membros das forças armadas por vezes foram sujeitos a atos altamente intrusivos, como investigações sobre suas vidas pessoais, pressionados a confessar sob ameaça de ter os resultados dessas investigações tornados públicos e de serem processados, entre outros desatinos (Watson, 2019.9). Os intersexuais sequer têm sido considerados nesse debate, lembrando que o acrônimo que reúne as lutas desse crescente coletivo tem ainda os *queers*, os assexuais, os pansexuais e mais.

Muito desiguais com respeito à promoção da diversidade sexual nas fileiras militares, os países ibero-americanos têm diferentes experiências positivas passíveis de serem replicadas em forças militares que parecem viver em séculos passados.[29] Se em países como Espanha (em pesquisa recente realizada em 128 países, a terra de Cervantes aparecia numa honrosa 10ª posição sobre a inclusão de lésbicas, *gays*, bissexuais e transgêneros nas fileiras militares), a pauta é avançar na legislação que defende os direitos desse grupo contra uma "normatização" da homossexualidade, traçando os limites do que é aceitável e do que é condenável – uma vez que a legislação existente que defende a não discriminação em função da orientação sexual promoveria determinado modelo de "ser homossexual" –, no outro extremo temos o Brasil, com um presidente homofóbico e onde mais se matam *gays*, lésbicas, bissexuais, transexuais, transgêneros e travestis no mundo.

Efetivamente, embora as restrições legais à presença de homossexuais no serviço militar tenham deixado de existir, as resistências ainda são enormes, e o acrônimo LGBTQIA+ está longe de ser contemplado em toda a sua extensão.

---

28 Para detalhes, ver Muller e Williams (2001).

29 Ver o estudo do Banco Interamericano de Desenvolvimento (BID) publicado em abril de 2020 (Urban et al., 2020).

Se houver conhecimento de que determinado militar é homossexual, este arrisca-se a ficar isolado e marginalizado, num corpo em que é muito importante sua natureza gregária, o que pode levar a uma atitude de abandono voluntário, que, afinal, funciona como uma punição de fato. Diversas investigações têm mostrado isso. Informalmente, militares relatam que é comum e generalizada a utilização de termos depreciativos e ofensivos para designar aqueles que incorram em suspeita de, ou se assumam como, homossexuais. Posto isso, essa é uma agenda que, efetivamente, precisa ser visibilizada e promovida, trazendo impactos diretos e indiretos sobre a organização da defesa nacional em diferentes países e na forma como se coloca a utilização desse instrumento de força no sistema internacional.

Outro problema a ser enfrentado é o *pinkwashing* e a falsa ideia de tolerância e modernidade por vezes apresentada. Vejamos um exemplo concreto. A cidade israelense de Tel Aviv transformou-se em uma marca do chamado turismo *gay* graças ao apoio estatal. Contudo, por detrás da ideia de paraíso da diversão com sexo, sol e praia, analistas identificam uma batalha mais ampla em que o Estado judeu encarnaria o Ocidente em sua batalha contra o mundo árabe-muçulmano. Trata-se de um caso muito exitoso de *pinkwashing* que contribui para potencializar a imagem de democracia, progresso e modernidade que Israel busca projetar frente ao que qualifica de atraso de seus vizinhos árabes – apesar de reveses democráticos internos vividos sob o governo do primeiro-ministro Benjamín "Bibi" Netanyahu e seus sucessores. Essa política inclusiva serve aos efeitos propagandísticos de um país que, enquanto comete violações dos direitos humanos contra palestinos, em uma chave colonial e segregacionista, tem uma das forças armadas mais amigáveis para minorias sexuais (transgêneros podem fazer parte do pessoal militar e há inclusive generais homossexuais abertamente assumidos, como Sharon Afek). Tampouco os avanços são lineares e incrementais, como claramente o demonstram várias iniciativas do governo Donald Trump (2017-2021).

Uma possível saída concreta para alteração do ainda persistente quadro de discriminação passa por dois caminhos: adotar uma educação consciente a partir dos quartéis para mudanças reais sobre a ideia da homossexualidade e, paralelamente, lidar com a questão do assédio contra os *gays* e as lésbicas com medidas disciplinares (inscritas nos códigos e legislações militares). Ao lado disso, é necessário realizar esforços para a criação de medidas, planos, regulamentos, programas de ação para o ensino, entre outras medidas, que permitam que o pessoal militar possa, com base na realidade vivida, entender e trabalhar para a aceitação da diversidade sexual, ou seja, fazer possível que seus membros logrem se realizar plenamente, aproveitando as características únicas de cada pessoa, trabalhando para formar e capacitar seus integrantes nos temas de gênero, identidade de gênero e cidadania participativa. Trata-se de um problema difícil e complexo, mas com essas medidas importantes passos terão sido dados para contemplar o direito à diversidade nas forças armadas do século XXI.

10. Operações de paz e relações civil-militares: o engajamento brasileiro na missão de estabilização no Haiti (Minustah)

Kai Michael Kenkel
Maíra Siman
Victória M. S. Santos

Introdução

As operações de paz são a mais reconhecida e mais institucionalizada atividade da Organização das Nações Unidas (ONU), criada em 1945, em prol da sua atribuição primária de manutenção da paz e da segurança internacionais. Concebidas originalmente para auxiliar processos de resolução de conflitos no âmbito da segurança coletiva, desde a primeira operação em 1948, elas passaram por profundas mudanças nos seus objetivos e mandatos, na sua composição e no seu tamanho operacional e financeiro. Tais mudanças foram acompanhadas por diferentes padrões de relacionamento e cooperação entre seus componentes civis e militares.

O Brasil possui um longo histórico de participação nas operações de paz das Nações Unidas (Fontoura, 2009; Cardoso, 1998; Aguilar, 2005; Uziel, 2016; Kenkel, 2010; 2013c), tendo a única interrupção ocorrido durante a ditadura militar. Nessa trajetória se destacam seis participações maiores: as mais de 10 mil tropas enviadas para a UN Emergency Force em Suez (1956-1967); uma força de 800 homens que integrou a Unavem III em Angola (1995-1997); uma força menor sem papel de combate desdobrada na Unomoz no Moçambique (1993-1994); um contingente de policiais civis enviado para a Untaet no Timor-Leste (1999-2002); uma força de 220 fuzileiros navais desdobrada para a Unifil no Líbano (2011-2020), força repetidamente comandada por almirantes brasileiros; e seu maior esforço histórico, a Missão de Estabilização da ONU no Haiti (Minustah), que, ao longo de 13 anos de desdobramento (2004-2017), contou com a participação de mais de 37.500 militares brasileiros.

O engajamento militar na Minustah representou, em múltiplos sentidos, um divisor de águas para o Brasil. Até sua entrada no Haiti, a participação brasileira se limitara às operações autorizadas sob o Capítulo VI da Carta da ONU – isto é, com restrições ao uso da força, sem acionar a exceção ao princípio de não intervenção expresso no art. 2 da Carta – em linha com a interpretação estrita que destaca o posicionamento histórico do país com relação ao tema. Enquanto no estamento militar se reconhecia abertamente que a operação no Haiti tinha caráter coercitivo, foi só após uma década de insistência no contrário que essa interpretação passou a vigorar também no Itamaraty.

O abandono da reticência em assumir tal interpretação se deve ao percebido ganho ao assumir a liderança militar da força no país caribenho. O projeto de política externa do governo Lula pleiteava para o Brasil um papel de potência emergente do Sul global, com o objetivo da eventual entrada do país no Conselho de Segurança como membro permanente. Esse projeto confrontou o país com a necessidade de demonstrar sua capacidade de participar da provisão da segurança coletiva internacional; apesar de receios sobre o uso da força, as operações de paz sempre foram uma ferramenta preferida para esse fim por parte de países em ascensão (Villa e Jenne, 2020; Kenkel, 2010, 2013c). A diplomacia brasileira reforçou esse pleito com um pesado investimento na exportação de políticas domésticas ligando segurança e desenvolvimento (Kenkel, 2013a; Abdenur e Call, 2017). A natureza da Minustah e seu papel de destaque para a política externa brasileira conferiram às forças armadas uma missão prestigiosa, generoso financiamento e extensa autonomia operacional.

Os impactos derivados do desdobramento de operações de paz tendem a ser analisados a partir ou dos efeitos gerados localmente, ou em termos dos objetivos das potências do Conselho de Segurança. Porém existem também estudos que analisam os efeitos da participação nessas operações sobre os países contribuintes de tropas. Em relação aos países pós-coloniais e em desenvolvimento, argumentou-se que o engajamento militar em operações de paz poderia trazer resultados domésticos benéficos derivados de três hipóteses centrais, conhecidas coletivamente como *diversionary peace*: a proximidade com contingentes advindos de democracias consolidadas induziriam uma socialização favorável à democratização das forças com herança ditatorial (Cunliffe, 2018:222; Sotomayor, 2014:29-37; Kenkel, 2021:229-230); o envolvimento contínuo das forças armadas em extensas missões no exterior dificultaria a organização de formas de interferência na política doméstica (Sotomayor, 2010:993; Albrecht, 2020:59); e a participação em missões focadas na assistência a populações civis e no desenvolvimento sinalizaria, no contexto externo, um progresso na consolidação do controle democrático das forças armadas (Sotomayor, 2014).

A não observância empírica das hipóteses citadas traduziu-se, na literatura, no chamado "mito do *peacekeeper* democrático" (Sotomayor, 2010, 2014). Mais recentemente, argumentou-se ainda que a participação em operações com mandatos de estabilização, como será discutido neste capítulo, produz efeitos profundamente diferentes para o controle democrático das forças armadas que nelas participam do que o chamado *peacebuilding* liberal (Kenkel, 2021). No caso de tropas oriundas de contextos domésticos de controle civil incompleto, o engajamento em missões multilaterais de estabilização, com objetivos ligados a uma perspectiva de contrainsurgência, pode, ao contrário, desfavorecer dinâmicas de democratização, fortalecendo ímpetos autoritários e a autonomia militar em relação à supervisão civil (Cunliffe, 2018).

Este capítulo se divide em três partes. Primeiro, sintetiza a literatura sobre a evolução das operações de paz da ONU, com ênfase nas atuais operações de estabilização e sua aproximação com as práticas de contrainsurgência/pacificação. A segunda parte apresenta o caso da Minustah, considerando os contornos que definiram os 13 anos do engajamento militar brasileiro no Haiti e os questionamentos que a chamada "virada para a estabilização" nas missões de paz faz emergir sobre o lugar das forças armadas na produção da ordem pública e as relações entre civis e militares em um regime democrático. Por fim, traz considerações finais e identifica avenidas para futuro engajamento acadêmico com esse nexo de temáticas.

A evolução das operações de paz

Podemos dividir as mais que sete décadas da existência das operações de paz da ONU em cinco gerações (Kenkel, 2013b), distinguíveis predominantemente por mudanças na aplicação nos princípios basilares que Williams e Bellamy (2021:131) identificam como "Santíssima Trindade" das operações de paz: consentimento do Estado anfitrião, imparcialidade e uso mínimo da força. A *primeira geração*, a manutenção da paz tradicional, coincidiu com o período da

Guerra Fria e consistiu em práticas destinadas a apoiar diretamente processos de negociação, como interposição, monitoramento e apoio à comunicação entre as partes em conflito (Williams e Bellamy, 2021:53-64; Kenkel, 2013b:125-127). Exemplos incluem a United Nations Truce Supervision Organization (Untso), de 1948 até o presente, e a First United Nations Emergence Force (Unef), ambas no Oriente Médio (1956-1967). Nessa fase, as operações possuíam contingentes exclusivamente militares, com mínimo contato com a população local e cuja atuação estava sujeita a uma interpretação restritíssima dos três princípios mencionados e dos limites do Capítulo VI da Carta da ONU que as embasava.[1]

Esses limites, porém, condenavam os capacetes azuis ao papel de espectadores frente às gravíssimas crises humanitárias dos anos 1990, notavelmente em Ruanda, na Somália e nos Bálcãs. Em resposta, uma *segunda geração* de operações viu acrescentadas aos seus mandatos tarefas humanitárias, como *inter alia*: entrega de alimentos e tratamento médico; assistência à repatriação de refugiados; programas de desarmamento, desmobilização e reintegração de combatentes; e fomento à criação de capacidades no âmbito da administração pública (Williams e Bellamy, 2021:150-177; Diehl, 2008:50-55; Kenkel, 2013b:129; Fetherston, 1994:23-44). Verifica-se, através das modificações dos mandatos nessa época, a adoção de uma postura crescentemente mais proativa com respeito à transformação dos conflitos (Kenkel, 2013b:128). Entre as operações relacionadas a esta geração estão a Unomoz (1992-1994) e a Unosal (1991-1995).

O acréscimo de tarefas civis, humanitárias e que visavam apoiar a reforma de estruturas institucionais dos Estados em conflito, sem o aumento correspondente nas capacidades operacionais dos capacetes azuis, abriu uma importante lacuna na prática das operações de paz. Ao resistirem por meio da violência à execução dos mandatos de segunda geração em seu território, atores contrários à presença internacional (*spoilers*) passaram a ameaçar o cumprimento dos objetivos das forças da ONU. Essa fase marca o gradual abandono da interpretação rígida da "Trindade Santa" dos princípios, trazendo como principal repercussão a expansão do uso da força militar pelos contingentes, para além da legítima defesa (Rudolf, 2017).

---

1 Na famosa citação do então secretário-geral da ONU Dag Hammarskjöld, tratava-se de "um trabalho que não é para soldados, mas que só soldados conseguem fazer".

De fato, na esteira de eventos como os genocídios em Srebrenica e Ruanda – ambos ocorridos em contextos de responsabilidade de contingentes da ONU – aumentou-se a aceitação, no Conselho de Segurança, do uso da força militar para proteger a vida de civis ameaçados pelos conflitos (ONU, 2000; Williams e Bellamy, 2021:76, 178-199; Wheeler, 2000). Isso daria ímpeto ao que podemos denominar *terceira geração*: a imposição da paz, ilustrada pela intervenção da Otan referente ao conflito no Kosovo em 1999 (Kenkel, 2013b:129-132). Em consequência dessa evolução, observou-se o considerável aumento do tamanho dos contingentes militares de determinadas operações, acompanhado de uma crescente militarização dos mandatos e sua implementação (Boulden, 2001; Sloan, 2014; Greenburg, 2013).

A chamada *quarta geração* das operações de paz cristalizou-se como uma prática já descrita em 1995 pelo então secretário-geral Boutros-Ghali: a consolidação, ou construção, da paz (*peacebuilding*). Por meio da adoção de um arcabouço de medidas associadas ao liberalismo político e econômico, essa prática adota uma abordagem ambiciosa da resolução de conflitos, visando a uma solução holística para a restauração institucional e societal em contextos de pós-guerra. Destaca-se das gerações anteriores por adotar como objeto referente dos seus esforços o bem-estar da população local, a partir da reconstrução e fortalecimento do aparato estatal e da provisão de bens públicos (Doyle, 2011; Doyle e Sambanis, 2006; Paris, 2004). Exemplos dessa geração incluem as administrações transitórias da ONU no Kosovo (Unmik) e em Timor-Leste (Untaet). Porém, o paradigma da chamada "paz liberal" subjacente a essas operações foi amplamente criticado por sua abordagem *top-down* e por percebidas semelhanças com padrões típicos do relacionamento colonial e imperial, como práticas intrusivas e normalizadoras das sociedades-alvo (Richmond, 2007; Chandler, 2006; Moreno, Chagas e Siman, 2012; Blanco, 2017).

O desdobramento de operações de paz em contextos nos quais inexiste um acordo de paz, e em que grupos armados ameaçam a vida de civis e a estabilidade do Estado, contribuiu para um redirecionamento e estreitamento dos mandatos das operações de *peacebuilding* e, finalmente, para a constituição de uma nova geração de operações denominadas, especialmente a partir dos anos 2000, operações de "estabilização". Nessa *quinta geração* de operações prioriza-se – no lugar do bem-estar socioeconômico da população local, como no *peacebuilding* – a contenção e/ou eliminação de grupos vistos como contrários aos interesses do país anfitrião e agressores das populações civis (caracterizados como "insurgentes", "gangues de criminosos" e "terroristas") e o fortalecimento dos sistemas estatais diretamente voltados para a ordem pública (sistema judiciário, penal, policial etc.) (De Coning, 2015; Pingeot, 2018). Após o fim da Minustah, que será discutida na próxima seção, essa nova geração de operações encontra expressão prática, atualmente, na República Democrática do Congo (Monusco), no Mali (Minusma) e na República Centro-Africana (Minusca).

Na literatura militar e de segurança contemporânea, o termo estabilização tem sido usado de forma intercambiável por "pacificação" – como o faz o Exército brasileiro –, contrainsurgência, policiamento comunitário e de proximidade (Muggah, 2014:4). Isso se dá devido ao fato de que todos os termos enfatizam, entre outros fatores, uma conexão entre o uso da violência e tentativas de "ganhar corações e mentes" das populações-alvo. Guerras de pacificação, nesse caso, são guerras de domesticação, nas quais o terreno do social é concebido como um campo de operações a ser controlado (Owens, 2015; Grove, 2016). Nessa lógica pacificadora, as práticas militares e de policiamento são facetas de um mesmo processo de fabricação da ordem social (Neocleous, 2014).

Assim, embora a estabilização ainda seja concebida como um termo ambíguo na literatura especializada, entende-se que essas operações abarcam um conjunto de atividades que envolvem desde operações letais até ações sociais e humanitárias: "estabilizadores/pacificadores" são aqueles que "usam vários chapéus [...] matando e capturando 'elementos da oposição' pela manhã e construindo poços e promovendo o desenvolvimento da comunidade à tarde" (Muggah, 2014:4). Nessa configuração estratégica e tática, as relações civil-militares assumem um caráter particular com o corpo militar coordenando de forma autônoma tarefas tradicionalmente lideradas por civis.

Mesmo que o conceito de estabilização não tenha uma definição consensual dentro da ONU, a prática claramente se inspira nas experiências dos países da Otan no Afeganistão e no Iraque (Karlsrud, 2019). Assim, a estabilização representa uma nítida ruptura com a lógica do *peacebuilding* e com a tradição anterior do princípio da imparcialidade das operações de paz (Laurence, 2018), priorizando-se os interesses estratégicos do governo anfitrião e dos países interventores do Conselho de Segurança (Howard e Dayal, 2018). No lugar da ênfase em tarefas de cunho civil e voltadas para induzir transformações sociais mais amplas, adota-se uma lógica profundamente militarizada (Mac Ginty,

2012; Gelot, 2017; Kenkel, 2021) visando apoiar o Estado em conflito no restabelecimento de sua soberania territorial contra inimigos internos (Williams e Bellamy, 2021:200-220). Repetidas análises anotam que a subordinação dos objetivos das missões a diretrizes militares reduz substancialmente a eficácia destas na resolução de conflitos – atividade de natureza política e civil (Howard, 2019:546; Curran e Hunt, 2020:53).

Nessa perspectiva, é possível dizer que o projeto de segurança das operações de estabilização é também um projeto de polícia, na medida em que implica modalidades de poder que encontram na população seu campo de intervenção e em que se volta, por meio de um discurso da estabilidade e da proteção de civis, para a gestão do binômio ordem/desordem (Doucet, 2018).

A participação militar brasileira na Minustah

Durante a década de 1990, o Brasil assumiu uma posição internacional claramente não intervencionista em relação à situação no Haiti. Por meio de sua atuação como membro não permanente no Conselho de Segurança da ONU, o país se absteve em diversas das votações sobre a questão haitiana, incluindo aquela que autorizou uma força multinacional liderada pelos EUA naquele país. Dez anos depois, a posição brasileira mudaria radicalmente com o apoio ao estabelecimento de uma nova missão da ONU no país caribenho e sua disposição de liderar o braço militar.

Estabelecida em 30 de abril de 2004 pela Resolução nº 1.542 do Conselho de Segurança, a Minustah foi autorizada em resposta à violência que havia culminado com a renúncia do então presidente Jean Bertrand Aristide. De acordo com essa resolução, a operação tinha como mandato inicial a manutenção da estabilidade política no país e o restabelecimento da ordem pública provendo o apoio para a realização de eleições gerais, o desarmamento dos grupos beligerantes, a proteção dos direitos humanos e a reestruturação da Polícia Nacional Haitiana. Diferentemente das operações tradicionais de manutenção da paz, o desdobramento da Minustah não foi justificado com base na existência de um cessar-fogo entre partes em conflito, ou de um processo de paz a ser apoiado militarmente.

Além disso, considerando que a situação no Haiti não se configurava como uma guerra civil, as atividades militares da Minustah passaram facilmente a incluir ações ofensivas contra grupos heterogêneos definidos de forma indiferenciada e pouco criteriosa como "gangues criminosas" (Cockayne, 2014; Pingeot, 2018). Diante da indefinição das motivações desses grupos, sua apresentação, em discursos oficiais, como criminosos comuns também servia para minimizar a aparência de apoio político ao governo haitiano – fator inerente à natureza da estabilização. Depois de 2010, com a enorme devastação causada pelo terremoto, a Minustah abarcou também várias tarefas humanitárias e de reconstrução a serem implementadas pelos braços civil e militar da operação.

No maior envio de tropas do país ao exterior desde a Segunda Guerra Mundial, o Brasil forneceu à Minustah, ao longo de 13 anos, o maior contingente nacional de toda a operação – totalizando mais de 37 mil militares, além de oficiais-generais para ocupar a posição de comandante da força (*force commander*). Tal fato é algo inédito na história da ONU, uma vez que o comando militar de uma operação nunca havia permanecido tanto tempo nas mãos de um mesmo país, sendo comum um rodízio entre diferentes países (Hamann e Teixeira, 2017).

Na posição de líder militar da operação, o Brasil assumiu a tarefa preliminar de coordenar a desmobilização de grupos armados que conduziam atividades ilegais e ameaçavam a população em alguns bairros de Porto Príncipe. Através da implementação de vários procedimentos policiais e militares não convencionalmente atribuídos a operações de paz – tais como o uso de postos de controle, "operações de busca e apreensão", "operações de cerco e varredura" e os chamados "pontos fortes" –, as tropas brasileiras conseguiram estabelecer uma presença permanente em algumas das áreas mais violentas da capital haitiana.

Em julho de 2005, por exemplo, o general Augusto Heleno – que liderou o braço militar da Minustah em junho de 2004 até setembro de 2005 – conduziu a operação Punho de Aço, que resultou na morte de Emmanuel "Dread" Wilme, conhecido líder de gangue em Cité Soleil, e de seis de seus aliados. Mesmo tendo durado sete horas, e tendo usado 22.700 cartuchos de munição, a operação não rendeu os dividendos esperados pelo componente militar, que continuou sem conseguir realizar patrulhas a pé no bairro (Cockayne, 2014). O uso de força letal contra as gangues também foi realizado em 2007 durante as operações Blue House e Jauru Sudamericano.

Esta ultima, realizada em área de responsabilidade do batalhão brasileiro, foi a maior operação conduzida pela Minustah, com 717 militares, 44 viaturas blindadas de combate, 11 veículos e um helicóptero. Os cerca de 10 mil tiros disparados pela tropa da Minustah resultaram na prisão de membros do grupo armado alvo, na conquista de pontos entratégicos dentro da Cité Militaire e na apreensão de 5 mil cartuchos de munição, facões e uma máscara de gás (Dorn, 2009). Embora o número de civis mortos e feridos nessas operações seja impreciso, a enorme densidade populacional das áreas de ocorrência das ofensivas relatadas, com edificações extremamente precárias, é sugestiva da extensão da violência sobre as populações moradoras (Zanini, 2019).

Para a realização dessas operações ofensivas, o batalhão brasileiro (Brabatt) se apoiou em unidades do Exército, como o Destacamento de Operações de Paz (Dopaz), unidade de elite formada por militares com cursos de comandos e forças especiais, e o Destacamento de Operações Psicológicas (DOP). Essa combinação teria não apenas aumentado o poder de combate da tropa, mas também facilitado a montagem de redes de informantes, a condução de operaçoes de patrulha e de inteligência e a difusão de mensagens visando conquistar o apoio da população e uma imagem positiva da Minustah no terreno.

As práticas de estabilização adotadas pelos contingentes brasileiros se pautavam em um discurso que relacionava pobreza, subdesenvolvimento, violência e crime (Gomes, 2016; Siman e Santos, 2018). Para o general Heleno, uma particularidade da situação no Haiti era a explícita inter-relação entre pobreza e crime, dado que gangues criminosas tinham raízes profundas em uma sociedade cercada pela pobreza extrema (Aldunate, 2010). De acordo com outro ex-comandante do componente militar da missão, o general Carlos Alberto Santos Cruz, se por um lado a segurança era fundamental para criar as condições para o desenvolvimento, por outro a fome e a miséria estariam na base dos comportamentos criminosos no país caribenho (Cruz, 2011).

A lógica de criminalização da pobreza articulada pelos generais brasileiros refletiu-se em um padrão de ação próprio de práticas de pacificação e contrainsurgência, tal como se conhece domesticamente, e historicamente, no Brasil (Siman e Santos, 2018). Nessa perspetiva, técnicas e táticas adotadas para neutralizar grupos armados e a institucionalização de patrulhas e outras rotinas policiais nas áreas "pacificadas" foram frequentemente acompanhadas por uma série de intervenções que visavam fornecer ajuda humanitária à população e facilitar o acesso a serviços básicos.

Assim, desde o início da Minustah, o Brasil estimulou a cooperação entre civis e militares para a realização de atividades sociais e de desenvolvimento.

Junto à ONU, o país defendeu o uso dos chamados "projetos de impacto rápido" (QIPs, na sigla em inglês) que permitiam à operação atuar na restauração de escolas, prisões, unidades policiais e espaços públicos; o apoio a clubes de futebol; limpeza de ruas e coleta de lixo; construção de mercados públicos e implementação de melhores condições de acesso à agua potável. Os brasileiros foram o contingente que mais fez uso de QIPs para apoiar a população e, ao mesmo tempo, avançar nos objetivos de estabilização da missão (Hamann, Garbino e Folly, 2017).

Ao mesmo tempo, os batalhões brasileiros investiram nas conhecidas Acisos (ações cívico-sociais) que, com apoio da Companhia de Engenharia (Braengcoy), incluíam tarefas relacionadas à infraestrutura, comunicação, saúde pública e atividades de distribuição de alimentos, assistência médica, reforma de edifícios e de entretenimento, especialmente em escolas e orfanatos (Harig, 2015).

O envolvimento frequente dos contingentes militares brasileiros em Acisos e QIPs levou a uma concepção particular de coordenação civil-militar (Cimic) na qual era estimulada a execução direta e independente por parte do corpo militar de atividades geralmente incumbidas a civis (Santos e Siman, 2022), tendência que encontra respaldo na história do Exército brasileiro no plano nacional. A institucionalização dessa perspectiva de coordenação no Haiti teria, inclusive, segundo Juliana Pinheiro, "abrasileirado" as práticas de coordenação civil-militar na Minustah, uma vez que engajamentos militares diretos em ações cívico-sociais e de apoio humanitário foram sendo progressivamente integrados no amplo espectro da operação (Pinheiro, 2015). Tal percepção reforça análises que demonstram que, na ausência de diretrizes concretas para ação das tropas no terreno, os contingentes seguem regras informais praticadas em seus contextos nacionais (Ruffa, 2014, 2017). Nessa perspectiva, a expressão significativa de culturas militares específicas, mesmo no âmbito de operações multinacionais, sugere potenciais falhas no controle civil da missão, com impactos prejudiciais para as relações civil-militares também no plano internacional.

O fim da Minustah, em 2017, foi marcado por muitas contradições. Por um lado, enfatizou-se a contribuição da operação para a diminuição dos índices de violência e melhoria de indicadores referentes à gestão da ordem pública. Nessa direção, a Minustah, inclusive, serviu de inspiração para outras operações da ONU que realizam ações de contrainsurgência e fazem o uso de capacidades de inteligência para atacar a violência criminal (Siman e Santos, 2018; Pingeot, 2018).

Por outro lado, críticas contundentes à operação da ONU colocam em xeque essa avaliação. Enquanto as forças desdobradas atuaram controlando distúrbios e aliviando pontualmente as necessidades da população haitiana, a Minustah foi criticada pela violência de suas operações de pacificação, bem como por muitas denúncias de exploração e abuso sexual (Lee e Bartels, 2020). A epidemia de cólera causada por soldados do contingente nepalês também evidenciou abertamente aspectos nocivos do intervencionismo internacional no Haiti (Lemay-Hébert, 2014). Na posição de quinta intervenção internacional no país, a Minustah não alterou as hierarquias e estruturas de desigualdade que, desde a colonização, pautam tanto as relações do mundo com o Haiti quanto aquelas entre diferentes setores da sociedade haitiana.

Embora os resultados da Minustah para o Haiti sejam bastante questionáveis, os militares brasileiros celebraram sua participação como um sucesso.[2] Concebida como um marco no processo evolutivo da participação do Brasil em operações de paz, o engajamento na Minustah foi definidor para atualização de manuais, doutrinas, material bélico e para o aprimoramento do treinamento das tropas, inclusive por meio da criação de estruturas permanentes, como o Centro Conjunto de Operações de Paz do Brasil (CCOPAB), no Exército brasileiro, e a Escola de Operações de Paz de Caráter Naval (EsOpPazNav), na Marinha do Brasil (Braga, 2019). Os 13 anos na Minustah renderam um convite por parte da ONU para que o Brasil participasse de futuras operações de paz com alto nível de complexidade (Lacroix, 2017).

O papel exercido no Haiti também resultou na indicação de um general brasileiro para assumir o comando da força militar da Missão das Nações Unidas para Estabilização da República Democrática do Congo (Monusco) e de um almirante para assumir o comando da Força-Tarefa Marítima da Força Interina das Nações Unidas no Líbano (Unifil), até então exercido exclusivamente por países integrantes da Otan. Porém, ainda que a Minustah tenha tido efeito positivo sobre a imagem do militar brasileiro no plano internacional, a experiência no Haiti levanta dúvidas quanto aos efeitos desse longo engajamento para a integração dos militares ao regime democrático no contexto doméstico.

---

2 Ver, por exemplo, a campanha do Exército "Brasil no Haiti, um caso de sucesso", feita para divulgar os 13 anos de participação de militares brasileiros na Minustah. Disponível em: <www.coter.eb.mil.br/images/sistema/menu_divmispaz/brasil_haiti/01-Brasil-no-Haiti-Um-Caso-de-Sucesso.pdf>. Acesso em: out. 2023.

O crescente envolvimento das forças armadas na segurança pública e na política brasileira tem explicitado tanto a ampliação das esferas de atuação dos militares quanto seus limites de controle civil.

Por um lado, a Minustah apresentou-se como "laboratório" para uma série de experimentações táticas, especialmente no que se refere a atividades de natureza policial, como se viu com a autorização cada vez mais frequente de operações de garantia da lei e da ordem (GLO) e, mais notadamente, no contexto do programa de pacificação no Rio de Janeiro, conhecido por suas Unidades de Polícia Pacificadora (UPPs). Nesse caso, a ideia de uma ocupação permanente das áreas urbanas a serem controladas pela polícia teria inspiração nos conceitos e técnicas empregados pelo Exército brasileiro no Haiti (Harig, 2019a; Marques, 2018; Siman e Santos, 2018). A ação no país caribenho legitimou o emprego das forças armadas para apoiar intervenções que antecederam a criação de UPPs em comunidades designadas. Sintomático também dos efeitos da Minustah para a militarização da segurança pública é a nomeação, durante o governo de Michel Temer, do general Santos Cruz (então na reserva), ex-comandante militar da Minustah, para chefiar a Secretaria Nacional de Segurança Pública entre 2017 e 2018.

Por outro lado, a "turma do Haiti", como passou-se a dizer, participou determinantemente no governo de Jair Bolsonaro: seis dos 11 comandantes da Minustah estiveram à frente de ministérios ou em secretarias estratégicas (Marques, 2021). A presença dos militares na política tem sido justificada não por sua autoridade no uso da violência, e sim com base em aspectos como capacidade logística, eficiência de gestão e um rigor técnico, supostamente incorruptível, da corporação militar (Santos e Siman, 2022; Siman, Viana e Santos, 2024). Nesse aspecto, tal presença reproduz e fortalece, quando associada à Minustah, um imaginário nacional do militar concebido como estabilizador da ordem pública (Souza, 2008), como capacitado para articular "ordem" e "progresso" e o "braço forte" à "mão amiga", como proclamado no lema do Exército brasileiro (Gomes, 2014). Durante o governo Bolsonaro esse imaginário não apenas foi colocado à prova por meio de elementos que demonstram a inadequação das forças armadas para a gestão civil, como levantou questões sobre os parâmetros das relações civil-militares no país.

Considerações finais e pontos para pesquisas futuras

O capítulo discute algumas das consequências da chamada "virada para a estabilização" nas operações de paz da ONU. Ao invés de buscar compreender os impactos dessas operações nas sociedades-alvo, busca-se refletir sobre as consequências que o engajamento nessas missões traz para as relações civil-militares no contexto dos países contribuintes de tropas. Argumenta-se que, no quadro da ainda inacabada consolidação do controle democrático no Brasil, as consequências do extenso engajamento militar na missão de estabilização no Haiti e o potencial de continuidade desse tipo de participação brasileira em operações da ONU levantam questões sobre o enfraquecimento da subordinação das forças armadas aos valores democráticos (Kenkel, 2021).

A militarização da tomada de decisão nessas operações, assim como a substituição do foco no ser humano pela influência de teorias de contrainsurgência associadas às ditaduras militares da Guerra Fria e aos padrões de pacificação interna comuns desde a época colonial, pode produzir um efeito de socialização de padrões de submissão incompleta à autoridade civil (Kenkel, 2021:235; Porch, 2011). Além disso, a participação em operações de paz cujas regras de engajamento autorizam um uso cada vez mais expansivo e proativo da força pode contribuir para a demanda, pelas tropas participantes, de normas mais flexíveis também em operações domésticas, como observado no contexto brasileiro (Harig, 2019).

Finalmente, outro caminho pelo qual a participação em operações de estabilização produz efeitos sobre a atuação doméstica de forças militares é através do desenvolvimento de documentos doutrinários que organizam "lições aprendidas" e as traduzem para outras formas de engajamento. Um exemplo nesse sentido se dá no campo da cooperação e coordenação civil-militar (Cimic), tópico sobre o qual organizações militares brasileiras têm produzido uma série de manuais e experimentações doutrinárias ao longo dos últimos anos em que se enfatizam as conexões entre engajamentos tão diversos quanto a Minustah, as operações de GLO, e a atuação em logística humanitária na Operação Acolhida, em Roraima. Nesse processo, cristalizam-se entendimentos acerca da relação entre civis e militares que traduzem tensões e disputas eminentemente políticas como meros problemas de *coordenação*, a serem resolvidos por meio de ajustes procedimentais e técnicos (Santos e Siman, 2022; Paris, 2009).

O capítulo reforça a ideia de que a associação das forças armadas à retórica altruísta das operações de paz acaba aumentando a capacidade de forças armadas que não aceitam o controle civil de resistir à democratização (Cunliffe, 2013:180-182; Adhikari, 2020:375). De fato, como já assinalado por outros autores, em situações em que a democratização inacabada se manifesta pela falta de interesse ou conhecimento da política civil, a participação nas operações de paz pode contribuir para a erosão do controle civil (González e Jenne, 2021). Se o protagonismo na projeção da imagem do país no exterior é cedido às forças armadas, essas se estabelecem como fonte da legitimidade das ações do governo civil na questão (Adhikari, 2020:378). Dessa forma, a participação de tropas oriundas de contextos domésticos de controle civil incompleto – como o Brasil – em operações de estabilização carrega o risco de exercer um efeito negativo sobre a integração das forças armadas ao regime democrático. O caso da participação do Brasil na Minustah oferece um conjunto de exemplos contundentes dessa dinâmica, estimulando uma reflexão futura, e urgente, sobre a fronteira civil-militar em um contexto marcado por uma presença crescente de militares em cargos de autoridade civil no Brasil.

Sugestão de *links* e literatura selecionada adicional sobre o tema

<www.unmissions.org/>: página da ONU com informações referentes às missões de paz da organização atualmente ativas. Inclui também *links* de acesso para páginas de operações de paz e missões políticas passadas.

<https://rebrapaz.com/>: página da Rede Brasileira sobre Operações de Paz, com informações sobre eventos e publicações relativos ao tema.

"The crisis in United Nations peace operations": fórum publicado pelo periódico *Contemporary Security Policy* (v. 42, n. 2, 2021), que reúne artigos acerca da trajetória futura das operações de paz da ONU face a desafios contemporâneos. <Contemporary Security Policy: v. 42, n. 2 (tandfonline.com)>.

11. Amazônia e forças armadas: ideologia e ação política

Piero Leirner

Introdução

A transição entre os anos 1980 e 1990, marcada pelo final da Guerra Fria e, aqui no Brasil, pela posse de Fernando Collor, o primeiro presidente eleito após a ditadura (1964-1985), teve como um dos seus efeitos uma reestruturação dos papéis das forças armadas brasileiras (Martins Filho e Zirker, 2000). Militares se queixavam de ter perdido uma janela de oportunidade na Guerra Fria: o Brasil saiu estagnado desse processo e os EUA, aliados preferenciais de outrora, claramente não se empenharam em ajudar o país a se tornar uma potência regional nos moldes do que foi pensado por militares desde os anos 1950, como aparece nos textos de Golbery do Couto e Silva e Carlos de Meira Mattos – dois dos principais expoentes de uma geopolítica produzida por nossos militares.

Definitivamente, o Brasil não se "deslocou" para o hemisfério norte, nem se colocou na centralidade do hemisfério ocidental, algo almejado pelos grupos de poder que tocaram o regime de 1964. De certa forma espremidos na configuração do mundo pós-União Soviética e sem papel claro, os militares acionaram a Amazônia como o cenário que mais cabia em um repertório que já estava dado como um ponto crítico na sua leitura de possíveis ameaças, e que deveria embutir elementos que não entrassem em contradição com tudo aquilo que foi tomado como uma tradição no pensamento e doutrina militares. Isso incluía deslocar e transformar o modo como se mobilizava o anticomunismo que desde os anos 1930 animava sentimentos hegemônicos na oficialidade (Motta, 2000; Cunha, 2024) e também aquilo que estava acoplado a ele, a doutrina da guerra (contra) revolucionária (Martins Filho, 2008b; Leirner, 2020), adaptando vários de seus dispositivos ao teatro de guerra amazônico, sobretudo após a experiência de combate à guerrilha do Araguaia.

Sem guerrilha e sem grandes projetos que cumpririam o *destino manifesto* do Brasil (Mattos, 1980), foi hora de (re)acionar repertórios que reavivaram as ameaças do exterior. A partir de meados dos anos 1980 é possível ver em textos produzidos por militares, ou que circulam entre eles, um adensamento de percepções que detectavam ameaças seculares. Das mais mobilizadas, temos "a tese defendida, em 1850, pelo chefe do Observatório Naval de Washington, Mathew Maury, que propunha a ocupação norte-americana da Amazônia, expandindo a produção de algodão daquele país" (Silva, 2019); o "projeto da Hileia Amazônica da Unesco", prevendo fatiar a Amazônia ao modo do que se pensou a Antártida (Mattos, 1980:123-124) e usá-la como área de desafogo para o problema da superpopulação asiática (Mattos, 1980:135); usar a proposta do Hudson Institute, de 1967, para a construção de um "sistema internacional de lagos amazônicos" (Mattos, 1980:135). Versões de mapas que mostravam uma "área internacional" passaram a circular "demonstrando" como ONGs eram organizações de fachada, que se valiam de personalidades como o cantor Sting e o cacique Raoni (Barreto, 1995; Lino et al., 2005), e a fala do então senador e depois vice-presidente americano Al Gore, em 1989, afirmando que, "ao contrário do que os brasileiros acreditam, a Amazônia não é propriedade deles, ela pertence a todos nós" (Silva, 2019) passou a ganhar peso. Finalmente, mais recentemente, temos a proposta do "corredor triplo A", de 2015, que especula sobre a criação de um "corredor ecológico" que ligaria os Andes ao Atlântico, passando pela Amazônia (Silva, 2019).

Estas "propostas" – colocadas aqui propositadamente entre aspas –, acabaram por dar sentido a uma teoria que serve de suporte para uma readequação da identidade militar brasileira: a Amazônia passou a ser vista como um cenário de ameaças e os militares deveriam se orientar em função dessa realidade. A corporação parecia ter achado uma vocação singular, longe da ideia de forças subordinadas, atuando em segundo plano contra um inimigo que vinha de longe para assombrar um terreno secundário, como parece ter sido o caso desempenhado durante a Guerra Fria. A *cobiça*, que encontra sua cara-metade numa ideia de *internacionalização da Amazônia*, dava e dá aos militares um motivo mais direto e nacional para redefinir seu papel, com a defesa de uma parte importante da integridade do Brasil. Assim, não caberia mais participar de uma guerra por procuração – ainda que a ameaça comunista, com toda uma série de projeções sobre uma ideia de "globalismo" promovido por organizações internacionais jamais tenha saído do radar militar.

Todos esses elementos foram imbricados, vamos dizer assim, numa complexa operação de deslocamento cognitivo que ocorreu principalmente na força terrestre, e depois se espalhou para as outras duas forças. Seu resultado concreto se manifestou em projetos como o Calha Norte (principalmente do Exército), o Sivam (da FAB) e a Amazônia Azul (da Marinha). Até se chegar a essas consequências práticas, houve a alimentação dessas percepções e uma reestruturação doutrinária nada trivial (inclusive com uma reescrita do passado), que implicou hipostasiar-se uma ideologia da Amazônia na tropa e além dela. Essa noção de ideologia que estou empregando aqui visa dar conta de entender como as mais diversas ordens de problemas estão conectadas no senso comum dos próprios militares, a fim de estruturar um campo de ação que é fundamentalmente político. Digo isso porque a *questão amazônica* teve efeitos no modo como os militares produziram ao mesmo tempo demandas e pressões em relação ao resto do Estado e da sociedade, e uma galvanização interna em torno de algo que os *une*. Nessa linha, os militares usaram a Amazônia como um território (geográfico e cognitivo) para um reequacionamento de seu papel político a partir do final da década de 1980.

Como se verá a seguir, o recolhimento à caserna pós-ditadura não eliminou dos militares sua ação política como grupo que pretende um tipo de hegemonia governamental. Pelo contrário, a *questão amazônica* permitiu o redirecionamento de forças represadas pelo suposto "controle civil" de tempos democráticos para uma espécie de enclave político dos militares. Nessa Amazônia, os militares devem ocupar espaços físicos e simbólicos, domesticar populações, agregar elites, esquadrinhar territórios *internos* ao Brasil, definir legislações, produzir projetos e políticas públicas. Além disso, o tipo de guerra que é pensado a partir da selva – assimétrica, irregular, de quarta geração, entre outras (Leirner, 2020) – também se configurou para algo que considera necessária uma ação política além-caserna.

Se as ações que as forças armadas estabeleceram na fronteira amazônica produziram componentes que poderíamos identificar como "militares" – monitoramento e vigilância de fronteiras, instalação de brigadas e subunidades, produção de *expertise* em guerra na selva, entre outros –, também é notável que isso tenha sido direcionado a um sentido ideológico mais amplo, que visa ao mesmo tempo galvanizar a tropa em torno de uma visão política para o Brasil e convencer agentes políticos sobre seu próprio papel redentor. Considerando todos esses elementos, pretendo assim, como ideia geral deste capítulo, mostrar que a Amazônia, ao ocupar uma zona cinzenta entre guerra e política, impõe um parâmetro mais amplo para pensar um projeto militar para o país inteiro. Porém, antes de chegar a esse ponto, cabe um rápido sobrevoo sobre antecedentes desse processo ideológico que começa nos anos 1980, buscando alguns indícios de como a Amazônia era vista por militares em tempos anteriores.

Para frente no passado: do vazio amazônico até seu *big-bang*

Como bem constatou Adriana Marques (2007:48),

> a linearidade presente no discurso militar – que vê sua atuação na Amazônia como continuação do papel desempenhado pelos colonizadores portugueses na região – mostra que os militares brasileiros não identificam o colonizador português como seu antípoda, um sentimento comum a forças militares criadas a partir de um processo de independência, mas reverenciam-no como seu antecessor.

Talvez esta característica – o não rompimento epistemológico com seus vetores coloniais – marque a simbiose entre uma bricolagem de ideias sobre a Amazônia e a moldura que a enquadra como um "vazio demográfico", sobre o qual se assentariam representações etéreas, idílicas e muitas vezes paradoxais sobre o papel geopolítico, estratégico e político da Amazônia até os anos 1980.

Ao longo dos séculos de colonização, foram instituídos fortes e algumas poucas unidades militares que muitas vezes imbricavam agências coloniais, religiosas e mercantis (Castro e Souza, 2006). Já no século XX, como um desdobramento das expedições de Rondon, desde os anos 1930 se falava nos termos de ocupação da região que iriam se tornar um mote desenvolvimentista durante o regime militar de 1964. Em termos propriamente militares, porém, pouca coisa foi realizada: em 1964 foi criado o Centro de Instrução de Guerra na Selva (Cigs); em 1969, o Comando Militar da Amazônia é transferido de Belém para Manaus, instituindo uma nova região militar; e em 1973 o Exército criou batalhões de Infantaria de Selva (cinco) na região da Transamazônica, deixando clara a ideia de subordinação do projeto militar a um plano de ocupação econômica, mas também como elemento de dissuasão da guerrilha do Araguaia (Martins Filho, 2003). Todo esse processo, em contraste com o que ocorria de forma exponencial em outras regiões do país (especialmente o Sul), sugere que até determinada época, que coincide com o final da ditadura, a Amazônia era residual no sistema militar brasileiro.

Quando pegamos, por exemplo, os três volumes da *História do Exército brasileiro* editados pelo Estado-Maior do Exército em 1972, notamos que em suas mais de 1.100 páginas a Amazônia ocupa pouco mais de 40. É sobre uma base colonial e suas representações acerca do "vazio demográfico" e da "questão indígena" que se colocam, desde o século XIX, os termos que vão balizar uma longa duração do pensamento militar sobre a Amazônia (Marques, 2007; Castro e Souza, 2006). A resposta ao "vazio" vem com a ideia de um "espaço vital" que deve ser alvo de um "destino manifesto" conduzido pelos militares (Mattos, 1980; Castro e Souza, 2006); e a "questão indígena" traz uma dimensão agonística desse processo, entendendo que índios podem servir como plataformas às supostas ambições estrangeiras na região (Cavalcanti-Schiel, 2009).

Vê-se, hoje em dia, a citação exaustivamente repetida em textos militares, e escrita em paredes de quase todos os pelotões especiais de fronteira – "Árdua é a missão de defender e desenvolver a Amazônia. Muito mais árdua, porém, foi a de nossos antepassados em conquistá-la e mantê-la". Esse tipo de noção ou produção de (ante)passados faz parte de vários processos de invenção da tradição (como pontuado no caso brasileiro por Castro, 2002). Isso não é muito diferente daquilo que Meira Mattos produziu como uma linha de continuidade entre a geopolítica seiscentista e o que deveria ser pensado como os eixos estratégicos nos séculos XX-XXI. Para ele, as expedições de Francisco de Orellana (1539-1542) marcando o eixo Andes-Atlântico; a de Pedro Teixeira (1637) da foz do Amazonas para as nascentes; e a bandeira de Raposo Tavares (1648-1651) de São Paulo ao Peru e dali à foz do Amazonas, consistiriam nas linhas de força que deveriam marcar a projeção do poder nacional ao norte e oeste da América do Sul de hoje (Mattos, 1980:21 e segs.).

Nas 200 e poucas páginas de *Uma geopolítica pan-amazônica,* Meira Mattos (1980) tece considerações de ordem econômica e política, visando estabelecer os parâmetros do "vazio demográfico" e apresentar o que seriam as soluções –

quase todas baseadas em ações políticas e diplomáticas, diga-se de passagem. As questões propriamente militares, ou histórico-militares, estão condensadas em 30 páginas dedicadas ao tema "geografia", onde se levantam os esforços que vão das fortificações da colônia até o começo do século XX, quando se dão sobretudo a "Questão do Amapá" (abrangendo mais de 250 anos de incertezas territoriais, com destaque para a Cabanagem durante a regência), a "Questão acriana" (que dura do final dos anos 1860 até 1903), e a "questão do Pirara", que envolveu contestações com a Inglaterra e Venezuela na faixa da Guiana. Esta última será objeto de reflexões militares posteriores que acionam, já em 1904, uma estratégia de "mobilização de uma questão indígena a partir de missionários" como pretexto de contestações territoriais. Como se pode ver, até o final do livro quase mais nada é falado sobre problemas propriamente militares; o problema da "internacionalização da Amazônia" apenas é citado de forma passageira e sem maiores propostas de enfrentamento, repetindo em dois parágrafos o conteúdo que a *História militar brasileira,* no seu terceiro volume, dedica ao tema do "Instituto da Hileia amazônica" (aventado pela Unesco e pelo Instituto Hudson, ligado ao Pentágono) (Estado-Maior do Exército, 1972:1047, 1050; Mattos, 1980:122, 143).

O que temos de forma mais clara quando se fala de militares e Amazônia é que eles a pensavam muito mais como uma questão de *ocupação* do que de *defesa*. Se olharmos para a *Geopolítica do Brasil*, de Golbery do Couto e Silva (1967), veremos que a Amazônia está pautada pela "inundação" populacional com "integração econômica" – ou, traduzindo, migração leste [Nordeste]-oeste [Amazônia] (Silva, 1967:132). Ainda que seja notável que a noção por trás do *slogan* "Integrar para não entregar" que rotulou os projetos militares durante a ditadura sugerisse que algum país poderia demandar aquela área (refletindo assim a ideia de *cobiça*), não podemos desconsiderar que de fato é só algum tempo depois, já durante a democracia pós-1985, que alguma "ocupação militar" mais relevante foi realizada, com o deslocamento de brigadas do Sul e Sudeste para a faixa de fronteira. Todo serviço anterior foi muito mais baseado na ideia de "frente de expansão" e seu domínio conexo no extrativismo descontrolado (Velho, 1972). No meio desse processo é absolutamente imbricada à ocupação a forma como se mobilizaria uma "questão indígena", considerando nela todo um processo histórico que já vinha do começo do século XX: a transformação de pessoas, grupos e sociedades nômades em população sedentária e estabilizada de modo a servir de mão de obra para o campo e para extração mineral (Lima, 1995).

A "questão indígena", associada à interiorização e ao estabelecimento das linhas e vetores de ocupação das fronteiras, desde os tempos das primeiras expedições de Rondon e do estabelecimento posterior do Serviço de Proteção aos Índios e Localização de Trabalhadores Nacionais (Spiltn), em 1910, convergiu em repassar atribuições do Ministério da Guerra aos aparelhos estatais da Agricultura, Indústria e Comércio, até, finalmente, no final da década de 1960, o tema migrar para a pasta da Justiça (Lima, 1995).

No período pré-1985 vemos que praticamente todo povoamento não indígena da Amazônia foi terceirizado pelos Estados – português e brasileiro – por meio de agenciamento com grupos fundados em empreendimentos econômicos (como foi o caso de Pedro Teixeira, supra) que se plasmavam com sociedades indígenas em alianças tácitas contra outros grupos (Farage, 1991; Castro e Souza, 2006), ou com ordens católicas ou missionárias cristãs, como a dos salesianos na região do alto rio Negro. Como bem mostram Castro e Souza (2006), nada nos autoriza a dizer sequer que havia um projeto "português" nos primeiros vetores de ocupação da Amazônia, quiçá um projeto de "nação brasileira". Tudo na Amazônia, até algumas décadas atrás, se passava como se fosse uma zona de extração híbrida, com interesses privados, religiosos e estatais tentando operar estratégias de domesticação de populações e recursos (Leirner, 2013). Podemos dizer que coexistiram, com variações que comutam entre uma chave e outra, processos de proletarização indígena entre a extração econômica e sua militarização.

De volta para o futuro: o Projeto Calha Norte e além

Ainda que o pensamento militar do período da ditadura leve à ideia de que a política, a diplomacia e um projeto econômico se sobreponham à "dimensão militar" da geopolítica amazônica, é notável que em meados dos anos 1980 um repertório de soluções diferentes para a *cobiça* e *internacionalização* começa a ganhar espaço. Não que a ideia de *desenvolvimento da Amazônia* tenha desaparecido; no entanto, o que era residual começou a se deslocar para o centro, e os mesmos problemas anteriores – o "vazio demográfico" e a "questão indígena" – deslizam de um sentido político-econômico para um sentido militar. Os poros fronteiriços e a territorialização indígena cada vez mais foram usados para vestir a carapuça das ameaças à soberania nacional (Cavalcanti-Schiel, 2009).

Isso não foi um ponto absolutamente pacífico na formulação do novo pensamento militar sobre a Amazônia. Como querem fazer crer hoje, a ideia de que os índios podem constituir enclaves e produzir uma balcanização da região fronteiriça da Calha Norte vem de questões seculares. No entanto, ainda nos anos 1970, a ideia de conversão do índio em *nacional* parecia satisfazer alguma noção de que os grupos que habitavam a região poderiam servir de elementos de resistência às eventuais ameaças. O próprio Projeto Radambrasil (operado pelo governo federal entre 1970 e 1985 visando ao amplo mapeamento de recursos da Amazônia) sugeriu, em um dos seus relatórios, que o melhor para região, visando coibir a presença de mineradoras estrangeiras, era manter a área sob administração federal com a criação de reservas florestais e indígenas. De certa forma, foi com base nessa orientação que se discutiu a demarcação de terras na Constituinte de 1987-1988 e se deram as posteriores discussões que marcaram os processos de demarcação de terras indígenas (TIs), inclusive aquela que produziu a controvérsia que se estende até hoje em torno das terras yanomami. Sobre isso, inclusive, é notável esta descrição de Manuela Carneiro da Cunha (2012:131), envolvendo o [coronel] Jarbas Passarinho:

> O senador Jarbas Passarinho, na época ministro da Justiça, que assinou a Portaria reconhecendo a área yanomami, foi duramente criticado por setores das forças armadas. Ele deu a essas críticas, na *Revista do Clube Militar* (dirigida por ele em 1954 e 1955), uma resposta contundente, em que fala o óbvio: "Qual o risco para a soberania nacional? Nenhum. Pode haver, se assim julgar o Governo, e sem nenhuma necessidade de ouvir o Congresso, a instalação de tantos pelotões ou companhias de fuzileiros quantas quisermos". E continua lembrando que as terras indígenas, sendo propriedade da União, se houver "superposição com a faixa de fronteira, a União é duplamente proprietária. Ela exerce sua soberania tanto para com os índios quanto para garantir nossa fronteira, assegurando plenamente a integridade do território brasileiro". A *Revista do Clube Militar*, em nota final ao artigo do senador Passarinho, declara, no entanto, que mantém suas críticas.

Foi, então, a partir de meados dos anos 1980, que uma reviravolta começou a tomar forma no pensamento e na ação política dos militares. Muitas das críticas à demarcação de TIs se adensaram com o Projeto Calha Norte (PCN). Originalmente sigiloso, ele veio a público em 1986 a partir de uma série de reportagens do jornal *O Estado de S. Paulo* que mostravam considerações elaboradas no âmbito do Conselho de Segurança Nacional ligando a política indigenista aos conhecidos problemas da *cobiça* e da *internacionalização* da Amazônia. Uma das linhas que cruzavam essa questão era a existência de jazidas minerais na área da Calha Norte do Amazonas (lembre-se das conclusões do Radambrasil), e o suposto uso que grupos estrangeiros poderiam fazer de índios para ter acesso a elas. No entanto, isso se dava em meio a certa confusão entre a *cobiça* propriamente dita e ameaças mais "tradicionais". Até então, na "Exposição de motivos" (EM) que sugeriu a criação de um grupo interministerial para o PCN ainda se aventava uma projeção de "ameaças comunistas" na Guiana e Caribe para a região: "A conhecida possibilidade de conflitos fronteiriços entre alguns países vizinhos aliada à presente conjuntura no Caribe podem tornar possível a projeção do antagonismo Leste-Oeste na parte norte da América do Sul" (EM nº 18/1985, de 19 de junho de 1985).

Esse é um processo que levanta uma série de questões para a ligação entre os problemas da *cobiça/internacionalização* e aquilo que se buscou colocar como uma ameaça militar. Se de um lado a questão mineral era uma óbvia extensão de vários elementos que se colocavam a partir das frentes de expansão desde os anos 1960 – com todas as características que permearam o lado político-econômico do problema geopolítico tal como foi pensado pelos militares –, de outro não é trivial ligá-la à *ameaça comunista*. Talvez – já adiantando o que seja o ponto central para uma análise do pensamento militar sobre a Amazônia – seja melhor nos desprendermos daquilo que nossas categorias informam como sendo os corretos encadeamentos de uma leitura da história e nos atermos a uma análise do problema do Projeto Calha Norte (e além) como uma questão ideológica, e com ela aceitar que certas bricolagens foram parte da operação que deu *certa coerência* para dispositivos mentais que se projetaram ainda por muitos anos.

Penso aqui ecoar um dos pontos levantados por Adriana Marques (2007) e outros: a montagem da "questão amazônica" pelos militares parece ter atendido à noção de que aquela região não deveria resultar de um projeto de controle da "sociedade nacional", mas antes deveria contemplar o projeto de controle da "sociedade militar", levando-se em consideração que ele levaria aos seguintes desdobramentos: (1) um aumento de influência sobre o governo (Oliveira Filho,

1991); (2) uma possibilidade de alavancar uma pauta de discussões de um tema militar na mídia (Medeiros, 2012); (3) uma possibilidade de pleitear verbas junto ao Congresso e outras instâncias (Marques, 2006); (4) uma possibilidade de estabelecer controle militar sobre a exploração mineral em TIs (Albert, 1991); (5) uma possibilidade de estabelecer o controle militar direto sobre populações indígenas, convertendo-as de mão de obra religiosa para mão de obra militar (Leirner, 2013) e, finalmente, (6) ao mesmo tempo neutralizava a influência da Igreja Católica no conflito fundiário e promovia articulação com elites locais (Diniz, 1994:98). É assim, me parece, que há algo que ainda consegue plasmar todas essas características ao problema das "ameaças", e que tem a ver com processos que vêm das ligações entre problemas fundiários, guerrilha do Araguaia e o aparato repressivo e de inteligência militar, numa "coalizão de segurança nacional", conforme nomeou Eugênio Diniz (Diniz, 1994:96 e segs.).

Em parte, o precedente de todas essas ações foi um certo "padrão Curió" (Diniz, 1994:98-99): baseando-se nas ações do major Curió, ex-combatente do Araguaia e ex-comunidade de informações que foi designado por João Figueiredo, em 1982, a "pôr ordem" no garimpo de Serra Pelada, o Exército enxergou um precedente que reunia três pontos fundamentais para pensar uma "mudança estratégica" para a Amazônia: (1) a experiência de combate em um ambiente semelhante, com todo um direcionamento posterior para atuação de "forças especiais" e "atividades de inteligência/repressão"; (2) a organização sociopolítica numa área de controle (para)militar; (3) o controle econômico dos acordos de mineração e toda a atividade paralela que decorreu do controle político e social tanto das populações trabalhadoras quanto das elites locais, determinando ações que iam de sindicatos a transações bancárias, por exemplo. Estava aqui formado o protoplasma de uma forma de governo indireta, fora do padrão intervencionista tal como usual em golpes. Nesse sentido, o Calha Norte pode representar o primeiro passo da ação que reconheceria oficialmente a demanda militar que garante a experiência de controle estatal "geral" sobre parte do território nacional. A Amazônia, a partir de então, vai ganhar uma centralidade que antes não existia e poderá ser palco para a galvanização da identidade militar em torno do seu projeto de nação... e além.

Uma notável reviravolta?

Mais de 30 anos depois, ainda estamos vendo as consequências dos planejamentos militares feitos durante a ditadura. Um dos pontos que quero frisar aqui é que os arranjos em que se elaboraram enclaves de "governança militar" foram uma dessas consequências, entre várias outras, tais como intervenções federais, operações de garantia da lei e da ordem (GLO), aumento de militares em cargos políticos, controle do governo Bolsonaro, entre outros. Ainda que toda a parafernália que entrelaçava a dualidade "geopolítica e segurança interna" tal como pensada por Golbery (Silva, 1967) estivesse desgastada com o desmantelamento da URSS, podemos pensar que sua forma manteve algo intacto e colocou outras coisas no lugar. Segundo João Roberto Martins Filho (2006:14-15),

> à época [1985-89], a principal justificativa para o aumento da presença militar na região, com o melhoramento e a instalação de vários pelotões de fronteira, era a ameaça de interferência cubana nas crises vividas pela Guiana e pelo Suriname. A partir de então, as discussões estratégicas militares passaram a se fundar nas ameaças à soberania brasileira criadas pelas tensões Norte-Sul, e o anticomunismo cedeu lugar à preocupação com o surgimento de um mundo unipolar. Nesse novo contexto, países europeus e os EUA parecem aderir, pela voz de suas autoridades, à nova voga da soberania relativa, do direito de ingerência e da necessidade de mudar as funções das forças armadas para fazer frente a ameaças mais concretas como o narcotráfico e o crime organizado.

Como vimos, estavam guardadas no estoque simbólico militar as percepções de *cobiça/internacionalização* tendo como agentes ocultos organizações ligadas ao Pentágono e à ONU, nos planos dos lagos amazônicos e da internacionalização da Hileia. Tal como uma luva, as percepções ambientais que foram sendo construídas e adensadas durante o governo Collor de Mello (1990-1992) – muito por conta da Rio-92 e da demarcação das terras yanomami (que atendia à Constituição de 1988) – abriram a gaveta com as várias teorias que estavam ali, esperando o momento em que passassem para o balcão de expedientes a serem adotados. Como em um processo de ressonância e *feedback*, declarações de chefes de Estado ou de membros das Nações Unidas, ou mesmo de cientistas, ambientalistas, antropólogos e celebridades começaram a formar um caldo que alimentou a ideia de que teríamos aqui algo semelhante ao que ocorreu em vários conflitos étnicos no entorno eurasiano, com destaque para a região dos Balcãs. De certa forma, os indígenas passaram a espelhar as minorias étnicas da ex-Iugoslávia.

Mas o que parece ser uma reviravolta – o destino do mundo comunista servindo de alerta, com sua fragmentação – pode ser visto também como mera adequação, com uma nada gradativa troca de sinais. Como bem nota Martins Filho (2006:15-16), esse processo foi se consolidando na primeira metade dos anos 1990 com a conversão em termos doutrinários daquilo que era a Doutrina de Segurança Nacional para a "Doutrina Gama", que "previa o enfrentamento de 'um poder militar incontestavelmente superior' por meio da estratégia da resistência" (Martins Filho, 2006:16). No entanto, os agentes formuladores dessa reviravolta são os mesmos que tiveram um papel no enfrentamento da guerrilha do Araguaia e que estariam encabeçando as teorias e dispositivos – como "forças especiais" – capazes de dar conta de uma guerra de exaustão em solo amazônico. Em várias ocasiões militares brasileiros começaram a falar da Amazônia como o "nosso Vietnã", e não deixa de ser curioso que até a Bibliex – editora do Exército – tenha publicado uma biografia do general vietnamita Vo Nguyen Giap.

Mas houve dois outros ganhos para os militares. O primeiro diz respeito à possibilidade de efetuar um deslizamento do corpo ideológico-doutrinário da guerra revolucionária dos anos 1960 – o mesmo que seria o "espelho" para a Doutrina de Segurança Nacional –, para o de uma guerra assimétrica, típica de resistência: diante de potências invasoras, temos a *expertise* própria e um campo de conhecimento militar *genuinamente brasileiro* que nos privilegia nesse teatro de operações. Aqui foi a chance de o Brasil se tornar uma (auto)referência no campo da "resistência", colocando-se no plano de uma "potência não alinhada", bem de acordo com as necessidades de suprir a frustração gerada pelos resultados locais da Guerra Fria. Não faltaram livros que se constituíram em verdadeiros manuais – diga-se de passagem, usados até hoje – para comprovar que ao mesmo tempo que eles se deslocaram para uma posição de força de resistência, os antigos comunistas se alojaram nos movimentos ambientais, étnicos e identitários. O segundo ganho foi a nítida abertura ao desenho de uma nova identidade, com a revisão de vários aspectos históricos que fazem uma "operação psicológica para dentro" e galvanizam os próprios militares em torno de um sentimento corporativo. Ambos os ganhos têm consequências interessantes, pois refletem profundamente o que ocorreu com a identidade militar brasileira pós-anos 2000.

Em primeiro plano, a aposta numa força que se baseia na guerra assimétrica casa com a ideia de que precisaríamos ter uma *expertise* e competência únicas nesse campo – a guerra na selva. Comandar na Amazônia, fazer o curso no Centro de Instrução de Guerra na Selva (Cigs) etc. passaram a produzir um *status* e prestígio dentro da força terrestre que antes não havia. Isso é algo que atinge não somente os coletivos militares (algumas armas, unidades e cursos passam a ter mais prestígio, por exemplo, as forças especiais, paraquedistas, inteligência e operações psicológicas, que, por sinal, tiveram um papel relevante no Araguaia), mas atinge também indivíduos que têm na Amazônia uma porta aberta para alavancar suas carreiras.

Agora, o padrão "forças especiais" tem uma via legítima de ascensão, e estar na Amazônia representa também uma espécie de rito de passagem em que todo militar tem a chance de chancelar o discurso do "sacrifício" pelo bem do Brasil. Mas, além desses ganhos pessoais e coletivos que se dão em um plano interno, isso gerou um amplo trabalho de convencimento social de que a Amazônia estaria vulnerável, e precisaria de mais aportes militares. Esse trabalho teve frentes intensas na mídia e na política (Marques, 2006; Medeiros, 2012), que ganharam mais terreno ainda quando se misturaram às ameaças "tradicionais" de *internacionalização* da Amazônia se imbricando ao problema do narcotráfico e do terrorismo pós-11 de setembro de 2001. Como bem mostra Martins Filho (2006), após essa data se intensificam as ações propriamente militares dos EUA no Plan Colombia, e, como contrapartida, os militares brasileiros tiveram na mão a dupla perspectiva de militarizar a região de fronteira com aquele país, que agora emulava ameaças vindas do tráfico somado à guerrilha, mas também das pretensões norte-americanas no local. Com esse processo, a Amazônia passou a ocupar o "centro", em um processo que até hoje está ativo.

Os ganhos: entre o material e o simbólico, o político (breve conclusão)

Dos anos 1980 aos anos 2000, houve um intenso reordenamento de brigadas para a região amazônica (Kuhlmann, 2007), e isso retroalimentou a ideia de que o serviço nesse local era central na carreira militar. De uma estrutura que contava nos anos 1970 apenas com companhias de aproximadamente 200 homens subordinadas ao Comando Militar da Amazônia e quatro batalhões com no máximo 800 pessoas (sendo que três de "combate" e um de "engenharia"), chegamos aos anos 2020 com quatro brigadas ou grandes unidades operacionais: a 1ª Brigada de Infantaria de Selva, localizada em Boa Vista (RR), comandando também o 7º Batalhão de Infantaria de Selva (BIS); a 2ª Brigada de Infantaria de Selva, localizada em São Gabriel da Cachoeira (AM), comandando também o 5º BIS; a 16ª Brigada de Infantaria de Selva, localizada em Tefé (AM), comandando também o 8º BIS; a 17ª Brigada de Infantaria de Selva, localizada em Porto Velho (RO), comandando também os 4º, 6º e 61º BIS, totalizando um efetivo de aproximadamente 30 mil pessoas.[1]

Essas foram as condições materiais que deram lastro para uma nova identidade, produzida por uma leitura do quebra-cabeça amigo/inimigo que reposiciona as peças e demanda uma atualização de várias modalidades ideológicas para o Exército. Penso aqui na própria "refundação" da ideia de Exército, com seu renascimento recuado para Guararapes, em 1648, que ocorreu a partir de 1996. Como bem mostra Celso Castro (2002:73-74),

> diferentemente das comemorações da Intentona e de 1964, Guararapes é uma luta contra estrangeiros. Nas comemorações de 1935 e de 1964 sempre se fez referência a "ideologias exóticas", mas o apelo da luta em condição de inferioridade contra um poderoso invasor estrangeiro é, hoje, muito mais mobilizador e "politicamente correto". Finalmente, vale a pena assinalar que a vitória foi obtida contra um inimigo considerado militarmente mais poderoso. O Davi caboclo abate o Golias estrangeiro após uma longa guerra de "resistência", baseada principalmente em táticas de "guerrilha". Será fácil associar essa representação com a da luta contra a "cobiça internacional" sobre a Amazônia e a recente "doutrina da resistência" desenvolvida pelo Exército. O estudo oficial que serviu de base para a criação do Dia do Exército Brasileiro, feito pelo Centro de Documentação do Exército em 1994, já destacava o fato de que a vitória contra "um inimigo muito superior" teria sido alcançada "combinando táticas de guerrilha e emboscada". Com isso, além de "modeladores da nacionalidade", os bravos de Guararapes teriam sido também inovadores na arte militar, dando nascimento à doutrina militar brasileira.

1 Disponível em: <https://cma.eb.mil.br/index.php/organograma>. Acesso em: nov. 2022.

A ideia de Guararapes como dupla fundação – do Exército e da nação –, alicerçada pela "reviravolta amazônica", deve ser pensada para além da simples linearidade na leitura que se faz da história; e mais além ainda, do terreno da ilusão, erro ou equívoco. A ideologia – ou mitologia? – de Guararapes carrega consigo a ideia de que há um projeto de nação que necessariamente deve passar pelo Exército – ou mesmo pelas forças armadas, uma vez que a Marinha entrou a reboque dessas questões com a ideia de "Amazônia Azul" e a Força Aérea colocou a defesa da Amazônia no centro de gravidade de sua estratégia, especialmente com a implementação do Sistema de Vigilância da Amazônia (Sivam). Institui-se, assim, uma potência ideológica que embute uma percepção política: a de que os militares se pensam como uma "vanguarda" no gerenciamento de qualquer projeto de país que se preze. Como procurei mostrar, a administração da questão amazônica funciona como um protoplasma de administração do Brasil. Não foi à toa que, em 2008, por conta da finalização do processo sobre a TI yanomami, vimos o então comandante militar da Amazônia, general Augusto Heleno, iniciar o que seria um padrão para uma série de ações militares posteriores, com um movimento de "rebelião controlada" contra os governos que se seguiram até 2019 (Cavalcanti-Schiel, 2009). A pretexto de uma "intervenção" (do governo? Do Estado?) em uma "área militar" ou "sensível", criou-se uma válvula de escape para uma nova ação político-militar, que, por sinal, parece ainda estar longe do final.

12. A política militar nos governos do Partido dos Trabalhadores: o exemplo das operações de fronteira (2003-2016)*

José Augusto Zague
Suzeley Kalil

Introdução

O objetivo deste capítulo é acompanhar a participação das forças armadas (FAs) brasileiras nas chamadas operações de garantia da lei e da ordem (GLO), durante os governos de Luiz Inácio Lula da Silva e Dilma Rousseff. O exemplo de análise será seu emprego nas faixas de fronteira. Mais especificamente, tem-se aqui o fito de compreender a visão social de uma dada política pública (a política militar) sob os governos de Luiz Inácio Lula da Silva (2003-2010) e Dilma Rousseff (2011-2015), estendendo-se a avaliação até o golpe do *impeachment* (2016).

Entendendo política militar como a operacionalização das FAs para alcançar os objetivos da política de defesa como braço da política externa, o recorte do tema é modesto: quer-se compreender uma parte específica da política militar, aquela que responde a como é construída a visão sobre o emprego das FAs em operações de GLO e, mais especificamente, naquelas operações realizadas na faixa de fronteira. As fontes utilizadas para acompanhar o exercício da política militar entre 2003 e 2016 são alguns *clippings*, documentos oficiais e literatura especializada.

Relativamente aos *clippings*, utilizam-se, basicamente, os informes produzidos pelo Observatório Sul-Americano de Defesa e Forças Armadas – Brasil (Odfa) e Observatório de Política Exterior do Brasil (Opeb), ambos produzidos pelo Grupo de Estudos de Defesa e Segurança Internacional (Gedes-Unesp),

* Na compilação de dados e levantamento de fontes, auxiliaram-nos Rodolfo Queiroz Sverzut e Ana Penido. Contou-se com auxílio financeiro (bolsa produtividade em pesquisa – CNPq) na realização da pesquisa.

que têm como foco a forma como a imprensa nacional dos países envolvidos apresentam os temas de política exterior, defesa e FAs.[1]

Embora haja um número expressivo de *clippings* cuja temática é semelhante à aqui tratada, duas são as justificativas para a utilização dos informes indicados: sua natureza e continuidade. Sua característica intrínseca é a de produzir uma resenha sobre a matéria em tela – tanto o Opeb quanto o Odfa apresentam um resumo das notícias de diários de grande circulação nacional –, não divulgando matérias assinadas ou ensaios sobre os assuntos abordados; os dois circulam semanalmente há quatro lustros, representando continuidade no tempo sob a mesma sistemática de produção de fontes.

A premissa que dirige a escolha das resenhas jornalísticas como fonte é que os veículos de imprensa exercem grande influência na formação da opinião pública, o que pode ser chamado *agenda-setting*. Conforme Shaw (apud Chaia, 2004:10):

> Em consequência da ação dos jornais, da televisão e dos outros meios de informação o público sabe ou ignora, presta atenção ou descara, realça ou negligencia elementos específicos dos cenários públicos. As pessoas têm tendência para incluir ou excluir dos seus próprios conhecimentos aquilo que os *mass mídia* incluem ou excluem dos seus próprios conteúdos. Além disso, o público tende a atribuir àquilo que este conteúdo inclui uma importância que reflete de perto a ênfase dada pelos *mass mídia* aos acontecimentos, aos problemas, às pessoas [...].

Leve-se em conta que, no caso brasileiro, essa referência é ainda mais importante, pois os meios de comunicação encontram-se concentrados nas mãos de um número bastante pequeno de empresários, que representam grupos de interesse bastante estritos, o que alguns chamam "terrorismo midiático" (Sader, 2014; Carvalho, 2014).[2]

---

1 As menções aos observatórios (fonte jornalística que compõe o *corpus* da análise) obedecerá à seguinte nomenclatura: Observatório de Política Exterior do Brasil (Informe Semanal): Opeb; Observatório Sul-Americano de Defesa e Forças Armadas (Informe Brasil): Odfa, todos seguidos pela data de publicação final.

2 Em seu *blog*, veiculado pela Carta Maior, Emir Sader tem defendido essa ideia já há algum tempo. Aqui, menciona-se apenas um dos artigos: "Dilemas da mídia na democracia". Disponível em: <www.brasil247.com/blog/dilemas-da-midia-na-democracia>. Acesso em: 29 nov. 2021. José Reinaldo Carvalho, editor do Portal Vermelho, aprofunda a noção de "terrorismo midiático", defendendo que o mesmo representa as políticas imperiais no campo das ideias, pois há um grau de concentração na produção da notícia nunca antes visto. Assim, na "medida em que chegamos nesse grau de unilateralidade

Já a premissa que orienta a escolha do tema sustenta-se na importância relativa que as FAs detêm no âmbito da política doméstica e regional, assim como sua presença positiva no imaginário popular, como aponta pesquisa que produz o Índice de Confiança Social. Na última enquete (Toledo, 2020),[3] as FAs ocupavam o quarto lugar de entidade mais confiável, e entre as instituições "menos confiáveis" o Congresso Nacional e os partidos políticos estavam nas duas últimas posições.

Cabe um parêntese: as eleições de 2018, com o grande número de militares eleitos para o Congresso, bem como sua presença no Executivo federal, também é uma amostra desta crença na infalibilidade das FAs que gera altos índices de confiança social. Da mesma forma, o número de militares ocupando cargos de natureza civil é exemplo da distorção que o sistema político brasileiro representa, mostrando que foi pura ingenuidade acreditar que as FAs tinham abandonado seu tradicional comportamento de partido fardado (Ferreira, 2000, 2007).

Para compor a análise, construímos um *corpus*[4] discursivo, embasado nos 1.044 informes semanais, composto por 598 informes do Odfa e 446 informes do Opeb. Dessa leitura, destacamos aqueles informes que traziam notícias sobre as fronteiras do país e, a partir da data das notícias mencionadas, procedemos à busca nos dois grupos de informes semanais. É o resultado desse procedimento que compõe, então, o *corpus* aqui esmiuçado.

Ressalve-se que o tipo de fontes utilizadas – mídia escrita, documentos oficiais e literatura especializada – condiciona a análise, fazendo dela mais restrita e focada, não permitindo afirmar que o tema foi suficientemente apreendido, classificando a avaliação aqui pretendida em estudos de médio alcance.

---

podemos falar em terrorismo midiático. Temos uma só ideia fabricada cotidianamente e bombardeada pelo mundo sem contraponto. É a ditadura do pensamento único". Disponível em: <https://olhonotexto.wordpress.com/2014/09/07/o-mundo-e-o-terrorismo-midiatico/>. Acesso em: 15 jan. 2018.

3 O Índice de Confiança Social é desenvolvido pelo Ibope desde 2009. O mesmo índice, mas com outra metodologia, foi apresentado tanto por esse instituto quanto pelo Datafolha ao longo dos anos 1990, com pequenas variações no lugar ocupado pelas forças armadas. Em 2009, eram consideradas 22 instituições, reduzidas para 18 em 2013, voltando para 22 em 2016, quando foram isolados (desdobrando-se de Justiça) Ministério Público e Política Federal, e, por último, 20 em 2020. Disponível em: <https://piaui. folha.uol.com.br/confianca-no-sus-tem-crescimento-recorde-na-pandemia/>. Acesso em: 28 nov. 2021.

4 Segundo o *Dicionário de análise do discurso*, coordenado por Charandeau e Maingueneau (2004:140), *corpus* tem diferentes significados dependendo do contexto em que é utilizado. Para os efeitos da análise aqui proposta, *corpus* designa "o conjunto de dados que servem de base para a descrição e análise de um fenômeno".

Para proceder à análise, dividiu-se este texto em três partes, além desta introdução, que indica os procedimentos de pesquisa, e das considerações finais. Na primeira, apresenta-se a leitura dos documentos oficiais e textos de referência sobre o tema, enfatizando o caráter disfuncional da atuação e emprego das FAs como forças de segurança. Na sequência, nas duas partes posteriores, o foco são as operações realizadas na faixa de fronteira. Nelas, expõem-se a leitura do Plano Nacional de Fronteiras e sobre a implantação do Sistema Integrado de Monitoramento de Fronteiras (Sisfron). Em ambas as partes, a metodologia adotada busca combinar o estudo de documentos com o da imprensa, uma vez que o objetivo perseguido é avaliar qual a visão, se negativa ou positiva, sobre a política de emprego das FAs no Brasil.

As operações de GLO nos governos do PT

São poucos os que consideram as operações realizadas pelas FAs nas faixas de fronteira como operações de GLO. No entanto, defende-se aqui que elas assim o são não apenas pelo território em que acontecem (interno), mas principalmente pelo tipo de atividade que se exige das FAs, que são função da Polícia Federal (PF) – controle de fronteira; tráfico de drogas e outras mercadorias etc. Tanto assim que, sob nomenclatura diferente, as operações aqui analisadas foram efetivadas em conjunto pelas FAs e PF.

A Constituição Federal (CF) brasileira determina, em seu art. 144, § 1º, que compete à PF, no âmbito da segurança pública, a responsabilidade pelo exercício das funções de polícia marítima, aeroportuária e de fronteiras (Brasil, 1988). A interpretação elástica do texto constitucional tem justificado o emprego das FAs em tarefas de segurança pública, como se pode ler no art. 142 da mesma Constituição:

> As forças armadas, constituídas pela Marinha, pelo Exército e pela Aeronáutica, são instituições nacionais permanentes e regulares, organizadas com base na hierarquia e na disciplina, sob a autoridade suprema do Presidente da República, e destinam-se à defesa da Pátria, à *garantia* dos poderes constitucionais e, por iniciativa de qualquer destes, *da lei e da ordem* [Brasil, 1988, grifos nossos].

A previsão constitucional de emprego das FAs em operações de GLO, respeitando o estado de direito, indica excepcionalidade e ações pontuais, como nos casos de desastres naturais, e sempre de maneira complementar à atuação das polícias ou da Defesa Civil. Não se desconhece, contudo, que a imprecisão da normativa, mantida pelos legisladores constituintes sob a influência castrense, reflete a incompletude do processo de transição do regime burocrático-autoritário (1964-1985) (O'Donnell, 1990).

Poucos anos após a promulgação da Constituição, foi realizada a operação de GLO de maior monta e mais bem-sucedida na década de 1990, durante a reunião Eco-92, no Rio de Janeiro (Mathias, Zague e Santos, 2019). Durante a década de 1990 até o término do governo FHC (2002), foram realizadas 52 operações de GLO. Nos governos petistas foram 67 operações de GLO, sendo 39 no governo Lula (2003-2010) e 28 no mandato de Dilma Rousseff (2011-2015) (Ministério da Defesa, 2021). Ou seja, percebe-se uma permanência no uso desse recurso em detrimento da concentração concreta das FAs em sua atividade-fim: a defesa nacional.

No âmbito hemisférico, o aprofundamento das ações do crime organizado transnacional levou à operacionalização das FAs de diversos países latino-americanos no combate ao narcotráfico. Tal distorção, estimulada pela pressão social, especialmente da classe média, aponta para uma perigosa constatação verbalizada por Mares e Zirker (2009:9): "se a democracia é ameaçada pelo crime, de outro lado, também pode ser ameaçada pelo uso dos militares para combater o crime".

A discussão sobre o combate ao crime organizado transnacional, notadamente o narcotráfico, durante as décadas de 1990 e 2000, teve na Organização dos Estados Americanos (OEA) um ator central. O papel desempenhado pelos EUA no âmbito da OEA foi decisivo para influenciar os países do hemisfério no emprego das FAs para o enfretamento ao crime organizado. Na Declaração Hemisférica de Bridgetown[5] em 2002, os ministros de Relações Exteriores dos países americanos reconheceram "que as ameaças, preocupações e outros de-

---

[5] No original: "*Que muchas de las nuevas amenazas, preocupaciones y otros desafíos a la seguridad hemisférica son de naturaleza transnacional y pueden requerir una cooperación hemisférica adecuada; estas nuevas amenazas, preocupaciones y otros desafíos son problemas intersectoriales que requieren respuestas de aspectos múltiples por parte de distintas organizaciones nacionales, todas actuando de forma apropiada conforme a las normas y principios democráticos;* [...]" (Organização dos Estados Americanos, 2002).

safios à segurança no contexto hemisférico são de naturezas diversas e alcance *multidimensional*". O documento ressalta a existência de "novas ameaças", que "podem requerer cooperação hemisférica" e "respostas para múltiplas questões por parte de diferentes organizações nacionais", direcionando a atuação das forças armadas, particularmente as latino-americanas, ao enfrentamento de problemas de segurança interna, como o narcotráfico (OEA, 2002, grifo nosso).

A perspectiva de segurança multidimensional proposta pela OEA, influenciada pelos atentados de 11 de setembro, não distingue os âmbitos da defesa e da segurança. As definições de "guerra ao terror" ou "guerra contra as drogas", presentes nos discursos de George W. Bush, sustentam a abordagem multidimensional no contexto hemisférico do início da década de 2000. Para Saint-Pierre (2011), a "agenda hemisférica de ameaças", muitas vezes ignorou "a diferença entre a natureza da defesa e a da segurança", e o perigoso deslocamento do conceito de "segurança", extrapolando-o e multidimensionando-o. A indistinção entre defesa e segurança proposta no âmbito da OEA por influência dos EUA consagrou princípios que levaram as FAs nacionais a se concentrar não na defesa da soberania nacional, que seria garantida pela "cobertura continental por parte dos Estados Unidos", mas sim "ser empregadas para enfrentar os problemas de segurança pública" (Saint-Pierre, 2011).

Duas questões suscitadas pela reflexão de Saint-Pierre acerca do modelo de segurança, proposto no âmbito da OEA, merecem destaque. A primeira refere-se ao novo papel das forças armadas que seriam empregadas prioritariamente na segurança pública (novas ameaças). A segunda diz respeito a uma nova configuração hemisférica, em que os EUA cuidam da defesa do continente, abrindo espaço para que as forças armadas dos demais Estados se ocupem de crimes como o narcotráfico ou o "terrorismo".

Tais questões foram debatidas durante os mandatos de Lula e Dilma Rousseff, sob os auspícios da OEA no âmbito das conferências de ministros de Defesa das Américas (CMDAs), em que o conceito de segurança multidimensional tornou-se o eixo central da política militar dos EUA para o hemisfério. Durante os governos petistas, os representantes brasileiros nas CMDAs defenderam que as forças armadas deveriam restringir sua atuação às funções precípuas para as quais foram criadas, mormente a defesa da soberania frente à ameaça de outro(s) Estado(s) (Mathias, Zague e Santos, 2019).

De maneira contraditória àquela expressa no foro hemisférico da CMDA, em que os ministros da Defesa brasileiros, acompanhando seus vizinhos, mais de uma vez discordaram da posição dos EUA, o governo Lula iniciou um novo ciclo de participação combinada entre polícia e FAs na segurança pública quando, em 2007, o Exército se instalou no morro da Providência para garantir a segurança do projeto Cimento Social (Martins Filho, 2008a). Essa operação de GLO serviu como modelo para instalação das Unidades de Polícia Pacificadora (UPPs), antessala do pacto que sustentou o convênio e assegurou a participação militar na política de segurança pública carioca (Mathias, Zague e Santos, 2019) até o governo Bolsonaro.

O emprego das FAs na segurança pública, contrariando a posição brasileira no âmbito externo, pode ser vista por dois prismas. O primeiro é sobre o custo institucional que, na visão de Lula, seria compensado por atenuar o desgaste político gerado pela violência urbana, ampliando a sensação de segurança na opinião pública. O segundo está relacionado ao papel dos militares. Desde a Proclamação da República, as FAs utilizam recursos e energia organizacional em funções relacionadas com a segurança interna e defendem um ideário de que são agentes indispensáveis para o desenvolvimento e o progresso nacional (Hunter, 1996).

Essa visão das FAs, de que são um ator político indispensável, impregnou as Constituições brasileiras garantindo-lhes a função de guardiãs da lei e da ordem, representando sempre maior autonomia castrense (Mathias e Guzzi, 2010). Destarte, até hoje as FAs mantêm "reserva de domínio"[6] sobre temas de extremada importância para a construção da democracia, como são: a Justiça Militar – uma das três do mundo que pode julgar civis – a inteligência do Estado e o ensino militar (Mares e Martínez, 2014).

Dois exemplos são significativos da autonomia castrense no período pós-transição: os projetos Calha Norte, implantados entre as décadas de 1980 e 2000, e as iniciativas para a revitalização da indústria brasileira de defesa durante os governos do PT. Ambos podem ser vistos, segundo a ótica de Hunter (1996:20), como resultado da megalomania dos militares brasileiros por projetos de grande escala, que os levou ao longo do tempo a promover empreendimentos que vão

[6] Na leitura de Mares e Martínez empreendida por Penido e Mathias (2021a:222), reserva de domínio são "áreas de autorregulação da corporação ou áreas sobre as quais os militares detêm autonomia operacional e organizacional, áreas centrais para a defesa ou para si próprios".

desde o desenvolvimento e a ocupação da região amazônica até a construção do submarino nuclear.

Nos governos petistas, as iniciativas no sentido de contemplar os militares com novos sistemas de armas tiveram início no primeiro mandato de Lula, que lançou programas objetivando a revitalização da indústria brasileira de defesa amparados, entre outros, na Política Nacional da Indústria de Defesa (Pnid) e na Estratégia Nacional de Defesa (END) (Zague, 2018).

A transição desde o governo burocrático-autoritário influenciou sobremaneira as relações civil-militares no Brasil. A *marcha lenta* durante a transição assegurou aos militares papel relevante para além das funções da defesa, garantindo sua participação nas operações de GLO. Cortinhas e Vitelli (2020) propõem dois princípios orientadores na direção do controle civil democrático. O primeiro é manter os militares em suas funções de defesa contra as ameaças externas. O segundo é assegurar a liderança de civis na formulação da política de defesa e em algumas decisões sobre as forças armadas. Para Pion-Berlin (2009), é necessária uma *civilianization* do Ministério da Defesa, com aumento da proporção de civis que ocupam cargos importantes. No entanto, os governos do PT não consolidaram o controle civil sobre as forças armadas. Ao contrário, pesquisas apontam para o aumento da influência castrense sobre as decisões do MD, o que é inadequado, para dizer o mínimo, ao funcionamento das democracias (Cortinhas e Vitelli, 2020).

Operações de fronteira: o governo Lula

Os discursos contraditórios dos governos do PT, com tônicas opostas para os públicos externo e interno, nas discussões em foros internacionais, em especial nas CMDAs, estabeleceram um modelo de ação em que, sob a liderança do Itamaraty, buscou contestar a posição favorável dos EUA à abordagem multidimensional na segurança e, no âmbito interno e sob a liderança dos militares, incentivou a realização de operações de GLO. Nessa direção, Lula e Dilma potencializaram as operações nas faixas de fronteira.

Pode-se, pois, dizer que a operacionalização das forças armadas nas faixas de fronteiras foi parte importante da política militar dos governos petistas. No início do governo Lula, por exemplo, discutiu-se o emprego das FAs em colaboração com a Colômbia no combate ao tráfico e na identificação de zonas de plantação de cocaína e laboratórios de processamento da droga (Odfa, 7 mar. 2003).

A instrumentalização da infraestrutura, equipamentos e efetivos militares para o combate ao crime organizado é discutida abertamente nos primeiros momentos do governo Lula. Em reunião dos ministros da Defesa da América do Sul, o ministro brasileiro da Defesa José Viegas, defendeu a criação de um mecanismo de vigilância subcontinental para combater o narcotráfico, utilizando as funcionalidades do Sistema de Vigilância da Amazônia (Sivam) no controle das fronteiras (Odfa, 25 abr. 2003). Os radares, situados em pontos estratégicos da região amazônica, poderiam ser utilizados na intercepção de aeronaves clandestinas utilizadas pelo tráfico de drogas na fronteira com Colômbia e Bolívia (Odfa, 31 out. 2003).

O presidente colombiano Álvaro Uribe afirmou que contava com o apoio do Brasil para utilizar o Sivam contra o narcotráfico e o terrorismo, nesse caso, no contexto dos atentados de 11 de setembro, evocando a doutrina de guerra ao terror de seu aliado George W. Bush (Odfa, 28 maio 2004). Na mesma direção, em outubro de 2004 entrou em vigor a Lei do Abate, operacionalizada pela FAB, e com foco principalmente nas rotas do narcotráfico próximas às fronteiras com a Colômbia, Bolívia e o Paraguai (Odfa 17 set. 2004).

A homologação da reserva indígena Raposa Serra do Sol, em abril de 2005, área localizada em faixa fronteiriça com cerca de 1,7 milhão de hectares, foi assinada por Lula depois de mais de 20 anos de impasse jurídico, em região em que vivem cerca de 15 mil indígenas (Odfa, 22 abr. 2005). A demarcação e legalização de reservas indígenas na Amazônia tem encontrado oposição das FAs, principalmente quando situadas em faixas de fronteiras, exemplificando as dificuldades de seguidos governos em exercer o controle civil sobre elas. Ainda na década de 1990, a tentativa de criar uma reserva indígena yanomami na fronteira com a Venezuela foi vista pelo Exército como ameaça ao Projeto Calha Norte (Zirker e Martins Filho, 2009).

Da mesma maneira, os militares resistiram à demarcação da reserva Raposa Serra do Sol sob a alegação de risco à soberania nacional. O general Augusto Heleno, então comandante militar da Amazônia, classificou a política indigenista do governo Lula de "lamentável" e "caótica" (Guerreiro, 2008), tendo sido punido pelos pronunciamentos com a perda do cargo no CMA e direcionado para funções burocráticas no âmbito do Exército (Prazeres, 2009). Durante a crise pós-decisão de homologar a reserva indígena pelo STF, o ministro da Defesa, Nelson Jobim, apoiou abertamente, embora diplomaticamente, a insubordinação dos oficiais mais graduados, aparentemente como parte de um processo de negociação em que o ministro convenceu Lula a conceder aumento salarial aos militares (Zirker e Martins Filho, 2009).

A divergência sobre essa questão nos leva a lançar uma hipótese que aqui não poderá ser aprofundada: a de que a data da assinatura da criação da reserva "Raposa/Serra do Sol" marca o renascimento do que chamamos "Partido Militar". O embasamento para tanto é de que o alto controle militar sobre o processo de transição do regime militar vinha perdendo força – ou os soldados percebiam dessa forma – desde o governo Fernando Henrique Cardoso. Medidas como a criação do Ministério da Defesa, mudanças relativas à revisão do passado (Lei nº 10.559/2002, criação da Comissão de Anistia do Ministério da Justiça), alterações na remuneração com perda de privilégios etc. apontavam nessa direção.

A chegada de Lula à presidência da República, um líder profundamente identificado com tudo aquilo que os militares sempre aprenderam como inimigo – basta uma ligeira análise da Doutrina de Segurança Nacional desenvolvida pela ESG, a qual pouco se transforma ao longo de todo o processo de construção do governo democrático para comprovar isso (Lenz, 2021) –, reforçou no ambiente castrense a percepção quanto à perda de importância do controle militar sobre os governos civis. Considerando que há muito menor "paciência" ao comportamento de governantes progressistas que reacionários (Miguel, 2021), a caserna pouco a pouco mudou seu modo de agir, assumindo primeiro um "protagonismo sorrateiro" (Penido, Rodrigues e Mathias, 2020) diante do poder civil, e que reconstituía, no interior dos quartéis, uma nova hegemonia baseada nos tradicionais valores da "família militar" – realizado no governo Lula –, buscando porta-vozes para seu projeto político – arrematado no governo Dilma –, o que redundou no reaparecimento do Partido Militar em 2018 (Penido e Mathias, 2021b).

A falta de esforço do governo Lula em exercer autoridade em relação aos militares, autoridade esta necessária ao processo de construção do regime democrático, pode ser vista em outras crises entre o poder civil e a caserna. Em 2004, a crise teve como epílogo a renúncia do então ministro da Defesa, José Viegas Filho, ante a falta de solidariedade do governo quando o mesmo criticou o "comportamento criminoso dos militares durante a ditadura" (Zirker e Martins Filho, 2009) e foi contestado por nota do Exército "afirmando que as medidas tomadas pelas forças armadas à época foram legítimas" (Penido, Janot e Rodrigues, 2021). Em sua carta de renúncia, Viegas afirmou:

> É incrível que a nota original se refira, no Século XXI, a "movimento subversivo" e a "movimento comunista internacional". É inaceitável que a nota use incorretamente o nome do Ministério da Defesa em uma tentativa de negar ou justificar mortes como a de Vladimir Herzog. É também inaceitável, a meu ver, que se apresente o Exército como uma instituição que não precise efetuar "qualquer mudança de posicionamento e de convicções em relação ao que aconteceu naquele período histórico" [Brasil, 2004a].

Em 2010, o governo modificou decreto que criava a Comissão Nacional da Verdade ante a ameaça de renúncia coletiva dos militares, especialmente os quadros do Exército (Pion-Berlin, 2011). O decreto original previa a apuração das violações de direitos humanos "praticadas no contexto da repressão política", trecho substituído pela expressão "praticadas no contexto de conflitos políticos", ampliando sua abrangência e a possibilidade de investigar também os militantes de esquerda (Nos jornais..., 2010).

Em contraste à forma laxa com que tratou a questão do controle civil, o governo Lula quis mostrar autoridade empregando de maneira disfuncional as FAs na segurança pública. A operação de GLO realizada em 2006 a pedido do governo do Mato Grosso merece destaque. Nela, participaram a Aeronáutica em conjunto com a Polícia Federal e Rodoviária em ações de combate ao narcotráfico nas fronteiras de Paraguai e Bolívia (Odfa, 2 jun. 2006). Avaliando a participação das FAs em ações de segurança pública como a mencionada, o general Carlos Augusto Fernandes dos Santos afirmou que "ao intervir em uma região onde se constata a falência do Estado, o estado passa a ser o de guerra onde deveriam prevalecer as leis da guerra" (Odfa, 30 jun. 2006), com isso normalizando o que deveria ser uma ação excepcional das FAs ao equiparar crime a guerra e, portanto, segurança a defesa.

As ações de segurança na faixa de fronteira ganharam o nome de Jauru, tornando-se frequentes no período de 2004 a 2006. Nelas, empregou-se um número substantivo de militares das três forças que atuaram em conjunto com a PF em uma abordagem multidimensional, contra o tráfico de drogas, o contrabando de armas, crimes ambientais e evasão de divisas na fronteira de 1.290 quilômetros com o Paraguai (Odfa, 24 nov. 2006).

A ambiguidade do discurso do governo Lula no que se refere às funções das FAs pode ser comprovada quando se avalia a postura do governo em distintos fóruns. Nesse sentido, destaca-se o discurso de Nelson Jobim em dois momentos. O primeiro aconteceu em 2007, quando o ministro visitou a Minustah. Em seu pronunciamento dirigido aos soldados brasileiros, ele compara a ação realizada no Haiti com aquelas realizadas no Rio de Janeiro, defendendo que a presença das FAs na segurança pública "contribuía para a percepção de segurança da população", razão pela qual dever-se-ia "patrocinar um debate sobre a mudança da Constituição brasileira para permitir o emprego das forças armadas [...] no combate à violência urbana" (Odfa, 7 set, 2007, 19 out. 2007).

Três anos depois, quando representava o Brasil na IX CMDA, o discurso de Jobim foi em direção contrária (Ministério da Defesa, 2010) e aliou-se ao Chile e à Argentina na contestação à política dos EUA para o hemisfério, que apregoava a indistinção entre segurança interna e defesa externa. Ao final, a despeito das aparentes resistências, apenas o país austral manteve a estrita separação entre as áreas, enquanto os demais países, como já mostrava a propensão de Lula acima indicada, foram paulatinamente criando mecanismos para o emprego das FAs na segurança pública.

Em resumo, ao longo dos oito anos do governo Lula, duas foram as principais políticas de emprego das FAs: a participação na Minustah e as operações de GLO. Uma terceira, que merece um tratamento à parte, é a coordenação castrense da segurança de grandes eventos. Concentrando esforços no estudo das segundas, o que se pôde depreender é que a principal política militar do governo Lula, a Minustah, funcionou como um verdadeiro laboratório para o treinamento e normalização do emprego das FAs em segurança pública (Opeb, 2 dez. 2010; Odfa, 10 dez. 2010).[7]

No que toca ao estabelecimento da necessária subordinação militar ao poder civil, condição de possibilidade para a construção da democracia, as ações de Lula foram meramente legais, apontando uma ingênua confiança no republicanismo das instituições, olvidando os mais enraizados valores das elites nacionais, desde sempre apontadas por Florestan Fernandes (1968, 1975)[8] e

7 A Minustah como laboratório é admitida inclusive pelos que exerceram seu comando (Castro e Marques, 2019).

8 Em distintas oportunidades Florestan Fernandes apontou para o caráter autoritário e excludente das elites (palavras quase nunca utilizada por ele) brasileiras. Mencionamos dois dos muitos textos que tratam disso: Fernandes (1968, 1975).

atualizadas por Jessé de Souza (2015, 2017).[9] Ademais, Lula foi omisso em relação ao estabelecimento da autoridade dos ministros da Defesa, permitindo a insubordinação militar exemplificada nos muitos pronunciamentos de oficiais das FAs. Por isso, a reprimenda ao general Heleno acima lembrada pareceu fora de lugar e, acreditamos, originou a recomposição interna das FAs para sua atuação no palco político.

Operações de fronteira: o governo Dilma

Durante o governo de Dilma Rousseff (2011-2016), houve uma sistematização das operações de fronteira, tendo como detonador desse processo o Plano Estratégico de Fronteiras (PEF). Lançado em junho de 2011 (Decreto nº 7.496), o PEF objetiva, como definido em seu art. 1º, a "prevenção, controle, fiscalização e repressão dos delitos transfronteiriços e dos delitos praticados na faixa de fronteira brasileira".

O PEF foi dividido em dois núcleos de operações executadas pelo Ministério da Justiça (operação Sentinela), por meio de ações da Polícia Federal, e pelo Ministério da Defesa (operação Ágata), empregando Marinha, Exército e Aeronáutica em operações conjuntas sob o comando do vice-presidente Michel Temer (Odfa, 10 jun. 2011).

Como parte do Plano Estratégico de Fronteiras, foi criado, sob comando do Exército, o Sistema Integrado de Monitoramento de Fronteiras (Sisfron) que é "um sistema de Comando e Controle, Comunicações, Computação, Inteligência, Vigilância e Reconhecimento (C4IVR) que visa dotar a força terrestre de meios habilitadores a uma presença efetiva na faixa de fronteira brasileira" (Bufolo, 2014). O Sisfron tem um objetivo multidimensional, que inclui as atividades próprias das polícias Federal e estaduais, quais sejam, o monitoramento do acesso ao território brasileiro de contrabando e grupos de narcotraficantes e na detecção de crimes ambientais (Andrade et al., 2019).

---

9 Jessé de Souza colaborou com o PT desde antes do governo Lula, tendo assumido a presidência do Ipea entre 2015 e 2016. Da mesma forma que Fernandes, são muitas as obras de Jessé de Souza que apontam para a construção da elite, assim como das classes médias, como formadas e formadoras de uma cultura política pouco ou antirrepublicana, entre as quais se destacam-se: Souza (2015, 2017).

As várias operações denominadas Ágata estão entre as principais iniciativas do governo Rousseff para as áreas fronteiriças. Em 2011 foram desencadeadas as operações Ágata 1, com foco na fronteira com a Colômbia; Ágata 2, nos limites com Argentina, Paraguai e Uruguai, e Ágata 3, nas fronteiras com Peru e Bolívia (Ágata 3..., 2011). Nas três etapas da operação, patrulharam-se 11.632 quilômetros, na extensão compreendida entre a região do Chuí, no Rio Grande do Sul, e a Cabeça do Cachorro, no Amazonas (Ministério da Defesa, 2012).

Em 2012, a Ágata 4 concentrou-se na fronteira norte do Brasil, em uma área fronteiriça entre Venezuela, Guiana, Guiana Francesa e Suriname. Nesta, foram percorridos mais 5.240 quilômetros até Oiapoque, no Amapá. Com isso, em dois anos, foi percorrida toda a fronteira brasileira com os 10 países sul-americanos (Ministério da Defesa, 2012). Paralelamente à Ágata 4, iniciou-se a primeira fase de implantação do Sisfron.

A Ágata 5 foi desencadeada em um trecho que cobriu a região de Chuí, no Rio Grande do Sul, a Corumbá, no Mato Grosso do Sul, abrangendo a fronteira sul até a Bolívia. E a Ágata 6 cobriu as fronteiras entre os estados brasileiros do Mato Grosso, Mato Grosso do Sul, Rondônia e Acre e os vizinhos Peru e Bolívia (Ministério da Defesa, 2012).

A operação Ágata 7, realizada na metade de 2013, caracterizou-se por envolver um número maior de militares (25 mil soldados) e por patrulhar pela primeira vez as fronteiras do Brasil com os 10 países sul-americanos em atuação simultânea do Exército, Marinha e Força Aérea, na maior operação militar até então realizada sob Dilma Rousseff. A operação foi desencadeada *pari passu* à realização de grandes eventos, como a Copa das Confederações e a Jornada Mundial da Juventude (Opeb, 19 maio 2013).

Em consonância com o PEF, 19 mil soldados são responsáveis pela vigilância da maior parte dos 11 mil quilômetros de fronteiras sob responsabilidade do Comando Militar da Amazônia (CMA), que tem, desde 2010, poder de policiar e executar prisões em flagrante no limite de 150 quilômetros a partir da fronteira.

No sentido de reforçar as ações no controle da fronteira amazônica, o governo subdividiu o CMA, criando, em 2013, o Comando Militar do Norte (CMN), composto por 10 mil soldados e abrangendo Pará, Maranhão e Amapá. Com a nova divisão, foram alteradas a distribuição das tarefas entre as forças. Na porção ocidental da Amazônia, sob responsabilidade do CMA, os soldados são empregados no combate ao narcotráfico, contrabando e crimes ambientais.

Na região oriental, a função do CMN é atuar em operações subsidiárias (GLO e cívico-sociais), combatendo a exploração ilegal dos recursos naturais e nos conflitos sociais, na área de fronteira com o Suriname, Guiana e Guiana Francesa (Opeb, 23 mar. 2013).

A divisão dos comandos aponta que a política militar de Rousseff fortaleceu a função das FAs nas ações de segurança da área fronteiriça menos povoada do Brasil. A atribuição do CMN para atuar em conflitos sociais, que é uma área afeita às forças de segurança, enfraquece o papel dos entes federados amazônicos no controle civil sobre temas de segurança pública e na atuação em conflitos agrários, o que é um retrocesso pelo ponto de vista da construção do regime democrático.

Na continuação do PEF, a Ágata 8 ocorreu em maio de 2014, cobrindo toda a extensão da fronteira brasileira com os 10 países sul-americanos, em um total de 16.886 quilômetros. A operação reuniu 30 mil militares da Marinha, do Exército e da Força Aérea e contou com soldados das PF, Rodoviária e das polícias militares de alguns estados (Exército brasileiro, 2014). A Ágata 9, realizada em 2015, ocupou um perímetro menor, distribuído em 4.070 quilômetros de fronteira nos estados de Rondônia, Mato Grosso, Mato Grosso do Sul e Paraná, que fazem fronteira com Bolívia e Paraguai (Ministério da Defesa, 2015a).

Consonante com o discurso da imprensa, a política militar de Rousseff revela naturalização das operações castrenses como polícia de fronteiras. Tenta-se escamotear o combate aos crimes transfronteiriços, porque são localizados em regiões de contato entre nacionais e internacionais, como missão de defesa, para que assim não aparentem ser atividades precípuas da PF. Porém, os oficiais militares mostram em seu discurso que a atuação de seus comandados na faixa de fronteira são ações cívico-militares, subsidiarias à sua missão precípua. Tal discrepância pode indicar resistência das FAs ao processo de naturalização de suas funções como polícia, insistindo que se trata de ações subsidiárias, mas nem por isso menos importantes. Como exemplifica o discurso do general De Nardi, comandante da Ágata 9, tais operações têm o propósito, inclusive, de oferecer treinamento para os soldados: "Início de vida profissional tem que ser assim. Tem que saber o que é a fronteira" (Ministério da Defesa, 2015a).

A Ágata 10 realizada no final de 2015 reuniu o CMA, sediado em Manaus, e o CMN, com sede em Belém, e contou com o emprego de mais 9 mil militares das FAs, 33 agências governamentais e órgãos públicos. A operação combinou ações de patrulhamento terrestre, motorizado, fluvial e marítimo, inspeções nas estradas e atendimento social à população que vive ao longo da faixa de fronteira. Entre os objetivos da operação estavam coibir o crime ambiental, o garimpo ilegal, o contrabando e o descaminho, desativar pistas de pouso clandestinas e reprimir o tráfico de drogas e a pesca predatória (Ministério da Defesa, 2015b).

A Ágata 10 foi a última operação realizada sob Dilma Rousseff, afastada e impedida, pelo golpe parlamentar de 2016, de terminar o mandato para o qual fora eleita. Embora não seja objetivo deste texto avaliar o governo Michel Temer, importa informar que uma de suas primeiras iniciativas foi anunciar a substituição do Plano Estratégico de Fronteiras de 2011 pelo Programa de Proteção Integrada de Fronteiras (Opeb, 17 nov. 2016). Assim, o novo programa foi instituído pelo Decreto nº 8.903, de 16 de novembro de 2016.

Considerações finais

Sob as lentes dos observatórios, a imprensa brasileira não emprestou grande destaque aos temas de defesa. Todavia, ela parece compreender a política militar, isto é, o emprego das FAs em atividades internas, como as operações Ágata, como aplicação da política de defesa, não fazendo a devida separação entre o que é *defesa* e o que é *segurança*. Isso indica conformidade com a própria confusão legal que permanece no Brasil. Também sugere adesão da imprensa ao uso das FAs para resolver problemas que não são afeitos à defesa.

O discurso da mídia reforça a compreensão dessa política como uma ação legitima de defesa, não de segurança. Ela sequer se pergunta se tal desenho de emprego das FAs é condizente com a política externa do Brasil, considerando que a política militar é uma das formas de operacionalizar a política externa. Ao contrário, a política militar – entendida como a constituição das missões das FAs relativamente aos objetivos da defesa nacional – brasileira está fortemente relacionada com a ordem pública interna, permanecendo apartada das relações internacionais do país.

As pressões dos EUA para influenciar a América Latina no sentido de normalizar a visão multidimensional sobre o emprego das FAs em atividades de segurança interna encontraram receptividade no setor castrense brasileiro. A princípio, parece ter havido resistência, porém parece-nos que a proximidade com os EUA, ativada por canais diretos entre os militares dos dois países, indicando autonomia destes, bem como seu alinhamento ideológico com os estadunidenses, facilitou a aceitação das tarefas especificadas nas GLOs de fronteiras.

Conforme apresentado, durante o governo de Dilma Rousseff consolidou-se um modelo de emprego das FAs em ações de segurança pública e na vigilância de fronteiras que fora apenas esboçado no governo Lula. Nas áreas urbanas, as ações nas UPPs foram desenvolvidas sob influência da experiência brasileira que atuou na Minustah. De outro lado, as operações Ágata, em suas diversas etapas, permitiram às FAs desenvolver uma rotina para o emprego das tropas nas áreas fronteiriças.

Os governos do PT pretensamente ofereceram respostas à opinião pública, enxugando gelo nas faixas de fronteiras contra o narcotráfico, porém ampliando a autonomia dos militares e empoderando-os no entendimento equivocado sobre o alcance do art. 142 e das GLOs, contribuindo para a visão que os levou a ocupar espaços políticos relevantes no governo pós-golpe (2016-2018) e no retorno do "Partido Militar".

Cabe destacar que a confusão sobre as funções das FAs e da PF no modelo brasileiro de proteção de fronteiras provocou desentendimento entre militares e policiais. Conforme verbalizado pela imprensa, a PF reclamou que o Exército concentra a maior parte do seu efetivo no Comando Militar do Leste, sediado no Rio de Janeiro, comprometendo a atuação conjunta na vigilância de fronteiras (Odfa, 29 abr. 2011).

A ausência de uma burocracia não militarizada com capacidade de reforçar o controle civil, a *civilianization*, conforme a acepção de Pion-Berlin, pode explicar a hesitação, notadamente do governo Lula, para exercer a autoridade sobre os militares. A disposição dos governos do PT em limitar a influência dos militares nas esferas mais altas de poder, oferecendo compensações pela atuação nas GLOs, indica a dificuldade em exercer a autoridade e o controle civil. As FAs, atribuindo aos seus integrantes um *ethos* superior, estabelecido na pretensa essencialidade, arvoram-se em guardiãs preferenciais do interesse nacional, satisfazendo e justificando sua visão megalomaníaca.

Referências

ABDENUR, Adriana; CALL, C. T. A "Brazilian way"? Brazil's approach to peacebuilding. In: CALL, C. T.; CONING, C. de (Org.). *Rising powers and peacebuilding*: Breaking the mold? Houndsmills: Palgrave Macmillan, 2017. p. 15-38.

______; SOUZA NETO, Danilo M. de. O Brasil e a cooperação em defesa: a construção de uma identidade regional no Atlântico sul. *Rev. Bras. Polít. Int.*, v. 57, n. 1, p. 5-21, 2014.

ABED (Associação Brasileira de Estudos de Defesa). *Portal institucional*. [S.d.]. Disponível em: <www.abedef.org>. Acesso em: dez. 2021.

ACÁCIO, Igor. Why isn't Jair Bolsonaro deploying Brazil's military for policing missions? *Political Violence at a Glance*, 2021. Disponível em: <https://politicalviolenceataglance.org/2021/06/07/why-isnt-jair-bolsonaro-deploying-brazils-military-for-policing-missions/>. Acesso em: 22 set. 2021.

______; AMORIM NETO, Octávio. One step forward, one step back: the impact of the Defense Ministry on Defense Policymaking in Brazil (1999-2020). *Paper prepared for delivery at the 2021 Virtual Congress of the Latin American Studies Association*, 26-29 maio 2021.

ADHIKARI, M. Breaking the balance? The impact of peacekeeping deployments on civil-military relations. *International Peacekeeping*, v. 27, n. 3, p. 369-394, 2020.

ÁGATA 3: nós vamos continuar com essas operações, diz vice-presidente. *DefesaNet*, 7 dez. 2011. Disponível em: <www.defesanet.com.br/defesa/noticia/3877/agata-3-nos-vamos-continuar-com-essas-operacoes%E2%80%9D-diz-vice-presidente>. Acesso em: 17 mar. 2018.

AGUILAR, S. L. C. *Brasil em missões de paz*. São Paulo: Usina do Livro, 2005.

______; MENDONÇA, Thaiane. Brasil e Forças Armadas: dissuasão, política externa e emprego interno. *Colômbia Internacional*, n. 107, jul./set. 2021.

ALBERT, Bruce. Terras indígenas, política ambiental e geopolítica militar no desenvolvimento da Amazônia: a propósito do caso yanomami. In: LÉNA, Phillipe; OLIVEIRA, Adélia. *Amazônia*: a fronteira agrícola 20 anos depois. Belém: Museu Paraense Emílio Goeldi, 1991.

ALBERTO Goldman e o retrocesso da Comissão da Anistia. *Carta Capital*, São Paulo, 6 fev. 2017. Disponível em: <www.cartacapital.com.br/sociedade/alberto-goldman-e-o-retrocesso-da-comissao-da-anistia>. Acesso em: 20 set. 2021.

ALBRECHT, H. Diversionary peace: International Peacekeeping and domestic civil-military relations. *International Peacekeeping*, v. 27, n. 4, p. 586-616, 2020.

ALBUQUERQUE, José Augusto. O intervencionismo na política externa brasileira. *Nueva Sociedad*, p. 66-78, dez. 2009. (O Brasil e região: edição especial em português).

ALDUNATE, Herman, E. *Backpacks full of hope*: the UN mission in Haiti. Waterloo: Wilfrid Laurier University Press, 2010.

A LEI da Anistia 39 anos depois: ainda restrita e parcial. *Câmara dos Deputados*, Brasília, DF, 28 ago. 2018. Disponível em: <www2.camara.leg.br/atividade-legislativa/comissoes/comissoes-permanentes/cdhm/noticias/a-lei-da-anistia-39-anos-depois-ainda-restrita-e-parcial>. Acesso em: 20 set. 2021.

ALEKSIÉVITCH, Svetlana. *A guerra não tem rosto de mulher*. Trad. Cecilia Rosas. São Paulo: Companhia das Letras, 2016.

ALMEIDA, V. H. A. *Mulheres nas Forças Armadas brasileiras*: situação atual e perspectivas futuras. Brasília, DF: Câmara dos Deputados, maio 2015. (Estudo – Consultoria Legislativa). Disponível em: <www2.camara.leg.br/documentos-e- pesquisa/publicacoes/estnottec/areas-da-conle/tema21/2015_291_estudo-sobre-mulheres-nas-forcas-armadas-vitor-hugo>. Acesso em: 14 dez. 2016.

ALMINO, João. Inserção internacional de segurança do Brasil: a perspectiva diplomática. In: BRIGAGÃO, Clóvis; PROENÇA JR., Domício (Org.). *Brasil e o mundo*: novas visões. Rio de Janeiro: Francisco Alves, 2002.

ALONSO, Alba. A introdução da interseccionalidade em Portugal: repensar as políticas de igualdade(s). *Revista Crítica de Ciências Sociais*, n. 90, p. 25-43, 2010.

ALSINA JR., João Paulo Soares. A síntese imperfeita: articulação entre política externa e política de defesa na era Cardoso. *Rev. Bras. Polít. Int.*, v. 46, n. 2, p. 53-86, dez. 2003.

ALVES, Mirian; TOSCHI, Mirza. A militarização das escolas públicas: uma análise a partir das pesquisas da área de educação no Brasil. *Revista Brasileira de Política e Administração da Educação*, v. 35, n. 3, 2019.

AMENO, Fernando. À margem da lei: Forças Armadas tomaram conta de superaparato de inteligência de Bolsonaro. *The Intercept Brasil*, 9 ago. 2021. Disponível em: <https://bit.ly/38O9Te3>. Acesso em: 11 dez. 2021.

AMORIM, Celso. A atualidade do barão do Rio Branco. *Palestra do embaixador Celso Amorim no Instituto Histórico e Geográfico Brasileiro*. Rio de Janeiro, 9 maio 2012.

AMORIM NETO, Octavio; ACACIO, I. P. De volta ao centro da arena: causas e consequências do papel político dos militares sob Bolsonaro. *Journal of Democracy em Português*, São Paulo, v. 9, p. 1-29, 2020.

AMORIM: TRABALHO do Exército no Complexo do Alemão é exemplo de devoção à causa pública. *DefesaNet*, 9 jul. 2012.

ANDRADE, I. O. et al. Sistema Integrado de Monitoramento de Fronteiras em perspectiva. *Texto para discussão* n. 2480. Brasília: Ipea, 2019.

ANDRESKI, Stanislav. *Military organization and society*. Los Angeles: University of California Press, 1968.

ANTUNES, Priscila C. Brandão. *SNI e Abin*: uma leitura da atuação dos serviços secretos brasileiros ao longo do século XX. Rio de Janeiro: FGV Ed., 2002.

ARAUJO, Caio dos Santos. *Militares das Forças Armadas condenados pelo art. 290 do CPM*: tráfico, posse ou uso de entorpecente. TCC (graduação em ciências sociais) – PUC-Rio, Rio de Janeiro, 2020.

ARELLANO, Félix G. O Brasil e a Venezuela: uma relação perigosa? *Nueva Sociedad*, p. 121-136, dez. 2009. (O Brasil e região: edição especial em português).

ARIAS, E. D. *Drugs and democracy in Rio de Janeiro*: trafficking, social networks, and public security. Chapel Hill, NC: University of North Carolina Press, 2006.

ARMED Forces will strengthen security in Rio where six days of attacks have left 43 dead. *Folha de S.Paulo*, 26 nov. 2010. Disponível em: <https://m.folha.uol.com.br/cotidiano/2010/11/836598-armed-forces-will-strengthen-

-security-in-rio-where-six-days-of-attacks-have-left-43-dead.shtml>. Acesso em: fev. 2024.

ARRUDA, João Rodrigues. *O uso político das Forças Armadas*. Rio de Janeiro: Mauad, 2007.

ARTURI, Carlos S. O debate teórico sobre mudança de regime político: o caso brasileiro. *Revista de Sociologia e Política*, Curitiba, n. 17, p. 11-31, nov. 2001.

AVRITZER, L. The Brazilian Army, the democratization pact of self-restraint and their come back to the political scene. In: ______; RENNÓ, L. (Ed.). *The crisis of democracy in Brazil*. [S.l.: s.n.], 2022. Manuscrito em preparação.

BARRETO, Carlos Alberto Menna. *A farsa ianomâmi*. Rio de Janeiro: Bibliex, 1995.

BARROS, Antonio Teixeira de. O debate parlamentar sobre a Comissão Nacional da Verdade no Congresso Nacional Brasileiro. *Revista Brasileira de Ciências Sociais*, São Paulo, v. 35, n. 104, p. 1-27, 2020.

BATTAGLINO, Jorge. O Brasil e a criação do Conselho de Defesa Sul-Americano. *Nueva Sociedad*, p. 79-89, dez. 2009. (O Brasil e região: edição especial em português).

BEAUVOIR, Simone de. *O segundo sexo*: fatos e mitos. 4. ed. Trad. Sérgio Milliet. São Paulo: Difusão Europeia do Livro, 1980.

BERMEO, Lara; CASTAÑEDA, Ivete García; CASTRO, Gustavo Fabián. Radiografía del sistema de justicia militar en América Latina. In: RIAL, Juan (Ed.). *La justicia militar*: entre la reforma y la permanencia. Buenos Aires: Resdal, 2010.

BLANCO, R. The Brazilian engagement with peace operations: a critical analysis. *Revista Brasileira de Política Internacional*, v. 60, n. 2, 2017.

BLOWER, André M. *A Unasul e a relação civil-militar no Brasil*. 2014. Dissertação (mestrado em estudos estratégicos da defesa e da segurança) – Instituto de Estudos Estratégicos, UFF, Niterói, 2014.

BOULDEN, J. *Peace enforcement*: the United Nations experience in Congo, Somalia and Bosnia. Westport, CT: Praeger, 2001.

BRAGA, C. C. V. Os desafios iniciais da participação das Forças Armadas brasileiras na Missão das Nações Unidas para a Estabilização do Haiti. In: ______; FERREIRA, A. C (Org.). *13 anos do Brasil na Minustah*: lições aprendidas e novas perspectivas. Rio de Janeiro: Centro de Instrução Almirante Sylvio de Camargo, 2019.

BRAGATTI, Milton; MIRANDA, Rubén. Cooperação na área de defesa na Unasul: um balanço do Conselho de Defesa Sul-Americano (CDS) e seus limites atuais. *Revista de Relaciones Internacionales, Estrategia y Seguridad*, v. 13, n. 2, 2018.

BRANDÃO, Priscila. *SNI & Abin*: uma leitura da atuação dos serviços secretos brasileiros ao longo do século XX. Rio de Janeiro: FGV Ed., 2002.

BRASIL. Decreto-lei nº 1001/1969. Código de Processo Penal Militar. *Diário Oficial [da] República Federativa do Brasil*, Brasília, DF, 21 out. 1969.

_____. Constituição da República Federativa do Brasil de 1988. *Diário Oficial [da] República Federativa do Brasil*, Brasília, DF, 5 out. 1988.

_____. Decreto nº 967, de 29 de outubro de 1993. Estabelece a estrutura básica da organização do Ministério da Marinha. *Diário Oficial [da] República Federativa do Brasil*, Brasília, DF, 1 nov. 1993. (Revogado pelo Decreto nº 5.417, de 2005).

_____. Ministério da Defesa. *Plano de Modernização do Ensino do Exército*. Brasília, DF: Ministério da Defesa, 1995.

_____. Lei de Diretrizes e Bases para o Ensino (Lei nº 9.394/1996). *Diário Oficial [da] República Federativa do Brasil*, Brasília, DF, 23 dez. 1996.

_____. Lei Complementar nº 97, de 9 de junho de 1999. Dispõe sobre as normas gerais para a organização, o preparo e o emprego das Forças Armadas. *Diário Oficial [da] República Federativa do Brasil*, Brasília, DF, 10 jun. 1999a.

_____. Ministério da Defesa. *Decreto nº 3.182*, de 23 de setembro de 1999. Política Educacional do Exército. Brasília, DF: Ministério da Defesa, 1999b.

_____. Gabinete de Segurança Institucional. Portaria nº 24, de 20 de dezembro de 2002. Aprova o Regimento Interno do Conselho Consultivo do Sistema Brasileiro de Inteligência – Sisbin Armadas. *Diário Oficial [da] República Federativa do Brasil*, Brasília, DF, n. 247, seção 1, p. 45, 23 dez. 2002a.

_____. Ministério da Defesa. *Exército Brasileiro*: um norte para o futuro profissional de milhares de jovens. *Revista Verde-Oliva*, n. 215, 2002b.

_____. Ministério da Defesa. Portaria Normativa nº 295/MD, de 3 de junho de 2002. Institui o Sistema de Inteligência de Defesa e dá outras providências. *Diário Oficial [da] República Federativa do Brasil*, Brasília, DF, seção 1, n. 105, p. 16, 4 jun. 2002c.

_____. Ministério da Defesa. Portaria nº 1.037/MD, de 13 de novembro de 2003. Aprova os Regimentos Internos dos órgãos integrantes da Estrutura

Organizacional do Ministério da Defesa. *Diário Oficial [da] República Federativa do Brasil*, Brasília, DF, n. 222, p. 18, 14 nov. 2003a.

_____. Gabinete de Segurança Institucional. Portaria nº 239, de 20 de junho de 2003. Aprova as Normas e os Procedimentos Gerais para o Intercâmbio de Dados e Conhecimentos entre os Órgãos do Sistema Brasileiro de Inteligência. *Diário Oficial [da] República Federativa do Brasil*, Brasília, DF, n. 121, p. 2, 26 jun. 2003b.

_____. Leia a íntegra da demissão de Viegas. *Agência Brasil*, 4 nov. 2004a. Disponível em: <https://memoria.ebc.com.br/agenciabrasil/noticia/2004-11-04/leia-integra-da-carta-de-demissao-de-jose-viegas>. Acesso em: 27 nov. 2021.

_____. Lei Complementar nº 117. Altera a Lei Complementar nº 97, de 9 de junho de 1999, que dispõe sobre as normas gerais para a organização, o preparo e o emprego das Forças Armadas, para estabelecer novas atribuições subsidiárias. *Diário Oficial [da] República Federativa do Brasil*, Brasília, DF, 3 set. 2004b.

_____. Lei nº 11.343/2006. Institui o Sistema Nacional de Políticas Públicas sobre Drogas – Sisnad... *Diário Oficial [da] República Federativa do Brasil*, Brasília, DF, 24 ago. 2006.

_____. Ministério da Defesa. Decreto nº 6.703, de 18 de dezembro de 2008. Aprova a Estratégia Nacional de Defesa. *Diário Oficial [da] República Federativa do Brasil*, Brasília, DF, 19 dez. 2008.

_____. *3º Programa Nacional de Direitos Humanos (PNDH-3)*. Brasília, DF: SDH, 2010a.

_____. Decreto nº 7.364, de 23 de novembro de 2010. Aprova a estrutura regimental e o quadro demonstrativo dos cargos em comissão do Grupo-Direção e Assessoramento Superiores – DAS, das Funções Gratificadas – FG... do Ministério da Defesa. *Diário Oficial [da] República Federativa do Brasil*, Brasília, DF, 24 nov. 2010b.

_____. *Livro Branco de Defesa Nacional*. Brasília, DF: Ministério da Defesa, 2012a.

_____. *Estratégia Nacional de Defesa*. Brasília, DF: Ministério da Defesa, 2012b.

_____. Presidência da República. Lei nº 12.705, de 8 de agosto de 2012. Dispõe sobre os requisitos para ingresso nos cursos de formação de militares de carreira do Exército. *Diário Oficial [da] República Federativa do Brasil*, Brasília, DF, 9 ago. 2012c.

_____. Decreto nº 7.974, de 1° de abril de 2013. Aprova a estrutura regimental e o quadro demonstrativo dos cargos em comissão e das funções de confiança do Ministério da Defesa. *Diário Oficial [da] República Federativa do Brasil*, Brasília, DF, 2 abr. 2013.

_____. *Portaria nº 893/MD*, de 14 de abril de 2014. Brasília, DF: Ministério da Defesa, 2014.

_____. *Livro Branco de Defesa Nacional*. Brasília: Ministério da Defesa, 2016a.

_____. *Portaria nº 176/GAP/GM-MD*, de 13 de abril de 2016. Brasília, DF: Ministério da Defesa, 2016b.

_____. *Portaria nº 178/GAP/GM-MD*, de 13 de abril de 2016. Brasília, DF: Ministério da Defesa, 2016c.

_____. *Portaria nº 179/GAP/GM-MD*, de 13 de abril de 2016. Brasília, DF: Ministério da Defesa, 2016d.

_____. *Portaria nº 181/GAP/GM-MD*, de 13 de abril de 2016. Brasília, DF: Ministério da Defesa, 2016e.

_____. *Portaria nº 182/GAP/GM-MD*, de 13 de abril de 2016. Brasília, DF: Ministério da Defesa, 2016f.

_____. *Portaria nº 183/GAP/GM-MD*, de 13 de abril de 2016. Brasília, DF: Ministério da Defesa, 2016g.

_____. *Portaria nº 54/GAP/GM-MD*, de 4 de maio de 2016. Brasília, DF: Ministério da Defesa, 2016h.

_____. *Portaria nº 55/GAP/GM-MD*, de 4 de maio de 2016. Brasília, DF: Ministério da Defesa, 2016i.

_____. *Portaria Normativa nº 24*, de 20 de abril de 2016. Brasília, DF: Ministério da Defesa, 2016j.

_____. *Portaria Normativa nº 37*, de 14 de junho de 2016. Brasília, DF: Ministério da Defesa, 2016k.

_____. Decreto nº 8.978, de 1º de fevereiro de 2017. Aprova a estrutura regimental e o quadro demonstrativo dos cargos em comissão e das funções de confiança do Ministério da Defesa... *Diário Oficial [da] República Federativa do Brasil*, Brasília, DF, 2 fev. 2017a. (Revogado pelo Decreto nº 9.570, de 2018).

_____. *Plano Nacional de Ação sobre Mulheres, Paz e Segurança*. Brasília, DF: Ministério das Relações Exteriores. 2017b.

_____. *Portaria nº 1.158/MD*, de 15 de março de 2017. Brasília, DF: Ministério da Defesa, 2017c.

_____. *Portaria nº 436/Seori/MD*, de 3 de fevereiro de 2017. Brasília, DF: Ministério da Defesa, 2017d.

_____. *Senado Notícias*. Brasília, DF: Senado Federal, 10 out. 2017e. Disponível em: <www12.senado.leg.br/noticias/materias/2017/10/10/militar-que--matar-civil-em-operacao-de-estado-sera-julgado-na-justica-militar>. Acesso em: 21 out. 2021.

_____ *A representação feminina e os avanços na legislação*. Brasília: Câmara dos Deputados, 15 out. 2018a.

_____. Decreto nº 9.570, de 20 de novembro de 2018. Aprova a estrutura regimental e o quadro demonstrativo dos cargos em comissão... *Diário Oficial [da] República Federativa do Brasil*, Brasília, DF, 21 nov. 2018b. (Revogado pelo Decreto nº 10.998, de 2022).

_____. Decreto nº 9.527, de 15 de outubro de 2018. Cria a Força-Tarefa de Inteligência para o enfrentamento ao crime organizado no Brasil. *Diário Oficial [da] República Federativa do Brasil*, Brasília, DF, 16 out. 2018c. (Revogado pelo Decreto nº 11.252, de 2022).

_____. *Portaria nº 354/Seori/SG-MD*, de 22 de janeiro de 2019. Brasília, DF: Ministério da Defesa, 2019.

_____. *Livro Branco de Defesa Nacional*. Brasília: Ministério da Defesa, 2020a.

_____. *Portaria nº 393/GM-MD*, de 24 de janeiro de 2020. Brasília, DF: Ministério da Defesa, 2020b.

_____. Conselho Nacional de Justiça. *Justiça em números*. Brasília, DF: CNJ, 2020c.

_____. Decreto nº 10.998, de 15 de março de 2022. Aprova a estrutura regimental e o quadro demonstrativo dos cargos em comissão... *Diário Oficial [da] República Federativa do Brasil*, Brasília, DF, 16 mar. 2022.

BRITO JUNIOR, A. de. A violência: causas e medidas. *A Defesa Nacional*, v. 691, p. 133-138, set./out. 1980.

BRITO JÚNIOR, José Fontenele. "Na verdade, eu sobrevivi": a homossexualidade no Exército brasileiro. *Hoplos*, v. 3, n. 5, p. 75-89, 2019.

BUFOLO, R. *O Sisfron e o papel do Exército nas operações em ambiente interagências*. Rio de Janeiro: Ed. Eceme, 2014.

BUTLER, J. P. *Problemas de gênero*: feminismo e subversão da identidade. Rio de Janeiro: Civilização Brasileira, 2003.

CAAMAÑO, Fernando Otero. *Habeas corpus, admissibilidade nas transgressões disciplinares militares*. Curitiba: Juruá, 2009.

CAIXINHAS da Anistia serão abertas, diz Damares Alves. *Folha de S.Paulo*, 27 mar. 2019. Disponível em: <www1.folha.uol.com.br/poder/2019/03/caixinhas-da-anistia-serao-abertas-diz-damares-alves.shtml>. Acesso em: 20 set. 2021.

CÂMARA, A. A. F. Políticas públicas de habitação e o Programa de Aceleração do Crescimento: análise das intervenções no estado do Rio de Janeiro. *Revista Brasileira de Políticas Públicas*, v. 1, n. 3, p. 1940-1942, 15 set. 2011.

CAMARGO, W. Mulheres nas Forças Armadas: desenvolvimento histórico-jurídico da participação feminina na defesa nacional. *Jus Navegandi*, Teresina, ano 24, n. 5.727, 2019.

CAMPOS, Marcio Teixeira; ALVES, Vagner Camilo. A guerra das Falklands/Malvinas e suas repercussões no Exército brasileiro. In: FIGUEIREDO, Eurico Lima (Org.). *Sociedade, política e estudos estratégicos*. Rio de Janeiro: Luzes, 2013. p. 47-76.

CARDOSO, A. J. S. *O Brasil nas operações de paz das Nações Unidas*. Brasília: Funag, 1998.

CARRA, P. R. A. Meninas e meninos no Colégio Militar: percepções discentes e relações de gênero e poder no espaço escolar. In: SEMINÁRIO INTERNACIONAL FAZENDO GÊNERO, XI., 2017, Florianópolis. *Anais eletrônicos*... Florianópolis: UFSC, 2017. Disponível em: <www.en.wwc2017.eventos.dype.com.br/resources/anais/1499571060_ARQUIVO_TextofinalnoModeloMM_FG.pdf>. Acesso em: 24 set. 2021.

CARREIRAS, Helena. Diversidade social nas Forças Armadas: gênero e orientação sexual em perspectiva comparada. *Nação e Defesa*, v. 107, n. 2, p. 61-88, 2004.

______. *Gender and the military*: women in the armed forces of western democracies. Londres: Routledge, 2006.

CARVALHO, Herbert Assunção de. *Crime militar, breves considerações*. Rio de Janeiro: Lumen Juris, 2018.

CARVALHO, José M. de. Militares e civis: um debate além da Constituinte. In: ENCONTRO ANUAL DA ANPOCS, XI., 1987, Águas de São Pedro. *Anais*... São Paulo: Anpocs, 1987.

______. *Forças Armadas e política no Brasil*. Rio de Janeiro: Zahar, 2005.

CARVALHO, J. Reinaldo. O mundo e o terrorismo midiático. *Olho no Texto*, 7 set. 2014. Disponível em: <https://olhonotexto.wordpress.com/2014/09/07/o-mundo-E-o-terrorismo-midiatico/>. Acesso em: 15 jan. 2018.

CASTRO, Celso. *O espírito militar*: um estudo de antropologia social na Academia Militar das Agulhas Negras. Rio de Janeiro: Zahar, 1990.

_____. *A invenção do Exército brasileiro*. Rio de Janeiro: Zahar, 2002

_____ (Org.). *Amazônia e defesa nacional*. Rio de Janeiro: FGV Ed., 2006.

_____. Goffman e os militares: sobre o conceito de instituição total. *Revista Militares e Política*, n. 1, p. 1-7, jul./dez. 2007.

_____ (Org.). *General Villas Bôas*: conversa com o comandante. Rio de Janeiro: FGV Ed., 2021.

_____; D'ARAUJO, Maria Celina (Org.). *Militares e política na Nova República*. Rio de Janeiro: FGV Ed., 2001.

_____; MARQUES, Adriana A. *Pesquisando os militares brasileiros*: experiências de cientistas sociais. Curitiba: Prismas, 2015.

_____; _____ (Org.). *Missão Haiti*: a visão dos force commanders. Rio de Janeiro: FGV Ed., 2019.

_____; SOUZA, Adriana B. A defesa militar da Amazônia: entre história e memória. In: CASTRO, Celso (Org.). *Amazônia e defesa nacional*. Rio de Janeiro: FGV Ed., 2006.

CAVALCANTI-SCHIEL, Ricardo. A política indigenista, para além dos mitos da segurança nacional. *Estudos Avançados*, São Paulo, v. 23, n. 65, 2009.

CDS (Consejo de Defensa Suramericano). *Informe final*: diseño de una metodología común de medición de gastos de defensa. La Paz: Grupo de Trabajo, CDS, 29 jul. 2011. Disponível em: <www.ceedcds.org.ar/Espanol/09-Downloads/Metodologia_Comun.pdf>. Acesso em: 5 out. 2013.

CEPIK, Marco. *Espionagem e democracia*. Rio de Janeiro: FGV Ed., 2003a.

_____. Inteligência militar e política de defesa. In: REBELO, Aldo; FERNANDES, Luis (Org.). *Política de defesa para o século XXI*. Brasília: Câmara dos Deputados, 2003b. p. 111-124.

_____. Regime político e sistema de inteligência no Brasil: legitimidade e efetividade como desafios institucionais. *Dados*: revista de ciências sociais, v. 48, n. 1, p. 67-113, 2005a.

_____. Segurança na América do Sul: traços estruturais e dinâmica conjuntural. *Análise de Conjuntura do Observatório Político Sul-Americano (Opsa)*, n. 9, ago. 2005b.

_____. Segurança regional e integração na América do Sul. In: _____ (Org.). *Segurança internacional*: práticas, tendências e conceitos. São Paulo: Hucitec, 2010.

_____. Intelligence and security services in Brazil reappraising institutional flaws and political dynamics. *International Journal of Intelligence, Security, and Public Affairs*, v. 23, n. 1, 2021.

_____; BRANDÃO, Priscila. Brazil's new intelligence system: an institutional assessment. *The International Journal of Intelligence and CounterIntelligence*, v. 16, n. 2, p. 349-373, 2003a.

_____; _____. Professionalization of intelligence activity in Brazil: criteria, evidence, and remaining challenges. In: SWENSON, Russell; LEMOZY, Susana (Ed.). *Intelligence professionalism in the Americas*. Washington, DC: JMIC/CHDS, 2003b. p. 133-154.

CHAIA, V. *Jornalismo e política*: escândalos e relações de poder na Câmara Municipal de São Paulo. São Paulo: Hacker, 2004.

CHANDLER, D. *Empire in denial*: the politics of State-building. Londres: Pluto, 2006.

CHARANDEAU, P.; MAINGUENEAU, D. *Dicionário de análise do discurso*. São Paulo: Contexto, 2004.

CHIRIO, M. *A política nos quartéis*: revoltas e protestos de oficiais na ditadura militar brasileira. Rio de Janeiro: Zahar, 2012.

_____. Lutter contre l'ennemi interne: la longue histoire d'une obsession de la droite brésilienne. *Nuevo Mundo Mundos Nuevos*, p. 1-12, 25 jan. 2016.

CLUBE Militar vê coleção de "calúnias" em relatório da Comissão da Verdade. *G1*, 10 dez. 2014. Disponível em: <http://g1.globo.com/politica/noticia/2014/12/relatorio-e-absurdo-em-nome-da-causa-socialista-diz-clube-militar.html>. Acesso em: 20 set. 2021.

CNV (Comissão Nacional da Verdade). *Relatório final*. CNV, 2014. 3 v. Disponível em: <http://cnv.memoriasreveladas.gov.br/>. Acesso em: 20 set. 2021.

_____. *A CNV*. Brasília: CNV, [2021?]. Disponível em: <http://cnv.memoriasreveladas.gov.br/institucional-acesso-informacao/a-cnv.html>. Acesso em: 25 jul. 2021.

COELHO, Edmundo Campos. *Em busca de identidade*: o Exército e a política na sociedade brasileira. Rio de Janeiro: Record, 2000.

COIMBRA, C. M. B. *Operação Rio*: o mito das classes perigosas: um estudo sobre a violência urbana, a mídia impressa e os discursos de segurança pública. Niterói: Intertexto, 2001.

COCKAYNE, James. The futility of force? Strategic lessons for dealing with unconventional armed groups from the UN's War on Haiti's gangs. *Journal of Strategic Studies*, v. 37, n. 5, p. 736-769, 2014.

COLETTA, Ricardo Della; MACHADO, Renato. Países vetam menção à Unasul em comunicado final da reunião de líderes sul-americanos. *Folha de S.Paulo*, 30 maio 2023. Disponível em: <www1.folha.uol.com.br/mundo/2023/05/paises-vetam-mencao-a-unasul-em-comunicado-final-da-reuniao-de-lideres-sul-americanos.shtml>. Acesso em: 12 jan. 2024.

COMANDANTE do Exército diz que insegurança jurídica pode inibir ação de tropas no Rio. *DefesaNet*, 2 out. 2017.

COMISSÃO da Verdade critica recusa de ex-generais em pedir "desculpas". *G1*, 29 set. 2014. Disponível em: <http://g1.globo.com/politica/noticia/2014/09/cnv-critica-manifesto-em-que-generais-se-negam-pedir-desculpas.html>. Acesso em: 20 set. 2021.

CONCÓRDIA. *Acervo de atos internacionais do Brasil*. Brasília, DF: Ministério das Relações Exteriores. [S.d.]. Disponível em: <https://concordia.itamaraty.gov.br/>. Acesso em: 17 set. 2022.

COORDENADOR da CNV nega revanchismo e diz que militares tiveram direito de falar. *Agência Brasil*, 10 dez. 2014. Disponível em: <https://agenciabrasil.ebc.com.br/direitos-humanos/noticia/2014-12/coordenador-da-cnv-nega-revanchismo-e-diz-que-militares-tiveram>. Acesso em: 20 set. 2021.

CORONEL que atuou na ditadura militar depõe à Comissão da Verdade. *G1*, 25 mar. 2014. Disponível em: <http://g1.globo.com/jornal-nacional/noticia/2014/03/coronel-que-atuou-na-ditadura-militar-depoe-comissao-da-verdade.html>. Acesso em: 20 set. 2021.

CORTINHAS, J. S.; REZENDE, L. Como o bolsonarismo evidenciou o desequilíbrio das relações civis-militares no Brasil. *Democracia e Direitos Fundamentais*, n. 11, 2022.

_____; VITELLI, M. G. Limitações das reformas para o controle civil sobre as Forças Armadas nos governos do PT (2003-2016). *Revista Brasileira de Estudos de Defesa*, v. 7, n. 2, 2020.

_____ et al. *New configurations of international order*: values, principles, alliances and alignments. Londres: Wilton Park, 2015. (Report). Disponível em:

<https://www.wiltonpark.org.uk/wp-content/uploads/2020/09/WP1436--Report.pdf>. Acesso em: 30 out. 2021.

COSTA, Marcus V. A. A Assembleia Nacional Constituinte sob a espada de Dâmocles: as reivindicações militares em 1985-1987. In: SIMPÓSIO NACIONAL DE HISTÓRIA, 30. *Anais*... Recife: Anpuh, 2019.

COSTA, Silvia R. D.; SOARES, Douglas V. Perspectivas de discriminação sobre orientação homossexual nas Forças Armadas brasileiras. In: SOARES, Douglas Verbicaro; CRUZ, Rivetla Edipo Araujo (Org.). *Direitos humanos, gênero e sexualidade*. Santo Ângelo: Metrics, 2021. p. 237-249.

COTELEA, Daniela et al. *The role of military courts across Europe*: a comparative understanding of Military Justice systems. Evere: Finabel – European Army Interoperability Center, 2021.

COTTEY, Andrew; FORSTER, Anthony. Reshaping defence diplomacy: new roles for military cooperation and assistance. *Adelphi Paper 365*. The International Institute for Strategic Studies. Oxford: Oxford University Press, 2004.

CRUZ, A.; MAGALHÃES, M. I. O trunfo por trás do front. *O Dia*, p. 3-5, 31 mar. 2014.

CRUZ, C. A. dos S. Paz e reconciliação. In: SEMINÁRIO BRASIL-NORUEGA SOBRE PAZ E RECONCILIAÇÃO, III. *Anais*... Brasília, DF: Fundação Alexandre de Gusmão, 2011.

CUNHA, Manuela Carneiro da. *Índios no Brasil*: história, direitos e cidadania. São Paulo: Claroenigma, 2012.

CUNHA, Paulo Ribeiro da. O levante de 1935, o comunismo e as Forças Armadas. In: D'ARAUJO, Maria Celina; REZENDE, Lucas Pereira (Org.). *Forças armadas e política no Brasil republicano*. Rio de Janeiro: FGV Ed., 2024. v. 1: Da proclamação da República à Constituição de 1988 (1889-1988).

CUNLIFFE, P. *Legions of peace*: UN peacekeepers from the global South. Londres: Hurst, 2013.

_____. From peacekeepers to praetorians: how participating in peacekeeping operations may subvert democracy. *International Relations*, v. 32, n. 2, p. 218-239, 2018.

CURRAN, D.; HUNT, C. Stabilization at the expense of peacebuilding in UN peacekeeping operations: More than just a phase? *Global Governance*, v. 26, n. 1, p. 46-68, 2020.

CUYA, E. Justiça de transição. *Acervo*: revista do Arquivo Nacional, Rio de Janeiro, v. 24, n. 1, p. 37-78, jan./jun. 2011.

DAHL, Arne Willy. *International trends in military justice*. Presentation at international law lunch meeting at Oslo University, 2011. Disponível em: <www.generaladvokaten.no/uploads/AS66Wsh5/_2011_11_international_trends_in_military_justice.pdf. Acesso em: 27 ago. 2021.

DANTAS, S. R. M. *Mulheres nas Forças Armadas*: uma análise da participação feminina nas forças armadas brasileiras. Monografia (conclusão de graduação em relações internacionais) – UFPB, João Pessoa, 2018.

D'ARAUJO, Maria Celina. Mulheres, homossexuais e Forças Armadas no Brasil. In: CASTRO, C.; IZECKSOHN, V.; KRAAV, H. (Org.). *Nova história militar do Brasil*. Rio de Janeiro: FGV Ed., 2004. p. 439-459.

_____. *Militares, democracia e desenvolvimento*: Brasil e América do Sul. Rio de Janeiro: FGV Ed., 2010.

_____. O estável poder de veto das Forças Armadas sobre o tema da anistia política no Brasil. *Varia História*, Belo Horizonte, v. 28, n. 48, p. 573-597, jul./dez. 2012.

_____. A persistente primazia política da corporação militar. *Rev. Bras. Est. Def.*, v. 3, n. 2, p. 41-54, 2016.

_____. Justiça Militar. In: SAINT-PIERRE, Héctor Luis; VITELLI, Marina Gisela. (Org.). *Dicionário de segurança e defesa*. São Paulo: Ed. Unesp, 2018. v. 1, p. 611-628.

_____. Military courts in transition: the Latin American case. *US-China Law Review*, v. 1, p. 303-317, 2019.

DE CONING, C. What does "stabilization" mean in a UN peacekeeping context? *Complexity 4 Peacebuilding*, 19 jan. 2015. Disponível em: <https://cedricdeconing.net/2015/01/19/whatdoes-stabilisation-mean-in-a-unpeacekeeping-context/>. Acesso em: 10 out. 2017.

DENARI, G. B. Discussões sobre o trabalho feminino na Polícia Militar do estado de São Paulo. *Norus*: revista Novos Rumos Sociológicos, Pelotas, v. 5, n. 8, p. 239-260. ago./dez. 2017.

DIEHL, P. F. *Peace operations*. Cambridge: Polity, 2008.

DINIZ, Eugenio. Um diálogo de surdos: o Projeto Calha Norte. *Lua Nova*, São Paulo, n. 34, 1994.

DORN, A. W. Intelligence-led peacekeeping: the United Nations Stabilization Mission in Haiti (Minustah), 2006-07. *Intelligence and National Security*, v. 24, n. 6, p. 805-835, 2009.

DOUCET, M. *Reforming 21st century peacekeeping operations*: governmentalities of security, protection and police. Nova York: Routledge, 2018.

DOYLE, M. W. *Liberal peace*: selected essays. Nova York: Routledge, 2011.

_____; SAMBANIS, N. *Making war and building peace*: United Nations peace operations. Princeton, NJ: Princeton University Press, 2006.

DRUMOND, P.; REBELO, T. *Implementando a agenda sobre "Mulheres, Paz e Segurança" no Brasil*: uma revisão do Plano Nacional de Ação. Rio de Janeiro: Instituto Igarapé, mar. 2018. (Artigo Estratégico nº 31). Disponível em:<https://igarape.org.br/wp-content/uploads/2018/03/2018-03-07-AE-31_Plano-Nacional-Mulheres-web.pdf>. Acesso em: 5 nov. 2021.

DRUZIAN, BERNADETE. Policial pisa no pescoço de mulher negra e arrasta a vítima na zona sul de SP. *Folha de S.Paulo*, 13 jul. 2020. Disponível em: <https://www1.folha.uol.com.br/cotidiano/2020/07/policial-pisa-no--pescoco-de-mulher-negra-e-arrasta-a-vitima-na-zona-sul-de-sp.shtml>. Acesso em: 9 set. 2022.

DURANTE depoimento de Ustra, comissão aponta 50 mortes no DOI. *G1*, 10 maio 2013. Disponível em: <http://g1.globo.com/politica/noticia/2013/05/durante-depoimento-de-ustra-comissao-aponta-50-mortes-no-doi.html>. Acesso em: 20 set. 2021.

DURKHEIM, E. *Educação e sociologia*. São Paulo: Melhoramentos, 1978.

DUXBURY, Alison; GROVES, Matthew (Ed.). *Military Justice in the modern age* Cambridge: Cambridge University Press, 2016.

EARLE, Edward Mead. National defense and political science. *Political Science Quarterly*, v. 55, n. 4, p. 481-495, dez. 1940a.

_____. National Defense: a program of studies. *Journal of the American Military Institute*, v. 4, n. 4, p. 199-208, inverno 1940b.

ESTADO-MAIOR DO EXÉRCITO. *História do Exército brasileiro*. Brasília, DF: IBGE, 1972. 3 v.

ETCHEGOYEN, Sérgio W. O Conselho de Defesa Sul-Americano. In: ACIOLY, Luciana; MORAES, Rodrigo Fracalossi de (Org.). *Prospectiva, estratégia e cenários globais*: visões de Atlântico sul, África lusófona, América do Sul e Amazônia. Brasília, DF: Ipea, 2011. Ciclo de debates.

EXÉRCITO BRASILEIRO. *Ágata 8*: começa operação na fronteira com mobilização de 30 mil militares das Forças Armadas. Brasília, DF: EB, 2014. Disponível em: <www.eb.mil.br/documents/10138/8ea2b4e3-2dd5-47ac-89e6-44d6614c024d>. Acesso em: 19 mar. 2018.

FALQUET, J. *Pax neoliberalia*: perspectivas feministas sobre (la reogarnización de) la violência contra las mujeres. Buenos Aires: Madreselva, 2017.

FARAGE, Nádia. *As muralhas dos sertões*: os povos indígenas no Rio Branco e a colonização. São Paulo: Paz e Terra, 1991.

FAUSTO, B. *A Revolução de 30*: historiografia e história. São Paulo: Companhia das Letras, 1997.

FÁZIO, Ednéia. *A política de ensino do Exército brasileiro na Nova República*: o projeto de modernização (1985-2000). Tese (doutorado) – Unesp, Franca, 2008.

FERNANDES, F. *Sociedade de classes e subdesenvolvimento*. Rio de Janeiro: Zahar, 1968.

______. *A revolução burguesa no Brasil*: ensaio de interpretação sociológica. Rio de Janeiro: Zahar, 1975.

FERREIRA, O. S. *Vida e morte do partido fardado*. São Paulo: Ed. Senac, 2000.

______. *Elos partidos*: uma nova visão sobre poder militar no Brasil. São Paulo: Habra, 2007.

FETHERSTON, A. B. *Towards a theory of United Nations peacekeeping*. Nova York: St. Martin's, 1994.

FGV CPDOC. *Missão militar francesa*: Rio de Janeiro: FGV Cpdoc, [s.d.].

FIGUEIREDO, Fernando Alcântara de. *Soldados não choram*: a vida de um casal homossexual no Exército do Brasil. Rio de Janeiro: Globo, 2008. Depoimento a Roldão Arruda.

FINER, Samuel. *The man on horseback*. New Brunswick: Transaction, 2002.

FITCH, S. J. Military professionalism, national security and democracy: lessons from the Latin American Experience. *Pacific Focus*, v. 4, n. 2, p. 99-147, 1989.

FLOREZ, José Miguel. Qué militares, para qué escenarios: la formación militar en la agenda de la gobernabilidad. In: MEJÍAS, Sonia Alda (Org.). *Sistemas de enseñanza militar y educación para la defensa en Iberoamérica*. Madri: Instituto Universitario General Gutiérrez Mellado, 2010. p. 133-155.

FONTOURA, P. R. C. T. da. *Brasil*: 60 anos de operações de paz. Rio de Janeiro: Diretoria do Patrimônio Histórico e Documentação da Marinha, 2009.

FORÇAS Armadas silenciam, mas militares criticam relatório da CNV. *Gazeta do Povo*, 11 dez. 2014. Disponível em: <www.gazetadopovo.com.br/vida-publica/forcas-armadas-silenciam-mas-militares-criticam-relatorio-da-cnv-ehaykptvfau8r7ju0ogbbffim/>. Acesso em: 20 set. 2021.

FRAGA, P. FHC mandou Exército ocupar 4 refinarias. *Folha de S.Paulo*, 28 maio 1995.

FUCCILLE, Luís Alexandre. *Democracia e questão militar*: a criação do Ministério da Defesa no Brasil. 2006. Tese (doutorado em ciências sociais) – Departamento de Ciência Política, IFCH, Unicamp, Campinas, 2006.

______; REZENDE, Lucas Pereira. Complexo regional de segurança da América do Sul: uma nova perspectiva. *Contexto Internacional*, v. 35, n. 1, p. 77-104, jan./jun. 2013.

GALLO, Carlos Artur. *Anistia*: quarenta anos. Rio de Janeiro: Gramma, 2019.

______. Da resistência à negação: uma análise da relação entre as Forças Armadas e a Comissão Nacional da Verdade. In: D'ARAUJO, Maria Celina; REZENDE, Lucas Pereira (Org.). *Forças armadas e política no Brasil republicano*. Rio de Janeiro: FGV Ed., 2024. v. 2: A Nova República (1988-2018).

GEDES (Grupo de Estudos de Defesa e Segurança Internacional). Observatório Sul-Americano de Defesa e Forças Armadas (Odfa). *Informe Brasil*. 2003-2007; 2010-2011. Disponível em: <https://gedes-unesp.org/observatorio--sul-americano-defesa-forcas-armadas/>. Acesso em: 29 nov. 2021.

______. Observatório de Política Exterior do Brasil (Opeb). *Informe Semanal*. 2010; 2013; 2016. Disponível em: <https://gedes-unesp.org/observatorio--de-politica-exterior/>. Acesso em: 29 nov. 2021.

GELOT, L. Civilian protection in Africa: how the protection of civilians is being militarized by African policymakers and diplomats. *Contemporary Security Policy*, v. 38, n. 1, p. 161-173, 2017.

GIANNINI, R. A.; FOLLY, M.; LIMA, M. F. *Situações extraordinárias*: a entrada de mulheres na linha de frente das Forças Armadas brasileiras. Rio de Janeiro: Instituto Igarapé, ago. 2017. Artigo Estratégico nº 27.

______; LIMA, M.; PEREIRA, P. *Implementing UNSC Resolution 1325 in Brazil*: surmounting challenges and promoting equality. Rio de Janeiro: Instituto Igarapé, out. 2015. (Strategic note nº 18). Disponível em: <www.gov.br/mre/pt-br/media/ne-18-implementing-unsc-resolution-promoting-gender--equality-15-10-b.pdf>. Acesso em: 5 nov. 2021.

______; MATHIAS, S. K. Gênero nas Forças Armadas. In: SAINT-PIERRE, H.; VITELLI, M. G. *Dicionário de segurança e defesa* [recurso digital]. São Paulo: Ed. Unesp, 2018.

GIDDENS, A. *The Nation-State and violence*: a contemporary critique of historical materialism. 2. ed. Cambridge: Polity, 1987.

GODOY, Tânia R. P. *O estudo da guerra e a formação da liderança brasileira (1996-2004)*. Tese (doutorado) – UFSCar, São Carlos, 2004.

GOFFMAN, E. *Manicômios, prisões e conventos*. São Paulo: Perspectiva, 1987.

GOMES, M. Siman. *A "pacificação" como prática de "política externa" de (re) produção do self estatal*: rescrevendo o engajamento do Brasil na missão das Nações Unidas para a estabilização no Haiti (Minustah). Tese (doutorado) – PUC-Rio, Rio de Janeiro, 2014.

_____. Analysing interventionism beyond conventional foreign policy rationales: the engagement of Brazil in the United Nations Stabilization Mission in Haiti (Minustah). *Cambridge Review of International Affairs*, v. 29, n. 3, p. 852-869, 2016.

GONZÁLEZ G. J.; JENNE, N. Controlling blue berets: the consequences of political neglect in the case of Uruguay's participation in peacekeeping. *Armed Forces & Society*, v. 47, n. 3, p. 435-456, 2021.

GOVERNO quer fim da Comissão de Anistia em 2022 e nega 90% dos pedidos de reconhecimento de anistiados. *El País*, 10 abr. 2021. Disponível em: <https://brasil.elpais.com/brasil/2021-04-10/governo-quer-fim-da-comissao-de-anistia-em-2022-e-nega-90-dos-pedidos-de-reconhecimento-de-anistiados.html>. Acesso em: 20 set. 2021.

GREENBURG, J. The "strong arm" and the "friendly hand": military humanitarianism in post-earthquake Haiti. *Journal of Haitian Studies*, v. 19, n. 1, p. 95-122, 2013.

GROVE, J. The stories we tell about killing. *The Disorder of Things*, 6 jan. 2016. Disponível em: <https://thedisorderofthings.com/2016/01/06/the-stories-we-tell-about-killing/>. Acesso em: 19 out. 2021

GUERREIRO, G. Tarso diz que Forças Armadas têm poder para ingressar em Raposa Serra do Sol. *Folha de S. Paulo*, 18 jun. 2008.

GUGLIANO, Alfredo Alejandro; GALLO, Carlos Artur. On the ruins of democratic transition: human rights as na agenda item in abeyance for the Brazilian democracy. *Bulletin of Latin American Research*, Oxford, v. 32, n. 3, p. 325-338, 2013.

HAMANN, E.; GARBINO, H.; FOLLY, M. *Confiança em desenvolvimento*: o Brasil e os projetos de impacto rápido. Rio de Janeiro: Instituto Igarapé, ago. 2017. Artigo Estratégico nº 24.

______; TEIXEIRA, C. A. R. *A participação do Brasil na Minustah (2004-2017)*: percepções, lições e práticas relevantes para futuras missões. Rio de Janeiro: Instituto Igarapé, 2017.

HARIG, C. Synergy effects between Minustah and public security in Brazil. *Brasiliana-Journal for Brazilian Studies*, v. 3, n. 2, p. 142-168, 2015.

______. Re-importing the "robust turn" in UN peacekeeping: internal public security missions of Brazil's military. *International Peacekeeping*, v. 26, n. 2, 2019a.

______. Soldiers in police roles. *Policing and Society*, p. 1-18, ago. 2019b.

HASLAM, S. Alexandre et al. Taking the strain: social identity, social support and the experience of stress. *British Journal of Social Psychology*, n. 44, p. 355-370, 2005.

HAUCK, J. C. R. *Think tanks*: quem são, como atuam e qual seu panorama de ação no Brasil. Dissertação (mestrado em ciência política) – UFMG, Belo Horizonte, 2015.

HERRERA, Carlos Sánchez. *Actitudes hacia el colectivo LGTBI en las Fuerzas Armadas y en las fuerzas y cuerpos de seguridad*. Dissertação (mestrado) – Universidad de Granada, 2019.

HORNING, N. *Maoist army in writing*: interview with comrade commissar, 2006. Disponível em: <https://blog.com.np/2006/07/04/maoist-army--in-writing-interview-with-comrade-commissar/#more-1060>. Acesso em: 14 dez. 2016.

HOWARD, L. M. Peacekeeping is not counterinsurgency. *International Peacekeeping*, v. 26, p. 545-548, 2019.

______; DAYAL, A. K. The use of force in UN peacekeeping. *International Organization*, v. 72, n. 5, p. 71-103, 2018.

HUNTER, W. *State and soldier in Latin America*: redefining the military's role in Argentina, Brazil and Chile. Washington, DC: Usip, 1996.

HUNTINGTON, Samuel P. *O soldado e o Estado*: teoria política das relações entre civis e militares. Rio de Janeiro: Bibliex, 1996.

IBGE (Instituto Brasileiro de Geografia e Estatística). *Estatísticas de gênero*: indicadores sociais das mulheres no Brasil. Rio de Janeiro: IBGE, 2021. Disponível em: <https://cidades.ibge.gov.br/brasil/pesquisa/10073/91256>. Acesso em: 25 set. 2021.

INTEGRANTE da Comissão de Anistia avalia como "desastre" decisão sobre valores das indenizações. *Blog do Matheus Leitão*, Rio de Janeiro, 25 jun. 2019. Disponível em: <https://g1.globo.com/politica/blog/matheus-leitao/post/2019/06/25/integrante-da-comissao-de-anistia-avalia-como-desastre-decisao-sobre-valores-das-indenizacoes.ghtml>. Acesso em: 20 set. 2021.

IPEA (Instituto de Pesquisa Econômica Aplicada). *Políticas sociais:* acompanhamento e análise. Brasília: Ipea, 2010.

ISP (Instituto de Segurança Pública). *Séries históricas anuais de letalidade violenta no estado do Rio de Janeiro e grandes regiões*. Rio de Janeiro: ISP, 2020.

IZZO, R. C. Igualdade de gênero: um caminho para a paz. In: MATHIAS, S. K. (Org.). *Sob o signo de Atena*: gênero na diplomacia e nas Forças Armadas. São Paulo: Ed. Unesp, 2009. p. 191-204.

JANOWITZ, Morris. *The military in the political development of new nations*: an essay in comparative analysis. Chicago: Chicago University Press, 1964.

JOBIM faz carta de demissão após ameaça de mudar a lei de anistia. *Estadão*, São Paulo, 29 dez. 2009. Disponível em: <www.estadao.com.br/noticias/geral,jobim-faz-carta-de-demissao-apos-ameaca-de-mudar-a-lei-de-anistia,488515>. Acesso em: 20 set. 2021.

KARLSRUD, J. From liberal peacebuilding to stabilization and counterterrorism. *International Peacekeeping*, v. 26, n. 1, p. 1-21, 2019.

KENKEL, K. M. South America's emerging power: Brazil as peacekeeper. *International Peacekeeping*, v. 17, n. 5, p. 644-661, 2010.

_____. Brazil's peacebuilding in Africa and Haiti. *Journal of International Peacekeeping*, v. 17, n. 3-4, p. 272-292, 2013a.

_____. Five generations of peace operations: from the "thin blue line" to "painting a country blue". *Revista Brasileira de Política Internacional*, v. 56, n. 1, p. 122-143, 2013b.

_____. Out of South America to the globe: Brazil's growing stake in peace operations. In: _____ (Org.). *South America and peace operations*: coming of age. Abingdon: Routledge, 2013c. p. 85-110.

_____. Stability abroad, instability at home? Changing UN peace operations and civil-military relations in global South troop contributing countries. *Contemporary Security Policy*, v. 42, n. 2, p. 225-240, 2021.

_____; SIMAN, Maíra; SANTOS, Victória. Operações de paz e relações civil-militares: o engajamento brasileiro na missão de estabilização no Haiti

(Minustah). In: D'ARAUJO, Maria Celina; REZENDE, Lucas Pereira (Org.). *Forças armadas e política no Brasil republicano*. Rio de Janeiro: FGV Ed., 2024. v. 2: A Nova República (1988-2018).

KEOHANE, Robert O. *After hegemony*: cooperation and discord in the world political economy. Princeton: Princeton University Press, 2005.

KLEPAK, Hal (Comp.). *Formación y educación militar*: los futuros oficiales y la democracia. Buenos Aires: Resdal, 2012.

KOERNER, Andrei. O papel dos direitos humanos na política democrática: uma análise preliminar. *Revista Brasileira de Ciências Sociais*, v. 18, n. 53, p. 143-157, 2003.

KONIGSBERG, Eric. Gays in Arms: can gays in the military work? In countries around the world, they already do. *The Washington Monthly*, v. 24, n. 11, p. 10-13, 1992.

KOONING, K.; VEENSTRA, S. Exclusión social, actores armados y violencia urbana en Rio de Janeiro. *Foro Internacional*, v. XLVII, n. 3, p. 616-653, 2007.

KORNIS, Mônica. Serviço Nacional de Informação (SNI). In: ABREU, A. A. de et al. (Coord.). *Dicionário histórico-biográfico brasileiro*: pós-1930. Rio de Janeiro: FGV Cpdoc, 2021. Disponível em: <www.fgv.br/cpdoc/acervo/dicionarios/verbete-tematico/servico-nacional-de-informacao-sni>. Acesso em: 7 jul. 2021.

KREMMYDIOTIS, Panagiots. The influence of human rights law on the reform of military justice. In: DUXBURY, Alison; GROVES, Matthew (Ed.). *Military Justice in the modern age*. Cambridge: Cambridge University Press, 2016.

______. *The influence of human rights law on the reform of military justice Military Justice in the modern age*. Cambridge: Cambridge University Press, 2021.

KUHLMANN, Paulo L. *Exército brasileiro*: estrutura militar e ordenamento político (1984-2007). Tese (doutorado em ciência política) – USP, São Paulo, 2007.

KULKARNI, P. Women in combat roles in armed forces: the global experience. *The Indian Express*, 25 dez. 2015. Disponível em: <http://indianexpress.com/article/explained/women-in-combat-roles-in-armed-forces-the-global-experience/>. Acesso em: 14 dez. 2016.

KYLE, Brett J.; REITER, Andrew G. Militarized Justice in new democracies: explaining the process of military court reform in Latin America. *Law and Society Review*, 2013.

_____; _____. *Military courts, civil-military relations, and the legal battle for democracy*: the politics of military justice. Nova York: Routledge, 2021.

LACROIX, J.-P. A importância do Brasil em missões de paz. *Folha de S.Paulo*, 26 nov. 2017.

LAURENCE, M. An "impartial" force? Normative ambiguity and practice change in UN peace operations. *International Peacekeeping*, v. 26, n. 3, p. 256-280, 2018.

LEE, S.; BARTELS, S. "They put a few coins in your hand to drop a baby in you": a study of peacekeeper-fathered children in Haiti. *International Peacekeeping*, v. 27, n. 2, p. 177-209, 2020.

LEEDS, E. Cocaine and parallel polities in the Brazilian urban periphery: constraints on local-level democratization. *Latin American Research Review*, v. 31, n. 3, p. 47-83, 1996.

LEIRNER, Piero. O Estado como fazenda de domesticação. *R@U*: revista de antropologia da UFSCar, v. 4, n. 2, p. 38-70, jul./dez. 2013.

_____. *O Brasil no espectro de uma guerra híbrida*: militares, operações psicológicas e política em uma perspectiva etnográfica. São Paulo: Alameda, 2020.

LEMAY-HÉBERT, N. Resistance in the time of cholera: the limits of stabilization through securitization in Haiti. *International Peacekeeping*, v. 21, n. 2, p. 198-213, 2014.

LENZ, R. *Pensamento político dos militares no Brasil*: mudanças e permanências na doutrina da ESG (1974-2016). Tese (doutorado em ciência política) – Programa de Pós-Graduação em Ciência Política, UnB, Brasília, 2021.

LIMA, Antonio Carlos Souza. *Um grande cerco de paz*: poder tutelar, indianidade e formação do Estado no Brasil. Petrópolis: Vozes, 1995.

LIMA, Carlos Alberto de. *Os 583 dias da pacificação dos complexos da Penha e do Alemão*. Rio de Janeiro: Agência 2A Comunicação, 2012.

LINO, Geraldo et al. *Máfia verde 2*: ambientalismo, novo colonialismo. Rio de Janeiro: Capax Dei, 2005.

LOVEMAN, B. *For la Patria*: politics and the Armed Forces in Latin America. Wilmington, DE: [s.n.], 1999.

LUCHETTI, Maria. *O ensino no Exército brasileiro*: histórico, quadro atual e reforma. Dissertação (mestrado) – Universidade Metodista de Piracicaba, 2006.

LUDWIG, Antônio C. Will. *Democracia e ensino militar*. São Paulo: Cortez, 1998.

LYNN, J. A. Nations in Arms, 1763-1815. In: PARKER, G. (Ed.). *The Cambridge history of warefare.* Nova York: Cambridge University Press, 2006. p. 189-216.

MACEDO, T. K. de. *A engenharia militar e o desenvolvimento do Brasil.* 2014. Disponível em: <www.abcp.org.br/conteudo/imprensa/a-industria-do--cimento-e-o-desenvolvimento-do-brasil>. Acesso em: 15 set. 2021.

MAC GINTY, R. Against stabilization. *Stability*, v. 1, n. 1, p. 20-30, 2012.

MAIORIA das recomendações da Comissão Nacional da Verdade segue no papel. *Veja*, São Paulo, 12 fev. 2021. Disponível em: <https://veja.abril.com.br/politica/maioria-das-recomendacoes-da-comissao-nacional-da-verdade--segue-no-papel/>. Acesso em: 20 set. 2021.

MALAMUD, Andrés. A leader without followers? The growing divergence between the regional and global performance of Brazilian foreign policy. *Latin American Politics & Society*, v. 53, n. 3, p. 1 24, 2011.

MANSO, Bruno Paes. *A república das milícias*: dos esquadrões da morte à era Bolsonaro. São Paulo: Todavia, 2020.

MARES, D.; MARTÍNEZ, R. Introdution. In: _____; _____ (Org.). *Debating civil--military relations in Latin América.* Chicago: Sussex Academic Press, 2014.

_____; ZIRKER, D. Crime fighting by the Armed Forces: explaining the variation in threats to democratization. In: WORLD CONGRESS OF THE INTERNATIONAL POLITICAL SCIENCE ASSOCIATION, 21. *Proceedings*... Santiago: IPSA, 2009.

MARQUES, Adriana A. Presença militar na Amazônia: a visão do Poder Legislativo. In: CASTRO, Celso (Org.). *Amazônia e defesa nacional.* Rio de Janeiro: FGV Ed., 2006.

_____. *Amazônia*: pensamento e presença militar. Tese (doutorado em ciência política) – USP, São Paulo, 2007.

_____. Missões de paz e relações civis-militares: reflexões sobre o caso brasileiro. *Revista Brasileira de Estratégia e Relações Internacionais*, v. 7, n. 14, p. 242-262, jul./dez. 2018.

_____. A conexão Porto Príncipe-Brasília: a participação em missões de paz e o envolvimento na política doméstica. In: MARTINS FILHO, J. R. (Ed.). *Os militares e a crise brasileira.* São Paulo: Alameda, 2021.

_____; FUCCILLE, Alexandre. Ensino e pesquisa em defesa no Brasil: estruturação do campo e desafios. *Revista Brasileira de Estudos de Defesa*, v. 2, n. 2, p. 53-69, 2015.

MARTÍNEZ, Rafael (Coord.). Las relaciones civiles-militares en sociedades en transformación: América Latina. *Documentos Cidob América Latina*, n. 36, fev. 2013. Disponível em: <www.cidob.org/es/publicaciones/series_pasadas/documentos/america_latina/las_relaciones_civiles_militares_en_sociedades_en_transformacion_america_latina>. Acesso em: 21 set. 2021.

MARTINS, Franklin. Constituinte acata interesses de ministérios militares. *Jornal do Brasil*, p. 4, 3 abr. 1988. Disponível em: <https://bit.ly/3iqgXmC>. Acesso em: 7 jul. 2021.

MARTINS, Luciano. A "liberalização" do regime autoritário no Brasil. In: O'DONNELL, Guillermo; SCHMITTER, Philippe C.; WHITEHEAD, Laurence (Org.). *Transições do regime autoritário*: América Latina. São Paulo: Vértice, 1988. p. 108-139.

MARTINS FILHO, João R. A visão militar sobre as "novas ameaças" no cenário da Amazônia brasileira. In: SOARES, Samuel Alves; MATHIAS, Suzeley Kalil (Org.). *Novas ameaças*: dimensões e perspectivas – desafios para a cooperação entre Brasil e Argentina. São Paulo: Sicurezza, 2003.

_____. As Forças Armadas brasileiras e o plano Colômbia. In: CASTRO, Celso (Org.). *Amazônia e defesa nacional*. Rio de Janeiro: FGV Ed., 2006.

_____. Entrevista concedida a Mônica Manir. *O Estado de S. Paulo*, Caderno Aliás, 22 jun. 2008a.

_____. A influência doutrinária francesa sobre os militares brasileiros nos anos de 1960. *RBCS*, São Paulo, n. 23, 2008b.

_____. A conexão francesa: da Argélia ao Araguaia. *Varia Historia*, v. 28, n. 48, p. 519-536, 2012.

_____ (Org.). *Os militares e a crise brasileira*. Alameda: São Paulo, 2021.

_____; ZIRKER, Daniel. Nationalism, national security, and Amazonia: military perceptions and attitudes in contemporary Brazil. *Armed Forces & Society*, v. 27, n. 1, outono 2000.

MATHIAS, Suzeley Kalil. Gênero, defesa e paz no Cone Sul. In: _____ (Org.). *Sob o signo de Atena*: gênero na diplomacia e nas Forças Armadas. São Paulo: Ed. Unesp, 2009. p. 17-50.

_____. Modelos educativos comparados en Iberoamérica. In: MEJÍAS, Sonia Alda (Org.). *Sistemas de enseñanza militar y educación para la defensa en Iberoamérica*. Madri: Instituto Universitario General Gutiérrez Mellado, 2010. p. 109-132.

_____. Educação e cultura: pensando em cidadania. *Cadernos de Pesquisa da Fundação Carlos Chagas*, n. 113, 2013.

_____; ADÃO, M. C. Ser soldado, ser mulher. *Tensões Mundiais*, Fortaleza, v. 4 n. 7, p. 273-310, jul./dez. 2008.

_____; GUZZI, A. C. Autonomia na lei: as Forças Armadas nas Constituições nacionais. *Revista Brasileira de Ciências Sociais*, São Paulo, v. 25, n. 73, p. 41-57, jul. 2010.

_____; ZAGUE, J. A.; SANTOS, L. F. S. A política militar brasileira no governo Dilma Rousseff: o discurso e a ação. *Opinião Pública*, v. 25, n. 1, p. 136-168, 2019.

MATTES, Micaela. Reputation, symmetry, and alliance design. *International Organization*, n. 66, p. 679-707, outono 2012.

MATTOS, Carlos de Meira. *Uma geopolítica pan-amazônica*. Rio de Janeiro: Bibliex, 1980.

MCCANN, B. *Hard times in the marvelous city*: from dictatorship to democracy in the favelas of Rio de Janeiro. Durham: Duke University Press, 2014.

MCCANN, F. D. *Soldados da pátria*: história do Exército brasileiro 1889-1937. Rio de Janeiro: Companhia das Letras, 2009.

MCLAUGHLIN, Rob. The impact of the "civilianisation" of military administrative law on the "command power". In DUXBURY, Alison; GROVES, Matthew (Ed.). *Military Justice in the modern age*. Cambridge: Cambridge University Press, 2016.

MEARSHEIMER, John J. *The tragedy of great power politics*. Nova York: W.W. Norton & Company, 2001.

_____. Bound to fail: the rise and fall of the liberal international order. *International Security*, v. 43, n. 4, p. 7-50, 2019.

MEDEIROS, Rodrigo A. L. *Decodificando a internacionalização da Amazônia em narrativas e práticas institucionais*: governos da natureza no Brasil e nos EUA. Tese (doutorado em estudos comparados sobre as Américas) – UnB, Brasília, 2012.

MEIER, Michael W.; HILL, James T. Targeting, the law of war, and the Uniform Code of Military Justice. *Vanderbilt Journal of Transnational Law*, 1 maio 2018.

MELO, Fabiana. Documentos revelam que agentes do SNI monitoraram constituintes. *Notícias*, Câmara dos Deputados, 20 set. 2013. Disponível em:

<www.camara.leg.br/noticias/415503-documentos-revelam-que-agentes-do-sni-monitoraram-constituintes/>. Acesso em: 7 jul. 2021.

MIGUEL, L. F. Luís Felipe Miguel: Lula precisa ser paz e amor? Programa 20 minutos, *Opera Mundi*, 6 set. 2021. Entrevista concedida a Breno Altman. Disponível em: <https://www.youtube.com/watch?v=OpgvsmBN9oc>. Acesso em: 27 nov. 2021.

MIJARES, Víctor M.; NOLTE, Detlef. Regionalismo posthegemónico en crisis ¿Por qué la Unasur se desintegra? *Foreign Affairs Latinoamérica*, v. 18, n. 3, p. 105-112, 2018.

MINISTÉRIO DA DEFESA. Exército brasileiro. *Caderno de Instrução*: Ação Cívico-Social (Aciso). Brasília, DF: Centro de Comunicação Social do Exército, 2009.

_____. *Palavras do ministro de Estado da Defesa Nelson A. Jobim*. Sessão plenária da IX Conferência dos Ministros da Defesa das Américas (Santa Cruz de la Sierra, 22 nov. 2010). Brasília, DF: MD, 2010. Disponível em: <www.gov.br/defesa/pt-br/centrais-de-conteudo/noticias/ultimas-noticias/24112010-defesa-discurso-do-ministro-jobim-na-ix-conferencia-de-ministros-da-defesa-das-americas-bolivia>. Acesso em: out. 2021.

_____. *Forças Armadas deflagram Operação Ágata 6 na fronteira com Bolívia e Peru*. Brasília, DF: MD, 2012. Disponível em: <www.defesa.gov.br/noticias/4123-09-10-2012-defesa-forcas-armadas-deflagram-operacao-agata-6-na-fronteira-com-bolivia-e-peru>. Acesso em: 16 mar. 2016

_____. *Manual de fundamentos operações*. Brasília, DF: MD, 2014.

_____. Ágata 9: oficiais da defesa acompanham operação em Mato Grosso. Brasília, DF: MD, 2015a. Disponível em: <www.defesa.gov.br/noticias/16413-agata-9-oficiais-da-defesa-acompanham-operacao-em-mato-grosso>. Acesso em: 19 mar. 2018.

_____. Ágata 10: operação tem início na região Amazônica com participação de cerca de 9 mil militares. Brasília, DF: MD, 2015b. Disponível em: <www.defesa.gov.br/noticias/17188-agata-10-operacao-tem-inicio-na-regiao-amazonica-com-participacao-de-mais-de-5-mil-militares Acesso em: 20 mar. 2018.

_____. *Unasul/CDS*: fortalecendo a defesa, a confiança mútua e o desenvolvimento da região sul-americana. Brasília, DF: MD, Ascom, 14 fev. 2017.

Disponível em: <www.gov.br/defesa/pt-br/arquivos/relacoes_internacionais/unasul/informativoa_unasul.pdf>. Acesso em: 12 out. 2022.

_____. *Distribuição das operações de GLO 1992-2021*. Brasília, DF: MD, 2021. Disponível em: <www.gov.br/defesa/pt-br/arquivos/exercicioseoperacoes/glo/3-tabelas-glograficobarrasset2021.pdf>. Acesso em: 20 dez. 2021.

MINISTERIO DE DEFENSA; FUNDACIÓN FRIEDERICH EBERT. *Género y Fuerzas Armadas*: algunos análisis teóricos y prácticos. Buenos Aires, 2011.

MIRANDA, Denis de. *A construção da identidade do oficial do Exército brasileiro*. Dissertação (mestrado) – PUC-Rio, Rio de Janeiro, 2012.

_____. *A construção da identidade do oficial do Exército brasileiro*. Rio de Janeiro: Ed. PUC-Rio, 2018.

MISSE, M. Le movimento: les rapports complexes entre trafic, police et favelas à Rio de Janeiro. *Déviance et Société*, v. 32, n. 4, p. 495-506, 2008.

MORAES, João Quartim de. O poder constituinte e a força. *Estudos Avançados*, v. 3, n. 7, p. 67-86, dez. 1989.

_____; COSTA, Wilma Peres; OLIVEIRA, Eliézer Rizzo de. *A tutela militar*. São Paulo: Vértice, 1987.

MORAES, M. L. Q. *Dois estudos sobre cidadania*: primeira versão. Campinas, SP: IFCH-Unicamp, set. 2002, n. 109.

MOREIRA, R. As auxiliares de guerra da "Nação Armada" (1942-1945). *Varia História*, Belo Horizonte, v. 36, n. 72, p. 815-858, set./dez. 2020.

MORENO, M. F.; CHAGAS, V. B. C.; SIMAN, G. M. Trapped between many worlds: a post-colonial perspective on the UN mission in Haiti (Minustah). *International Peacekeeping*, v. 19, n. 3, p. 377-392, 2012.

MOSKOS, C.; WILLIAMS, J. A.; SEGAL, D. R. The postmodern military: Armed Forces after the Cold War. Nova York: Oxford University Press, 2000.

MOTTA, Rodrigo de Sá. *Em guarda contra o perigo vermelho*: o anticomunismo no Brasil (1917-1964). Tese (doutorado em história econômica) – USP, São Paulo, 2000.

MUDANÇAS no governo Bolsonaro em comissões desmontam anos de políticas de reparação da ditadura. *Huffpost Brasil*, São Paulo, 1 fev. 2020. Disponível em: <www.huffpostbrasil.com/entry/comissos-ditadura-bolsonaro_br_5e2eed99c5b6779e9c37adc1>. Acesso em: 20 set. 2021.

MUGGAH, R. Introduction. In: _____ (Ed.). *Stabilization operations, security and development*: states of fragility – studies in conflict, development and peacebuilding. Londres: Routledge, 2014. p. 1-14.

MULLER, Laura L.; WILLIAMS, John Allen. Do Military Policies on gender and sexuality undermine combat effectiveness? In: FEAVER, Peter D.; KOHN, Richard H. (Ed.). *Soldiers and civilians*: the civil-military gap and American National Security. Boston: The MIT Press, 2001. p. 361-402.

NASCIMENTO, Marta S. O.; FIALHO, Ivan. A atividade de inteligência no Ministério da Defesa: uma proposta de reforma. *Revista Brasileira de Estudos de Defesa*, Niterói, v. 4, n. 1, p. 17-43, jan./jun. 2017.

NEOCLEOUS, M. *War power, police power*. Edinburgo: Edinburgh University Press, 2014.

NEVES, F. J. T. Instituto Pandiá Calógeras contribui para elaboração das políticas de defesa nacional. *DefesaNet*, 11 jul. 2017. Disponível em: <www.defesanet.com.br/defesa/noticia/26377/Instituto-Pandia-Calogeras-contribui-para-elaboracao-das-politicas-de-defesa-nacional-/>. Acesso em: 10 set. 2022.

NOS JORNAIS: Lula recua em programa de Direitos Humanos. *Congresso em Foco*, 12 jan. 2010. Disponível em: <https://congressoemfoco.uol.com.br/projeto-bula/reportagem/nos-jornais-lula-recua-em-programa-de-direitos-humanos/>. Acesso em: 27 nov. 2021.

NUNN, F. M. An overview of the European military missions in Latin America. In: LOVEMAN, B.; DAVIES, T. M. (Ed.). *The politics of antipolitics*: the military in Latin America. Wilmington, DE: SR Books, 1997. p. 32-40.

OBSERVATÓRIO DA INTERVENÇÃO. *Intervenção no Rio*: à deriva sem programa, sem resultado, sem rumo. Rio de Janeiro: [s.n.], 2018.

O'DONNELL, Guillermo. *Análise do autoritarismo burocrático*. Rio de Janeiro: Paz e Terra, 1990.

______; SCHMITTER, Philippe C. *Transições do regime autoritário*: primeiras conclusões. São Paulo: Vértice, 1988.

OEA (Organização dos Estados Americanos). *Declaración de Bridgetown*: enfoque multidemensional de la seguridad hemisférica. OEA, 4 jun. 2002. Disponível em: <www.oas.org/xxxiiga/espanol/documentos/docs_esp/agcg doc1502.html>. Acesso em: 20 out. 2021.

OEI (Organização dos Estados Ibero-americanos). *Metas educativas para 2021*. Madri: OEI, 2010. Disponível em: <https://oei.int/pt/publicacoes/educacion-artistica-cultura-y-ciudadania>. Acesso em: 10 out. 2022.

OGILVIE, Sara; NORTON, Emma. *Military Justice*: proposals for a fair and independent military justice system. The National Council for Civil Liberties, 2014.

OLIVEIRA, Eliézer Rizzo de. Forças Armadas, Constituinte e autonomia militar. In: ______ et al. (Org.). *As Forças Armadas no Brasil*. Rio de Janeiro: Espaço e Tempo, 1987.

OLIVEIRA, G. C. C. *O ethos militar na Força Aérea Brasileira*: o ingresso de mulheres na aviação. Dissertação (mestrado profissional em ciências aeroespaciais) – Universidade da Força Aérea, Rio de Janeiro, 2021.

OLIVEIRA, J. P. de. Pacificação e tutela militar na gestão de populações e territórios. *Mana*, v. 20, n. 1, p. 125-161, 2014.

OLIVEIRA, M. L. F. de. As colônias militares na consolidação do Estado nacional 1850-1870. In: SIMPÓSIO NACIONAL DE HISTÓRIA, XXVI. *Anais*... São Paulo: Anpuh, 2011.

OLIVEIRA FILHO, João Pacheco de. A segurança das fronteiras e o novo indigenismo: formas e linhagens do Projeto Calha Norte. In: HEBETTE, Jean (Org.). *O cerco está se fechando*. Petrópolis: Vozes, 1991.

ONU (Organização das Nações Unidas). Report of the Panel on United Nations Peace Operations. Documento A/55/305–S/2000/809. ONU, 2000. Disponível em: <www.un.org/ruleoflaw/files/brahimi%20report%20peacekeeping.pdf>. Acesso em: 20 out. 2021.

______. *Human Rights Committee General Comment n. 36 Article 6*: Right to life Supplementary written submission from Penal Reform International. [S.l.: s.n.], [s.d.]. Disponível em: <https://cdn.penalreform.org/wp-content/uploads/2015/06/HRC-Article-6-supplementary-submission.pdf>. Acesso em: 20 out. 2021.

OPISCITELLI, A. Re-criando a (categoria) mulher? In: ALGRANTI, L. (Org.). *A prática feminista e o conceito de gênero*. Campinas: IFCH-Unicamp, nov. 2002. p. 7-42. Textos didáticos n. 48.

ORIENTAÇÃO na Comissão de Anistia é negar pedidos em massa, diz conselheiro do órgão. *Folha de S.Paulo*, 12 set. 2019. Disponível em: <www1.folha.uol.com.br/poder/2019/09/orientacao-na-comissao-de-anistia-e-negar-pedidos-em-massa-diz-conselheiro-do-orgao.shtml>. Acesso em: 20 set. 2021.

OWENS, P. *Economy of force*: counterinsurgency and the historical rise of the social. Cambridge: Cambridge University Press, 2015.

PADRÓS, Enrique Serra. Repressão e violência: segurança nacional e terror de Estado nas ditaduras latino-americanas. In: FICO, Carlos et al. (Org.). *Dita-*

dura e democracia na América Latina: balanço histórico e perspectivas. Rio de Janeiro: FGV Ed., 2008. p. 143-178.

PAILE, S. *Europe for the future officers, officers for the future Europe*: compendium of the European military officers basic education. Varsóvia: Polish Ministry of National Defence, 2011.

PALOMBINI, C. Proibidão em tempo de pacificação armada: patrimônio musical na atualidade. In: SIMPÓSIO INTERNACIONAL DE MUSICOLOGIA DA UFRJ, V. *Anais*... Rio de Janeiro: UFRJ, 2014.

PARIS, R. *At war's end*: building peace after civil conflict. Cambridge: Cambridge University Press, 2004.

_____. Understanding the "coordination problem" in postwar statebuilding. In: _____; SISK, T. D. (Ed.). *The dilemmas of statebuilding*: confronting the contradictions of postwar peace operations. Londres: Routledge, 2009.

PASCAL, M. A. M. As mulheres e a guerra do Paraguai. *Revista Eletrônica Ética e Cidadania*, Instituto Presbiteriano Mackenzie, p. 144-153, 2012. Disponível em: <www.mackenzie.com.br/fileadmin/Graduacao/EST/Publicacoes_artigos/pascal_11.0.pdf>. Acesso em: 13 dez. 2016.

PASSOS, A. M. Controlar os militares? Uma análise da dimensão de accountability sobre a atuação doméstica das Forças Armadas no Brasil. *Revista Brasileira de Estudos de Defesa*, v. 6, n. 1, p. 51-77, 2019.

_____. *Democracies at war against drugs*: the military mystique in Brazil and Mexico. Nova York: Palgrave Macmillan, 2022.

PASSOS, L. *Ensaios de gênero*. [S.l.: s.n.], 2012. Disponível em: <https://ensaiosdegenero.wordpress.com/2012/09/07/sexo-e-biopoder-sobre-as-identidades-sexuais-como-invencoes/>. Acesso em: 10 dez. 2016.

PENIDO, A. *Profissionalização e educação militar*: um estudo a partir da Academia Militar das Agulhas Negras (Aman). Dissertação (mestrado) – UFF, Niterói, 2015.

_____; JANOT, M.; RODRIGUES, J. M. Os militares e o golpe de 2016. *A Terra É Redonda*, 2 abr. 2021. Disponível em: <https://aterraeredonda.com.br/os-militares-e-o-golpe-de-2016/?doingwpcron=1638706968.0713789463043212890625>. Acesso em: 27 nov. 2021.

_____; MATHIAS, S. Kalil. Pensando a educação de militares na democracia. In: MARTINS FILHO, J. R. (Org.). *Os militares e a crise brasileira*. São Paulo: Alameda, 2021a. p. 221-232.

_____; _____. Ação política do partido militar no Brasil sob Bolsonaro. *Anuario Latinoamericano Ciencias Políticas y Relaciones Internacionales*, v. 11, p. 63-82, 2021b.

_____; _____; MEI, Eduardo. Democracy and education: notes over military training in Argentina and Brazil. *Iconos*, n. 68, p. 39-56, 2020.

_____; RODRIGUES, J. M.; MATHIAS, S. Kalil. As Forças Armadas no governo Bolsonaro. Observatório da Defesa e Soberania, *Instituto Tricontinental*, 14 abr. 2020. Disponível em: <https://thetricontinental.org/pt-pt/brasil/as-forcas-armadas-no-governo-bolsonaro/>. Acesso em: 27 nov. 2021.

PETIT, Jordi. *25 años más*: una perspectiva sobre el pasado, el presente y futuro del movimiento de gays, lesbianas, bisexuales y transexuales. Barcelona: Icaria, 2003.

PINGEOT, L. United Nations peace operations as international practices: revisiting the UN mission's armed raids against gangs in Haiti. *European Journal of International Security*, v. 3, n. 3, p. 364-381, 2018.

PINHEIRO, J. S. *A atuação militar brasileira na Minustah*: estratégias de enfrentamento das gangues no Haiti. Tese (doutorado) – UnB, Brasília, 2015.

PINTO, T. C. Manual de campanha: operações piscológicas. *DefesaNet*, jul. 2020.

PION-BERLIN, D. Defense organization and civil-military relations in Latin America. *Armed Forces & Society*, v. 35, n. 3, 2009.

_____. Military dictatorships of Brazil and the Southern Cone. *World Scholar: Latin America & the Caribbean*, Gale, Cengage, 2011.

PLATERO, Raquel. La discriminación por orientación sexual e identidad de género en el Estado español. In: ÁLVAREZ, Enrique; FIGUERUELO, Ángela; NUÑO Laura (Org.). *Estudios interdisciplinares sobre igualdad*. Madri: Lustel, 2009. p. 169-182.

PORCH, D. The dangerous myths and dubious promise of COIN. *Small Wars & Insurgencies*, v. 22, n. 2, p. 239-257, 2011.

PRAZERES. L. General que criticou política indígena deixa comando da Amazônia e evita falar sobre Raposa/Serra do Sol. *Notícias UOL*, 23 mar. 2009. Disponível em: <https://noticias.uol.com.br/politica/ultimas-noticias/2009/03/23/general-que-criticou-politica-indigena-deixa-comando-da-amazonia-e-evita-falar-sobre-raposaserra-do-sol.htm>. Acesso em: 29 nov. 2021.

PRESIDENTE altera trechos polêmicos do plano de direitos humanos. *G1*, 13 maio 2010. Disponível em: <http://g1.globo.com/politica/noticia/2010/05/

presidente-altera-trechos-polemicos-do-plano-de-direitos-humanos.html>. Acesso em: 20 set. 2021.

RAMALHO, A. J.; CORTINHAS, J. S. The Pandiá Institute: ideas and dialogues to improve Brazil's defense system. *Journal der Politisch Militärischen Gesellschaft*, v. 2, n. 87, p. 11-14, 2013. Disponível em: <www.pmg-ev.com/wp-content/uploads/2015/09/2013-87-Denkwuerdigkeiten3.pdf>. Acesso em: 11 out. 2021.

RAMÍREZ, Socorro. A Colômbia e o Brasil, separados (e unidos) pelo comércio e pela segurança. *Nueva Sociedad*, p. 90-107, dez. 2009. (O Brasil e região: edição especial em português).

RATTENBACH, B. *El sistema social-militar en la sociedad moderna*. Buenos Aires: Pleamar, 1972.

REELEITO governador, Cabral promete se dedicar para eleger Dilma presidente. *O Globo*, 4 out. 2010. Política. Eleições 2010. Disponível em: <https://oglobo.globo.com/politica/eleicoes-2010/reeleito-governador-cabral-promete-se-dedicar-para-eleger-dilma-presidente-4986230>. Acesso em: 26 jan. 2024.

REZENDE, Lucas Pereira. *Sobe e desce*: explicando a cooperação em defesa na América do Sul. Brasília, DF: Ed. UnB, 2015.

RIAL, Juan. (Ed.). *La justicia militar*: entre la reforma y la permanencia. Buenos Aires: Resdal, 2010a.

_____. Modelos de enseñanza militar en América Latina: sistemas de enseñanza militar y educación para la defensa en Iberoamérica. In: MEJÍAS, Sonia Alda (Org.). *Sistemas de enseñanza militar y educación para la defensa en Iberoamérica*. Madri: Instituto Universitario General Gutiérrez Mellado, 2010b. p. 209-231.

RICHMOND, O. *The transformation of peace*. Basingstoke: Palgrave Macmillan, 2007.

RODRIGUES, R. I.; ARMSTRONG, K. *A intervenção federal no Rio de Janeiro e as organizações da sociedade civil*. Rio de Janeiro: Ipea, 2019. Relatório de pesquisa. Disponível em: <www.ipea.gov.br/agencia/images/stories/PDFs/boletim_analise_politico/1301017_boletim_analisepolitico_04_cap4>. Acesso em: 11 out. 2021.

ROSSI, A. *A agenda mulheres, paz e segurança no Brasil*: uma análise do Plano Nacional de Ação brasileiro. TCC (graduação em relações internacionais) – Instituto de Relações Internacionais, UnB, Brasília, 2020. Disponível em:

<https://bdm.unb.br/bitstream/10483/27347/1/2020_AlessandraDe-Rossi_tcc.pdf>. Acesso em: 10 out. 2021.

ROSSI, S. Sergio Rossi, do Mindef da República Argentina, fala sobre Livros Brancos e a América do Sul. *Instituto Pandiá Calógeras*. 2014 (Entrevista). Disponível em: <www.youtube.com/watch?v=KuQ5UPxiOBc>. Acesso em: 13 nov. 2021.

RUDOLF, P. UN peace operations and the use of military force. *Survival*, v. 59, n. 3, p. 161-182, 2017.

RUFFA, C. What peacekeepers think and do: an exploratory study of French, Ghanaian, Italian, and South Korean Armies in the United Nations Interim Force in Lebanon. *Armed Forces & Society*, v. 40, n. 2, p. 199-225, 2014.

_____. Military cultures and force employment in peace operations. *Security Studies*, v. 26, n. 3, p. 391-422, 2017.

SADER, E. Dilemas da mídia na democracia. *Carta Maior*, 7 abr. 2014. Disponível em: <www.brasil247.com/blog/dilemas-da-midia-na-democracia>. Acesso em: 29 nov. 2021.

SAINT-CLAIR, Clóvis. *Bolsonaro*: o homem que peitou o Exército e desafia a democracia. Rio de Janeiro: Máquina de Livros, 2018.

SAINT-PIERRE, H. "Defesa" ou "segurança"? Reflexões em torno de conceitos e ideologias. *Contexto Internacional*, v. 33, n. 2, jul./dez. 2011.

_____. Palestra proferida na mesa-redonda "A defesa na América do Sul". In: ENCONTRO NACIONAL DA ASSOCIAÇÃO BRASILEIRA DE ESTUDOS EM DEFESA (Enabed), VII. *Anais*... Belém: UFPA, 2013.

_____. Breve reflexión sobre el empleo de las Fuerzas Armadas. *La Revista del Plan Fênix*, Córdoba, ano 6, n. 48, p. 14-21, 2015.

_____; PALACIOS JR., Alberto M. C. As medidas de confiança no Conselho de Defesa Sul-americano (CDS): análise dos gastos em defesa (2009-2012). *Revista Brasileira de Política Internacional*, v. 57, n. 1, p. 22-39, 2014.

SAINZ, Nilton Garcia; SILVEIRA, Rafael Alexandre; GALLO, Carlos Artur. Entre a apuração e o negacionismo: a percepção dos(as) deputados(as) federais da 53ª e 54ª legislaturas sobre a implementação da Lei da Comissão Nacional da Verdade no Brasil. *Revista Eletrônica Direito e Política*, Itajaí, v. 15, n. 1, p. 315-346, 2020.

SANTOS, M. *O caminho da profissionalização das Forças Armadas*. Rio de Janeiro: Ed. do Livro, 1991.

SANTOS, Victória; SIMAN, Maíra. Civil-military relations as a "coordination problem"? Doctrine development and the multiple "missions" of the Brazilian Armed Forces. *Critical Military Studies*, 3 mar. 2022. DOI: 10.1080/23337486.2022.2047502.

SCHERER, Marcelo de Vargas. O "crime" de pederastia ou outro ato de libidinagem do art. 235 do Código Penal Militar: reflexões sobre a (i)legitimidade do bem jurídico protegido. *Revista Justiça e Sistema Criminal*, v. 6, n. 11, p. 205-218, 2014.

SCHINKE, Vanessa. D. A Assembleia Nacional Constituinte e as Forças Armadas: os trabalhos da subcomissão. *Revista Direito e Práxis*, mar. 2021. Disponível em: <www.e-publicacoes.uerj.br/index.php/revistaceaju/article/view/52473>. Acesso em: 15 set. 2021.

SCHREIBER, M. Governos do PT contribuíram para ascensão política das Forças Armadas, aponta estudo. *BBC News Brasil*, 19 ago. 2021. Disponível em: <www.bbc.com/portuguese/brasil-58265150>. Acesso em: 10 out. 2021.

SCOTT, J. El género: una categoría útil para el análisis histórico. In: LAMAS, M. (Comp.). *El género*: la construcción cultural de la diferencia sexual. México: Pueg, 1996. p. 265-302. Disponível em: <www.herramienta.com.ar/cuerpos-y-sexualidades/el-genero-una-categoria-util-para-el-analisis-historico>. Acesso em: 10 nov. 2016.

SECHI, L.; ITO, L. E. Think tanks e universidades no Brasil: análise das relações na produção de conhecimento em política pública. *Planejamento e Políticas Públicas*, n. 46, 2016.

SEGAL, M. W. Funções militares das mulheres numa perspectiva comparada: passado, presente e futuro. *Nação & Defesa*, Lisboa, Instituto de Defesa Nacional, n. 88, p. 15-43, inverno 1999.

SENKEVICS, A. Sexo é natural; gênero é cultural? Um diálogo entre Joan Scott e Judith Butler. *WordPress*, 2012. Disponível em: <https://ensaiosdegenero.wordpress.com/tag/conceito/>. Acesso em: 12 dez. 2016.

SERBIN, Andrés. A América do Sul em um mundo multipolar. A Unasul é uma alternativa? *Nueva Sociedad*, p. 4-16, dez. 2009. (O Brasil e região: edição especial em português).

SHY, John. Jomini. In: PARET, Peter (Org.). *Construtores da estratégia moderna*. Rio de Janeiro: Bibliex, 2001a. t. 1, p. 201-256.

_____. Clausewitz. In: PARET, Peter (Org.). *Construtores da estratégia moderna*. Rio de Janeiro: Bibliex, 2001b. t. 1, p. 257-294.

SILVA, Antonio Ruy de Almeida. *A diplomacia de defesa na política internacional*. Porto Alegre: Livraria Palmarinca, 2018.

SILVA, Carlos Alberto Pinto e. Corredor triplo A: a nova ameaça à "soberania brasileira na Amazônia". *DefesaNet*, 2019. Disponível em: <www.defesanet.com.br/pensamento/corredor-triplo-a-a-nova-ameaca-a-%C2%93soberania-brasileira-na-amazonia%C2%94/>. Acesso em: 1 out. 2021.

SILVA, Golbery do Couto e. *Geopolítica do Brasil*. 2. ed. Rio de Janeiro: José Olympio, 1967 [1955].

SIMAN, M.; SANTOS, V. Interrogating the security-development nexus in Brazil's domestic and foreign pacification engagements. *Conflict, Security and Development*, v. 18, n. 1, p. 61-83, 2018.

_____; VIANA, M. T.; SANTOS, V. M. S. problematizing managerial militarization: claims to military logistical expertise in the Covid-19 pandemic in Brazil. *Alternatives*, 2024. Disponível em: <https://doi.org/10.1177/03043754231226147>.

SLOAN, J. The evolution of the use of force in UN peacekeeping, *Journal of Strategic Studies*, v. 37, n. 5, p. 674-702, 2014.

SMALLMAN, S. C. Shady business: corruption in the Brazilian Army before 1954. *Latin American Research Review*, v. 32, n. 3, p. 39-62, 1997.

SOARES, Douglas Verbicaro. *Las mujeres y las personas homosexuales en las Fuerzas Armadas*: especial referencia a las FFAA brasileñas. Dissertação (mestrado) – Universidad de Salamanca, 2012.

_____. *La libertad sexual en la sociedad: especial referencia a la homosexualidad en las Fuerzas Armadas brasileñas*. Tese (doutorado) – Universidad de Salamanca, 2015.

SOARES, João Pedro. "Custo de dar golpe é gigantesco". Entrevista de Eduardo Costa Pinto. *DW*, 31 mar. 2021a. Disponível em: <www.dw.com/pt-br/custo-de-dar-um-golpe-é-gigantesco/a-57060604>. Acesso em: 15 dez. 2021.

_____. "Sem revisão da Lei da Anistia, o passado vai bater à porta". Entrevista de Rogerio Sottili. *DW*, 8 abr. 2021b. Disponível em: <https://p.dw.com/p/3rhxq>. Acesso em: 9 set. 2021.

SOLÍS DELGADILLO, Juan Mario. *Los tiempos de la memoria en las agendas políticas de Argentina y Chile*. Buenos Aires: Eudeba, 2015.

SOTOMAYOR V. A. C. Why some States participate in UN peace missions while others do not: an analysis of civil-military relations and its effects on Latin America's contributions to peacekeeping operations, *Security Studies*, v. 19, n. 1, p. 160-195, 2010.

_____. *The myth of the democratic peacekeeper*: civil-military relations and the United Nations. Baltimore: The Johns Hopkins University Press, 2014.

SOURBÈS-VERGER, I. *Pandiá entrevista Isabelle Sourbès-Verger, pesquisadora do CNRS*. 2015. Disponível em: <www.youtube.com/watch?v=oYfBY6DKxb0>. Acesso em: 10 out. 2021.

SOUTO MAIOR JÚNIOR, Paulo Roberto. Imprensa homossexual no Brasil na década de 1970. *Revista Brasileira de História da Mídia*, v. 8, n. 2, p. 189-206, 2019.

SOUZA, A. B. *Duque de Caxias*: o homem por trás do monumento. Rio de Janeiro: Civilização Brasileira, 2008.

SOUZA, Celso Vieira de. Tramitação direta do inquérito policial militar entre a polícia judiciária e o Ministério Público. In: SILVEIRA, Mello Fernado Pessoa da (Org.). *Perspectivas da Justiça militar contemporânea*. Rio de Janeiro: Lumen Juris, 2018a.

_____. Julgamento de civis na Justiça Militar no Brasil e nos sistemas internacionais de proteção de direitos. In: MELLO, Fernando Pessoa da Silveira. *Perspectivas da Justiça Militar contemporânea*. Rio de Janeiro: Lumens Juris, 2018b.

SOUZA, Jessé. *A tolice da inteligência brasileira*: ou como o país se deixa manipular pela elite. São Paulo: Leya, 2015.

_____. *A elite do atraso*: da escravidão à Lava Jato. Rio de Janeiro: Leya, 2017.

SOUZA, Tamires A. F. As razões da existência do Conselho de Defesa Sul-Americano da Unasul. *Revista Carta Internacional*, v. 11, n. 3, p. 124-148, 2016.

STEPAN, A. The new professionalism of internal warfare and military role expansion. In: _____ (Ed.). *Authoritarian Brazil*. New Haven, CT: Yale University Press, 1973. p. 47-65.

STERN, Steve. De la memoria suelta a la memoria emblemática: hacia el recordar y el olvidar como proceso histórico (Chile, 1973-1998). In: JELIN, E. (Comp.). *Las conmemoraciones*: las disputas en las fechas "in-felices". Madri: Siglo XXI, 1998. p. 11-33.

TEITEL, Ruti. Genealogia da Justiça de transição. In: REATEGUI, Felix (Org.). *Justiça de transição*: manual para a América Latina. Brasília, DF: Comissão de Anistia, Ministério da Justiça, 2011.

TELES, Janaína de Almeida. Superando o legado da ditadura militar? A Comissão da Verdade e os limites do debate político e legislativo no Brasil. In: TELES, Edson; QUINALHA, Renan (Org.). *Espectros da ditadura*: da Comissão da Verdade ao bolsonarismo. São Paulo: Autonomia Literária, 2020. p. 231-270.

TEREZA, I. Empresários querem Exército nos morros. *O Globo*, p. 11, 29 jan. 1993.

TOLEDO, J. R. Confiança no SUS tem crescimento recorde na pandemia. *Piauí*, 26 nov. 2020. Disponível em: <https://piaui.folha.uol.com.br/confianca-no-sus-tem-crescimento-recorde-na-pandemia>. Acesso em: 28 nov. 2021.

TOLENTINO, R. Greve de 1988, 30 anos: música, documentário e monumento tentam manter memória do movimento. *O Globo*, 27 nov. 2018. Disponível em: <https://g1.globo.com/rj/sul-do-rio-costa-verde/noticia/2018/11/27/greve-de-1988-30-anos-musica-documentario-e-monumento-tentam-manter-memoria-do-movimento.ghtml>. Acesso em: jan. 2024.

TORELLY, Marcelo D. *Justiça de Transição e estado constitucional de direito*: perspectiva teórico-comparativa e análise do caso brasileiro. Belo Horizonte: Fórum, 2012.

______; ABRÃO, Paulo. Justiça de Transição no Brasil: a dimensão da reparação. In: SANTOS, Boaventura et al. (Org.). *Repressão e memória política no contexto ibero-brasileiro*. Brasília, DF: Ministério da Justiça; Coimbra: Universidade de Coimbra, 2010. p. 260-285.

TORRES, Luísa Fernanda; GOMES, Marcella. O Conselho de Defesa Sul-Americano como mecanismo de integração: o papel do governo brasileiro. *Anais Abed-PB 2012*. Disponível em: <http://abedpb.org/anais/index.php/2012/article/view/12/13>. Acesso em: 2 out. 2013.

TRUJILLO, M. T. M.; PASSOS, A. M. Militarización y multilateralización del policing: una mirada a Brasil y México. In: DABÈNE, O. (Ed.). América Latina: el año político 2018. *Les Études du Ceri*, Paris, n. 239-240, p. 81-94, jan. 2019.

UNASUL (União das Nações Sul-Americanas). Consejo de Defensa Suramericano. *Plan de Acción 2010-2011*. Quito: Unasul, 2010. Disponível em: <www.ceedcds.org.ar/Espanol/09-Downloads/Esp-PA/Plan-de-Accion-2010-2011.pdf>. Acesso em: 4 out. 2013.

______. Consejo de Defensa Suramericano. *Plan de Acción 2012*. Quito: Unasul, 2012. Disponível em: <www.ceedcds.org.ar/Espanol/09-Downloads/Esp-PA/Plan-de-Accion-2012.pdf>. Acesso em: 4 out. 2013.

_____. Consejo de Defensa Suramericano. *Plan de Acción 2013*. Quito: Unasul, 2013. Disponível em: <www.ceedcds.org.ar/Espanol/09-Downloads/Esp-PA/Plan-de-Accion-2013.pdf>. Acesso em: 4 out. 2013.

_____. Consejo de Defensa Suramericano. *Plan de Acción 2014*. Quito: Unasul, 2014. Disponível em: <www.ceedcds.org.ar/Portugues/09-Downloads/Port-PA/PORT-Plan-de-Accion-2014.pdf>. Acesso em: 25 mar. 2015.

URBAN, Anne-Marie et al. (Org.). *Hacia un mejor entendimiento de la discriminación por orientación sexual e identidad de género*. Washington, DC: BID, abr. 2020. Disponível em: <https://publications.iadb.org/es/hacia-un-mejor-entendimiento-de-la-discriminacion-por-orientacion-sexual-e-identidad-de-genero>. Acesso em: 28 set. 2021.

URPELAINEN, Johannes. How uncertainty about outside options impedes international cooperation. *International Theory*, v. 4, n. 1, p. 133-163, 2012.

UZIEL, E. Três questões empíricas, uma teórica e a participação do Brasil em operações de paz das Nações Unidas. *Política Externa*, v. 4, n. 4, p. 91-105, 2016.

VASCONCELOS, Frederico F. Pesquisa mostra alta aprovação das UPPs em favelas, sejam pacificadas ou não. *O Globo*, 11 dez. 2010.

_____. Exército vai orientar o Ministério Público na produção de relatórios de inteligência. *Folha de S.Paulo*, 21 set. 2021. Disponível em: <https://bit.ly/3F3djbJ>. Acesso em: 22 set. 2021.

VASHAKMADZE, Mindia. *Legislating for the security sector guidebook*: understanding Military Justice. Genebra: Centre for the Democratic Control of Armed Forces (DCAF), 2010.

VAZ, Alcides da Costa; FUCCILLE, Alexandre; REZENDE, Lucas Pereira. Unasur, Brazil, and the South American defence cooperation: a decade later. *Rev. Bras. Pol. Int.*, v. 60, n. 2, e012, 2017.

VEJA 6 AÇÕES no STF que questionam os usos da Justiça Militar no Brasil. *Conectas Direitos Humanos*, 12 abr. 2022. Disponível em: <www.conectas.org/noticias/veja-as-acoes-no-stf-que-questionam-os-usos-da-justica-militar-no-brasil>. Acesso em: 17 set. 2022.

VELHO, Otávio. *Frentes de expansão e estrutura agrária*. Rio de Janeiro: Zahar, 1972.

VENTURA, Zuenir. *Cidade partida*. 6. ed. Rio de Janeiro: Companhia das Letras, 1996.

VIANA, Natalia. *Dano colateral*: a internação dos militares na segurança pública. Rio de Janeiro: Objetiva, 2021.

VILLA, R. D.; BRAGA, C. de M.; FERREIRA, M. A. S. V. Violent nonstate actors and the emergence of hybrid governance in South America. *Latin American Research Review*, v. 56, n. 1, p. 36-49, 2021.

_____; JENNE, N. By all necessary means? Emerging powers and the use of force in peacekeeping. *Contemporary Security Policy*, v. 41, n. 3, p. 407-431, 2020.

WAISENFILZ, J. J. *Mapa da violência 2012*: os novos padrões da violência homicida no Brasil. Rio de Janeiro: Instituto Sangari, 2012.

WALTZ, Kenneth N. *Theory of international politics*. Nova York: McGraw-Hill, 1979.

WATSON, Callum. Defence and gender (tool 3). In: ORGANIZATION FOR SECURITY AND CO-OPERATION IN EUROPE. *Gender and security toolkit*. Genebra: OSCE, 2019.

WHEELER, N. *Saving strangers*: humanitarian intervention in international society. Oxford: Oxford University Press, 2000.

WILKINS, Thomas S. "Alignment" not "alliance" – the shifting paradigm of international security cooperation: toward a conceptual taxonomy of alignment. *Review of International Studies*, v. 38, p. 5376, 2012.

WILLIAMS, P. D.; BELLAMY, A. J. *Understanding peacekeeping*. Medford, MA: Polity, 2021.

WILLRICH, Emili; REZENDE, Lucas P. Sobre a identidade sul-americana em defesa na Unasul. *Rev. Esc. Guerra Nav.*, v. 21, n. 1, p. 96-119, jan./abr. 2018.

WOODWARD, Rachel; DUNCANSON, Claire (Ed.). *The Palgrave international handbook of gender and the military*. Londres: Palgrave Macmillan, 2017.

WSG (Web of Science Group). *Research in Brazil*: funding excellence. WSG, 2019. (Analysis prepared on behalf of Capes by the Web of Science). Disponível em: <https://jornal.usp.br/wp-content/uploads/2019/09/ClarivateReport_2013-2018.pdf>. Acesso em: 10 set. 2022.

WUTHNOW, Joel; SAUNDERS, Phillip C. *Chinese military reforms in the age of Xi Jinping*: drivers, challenges, and implications. National Defense University, Washington, 2017.

ZAGUE, J. A. *O Conselho de Defesa Sul-Americano e a cooperação regional na indústria de defesa*. Tese (doutorado em relações internacionais) – Programa de Pós-Graduação San Tiago Dantas, Unesp, São Paulo, 2018.

ZALUAR, A. Violence, argent facile et justice au Brésil: 1980-1995. *Revue Internationale des Sciences Sociales*, v. 169, n. 3, p. 477, 2001.

ZANINI, F. Brasil relatou falta de diretrizes ao abordar civis em ação no Haiti. *Folha de S.Paulo*, 27 maio 2019.

ZAVERUCHA, J. *Rumor de sabres*: tutela militar ou controle civil? São Paulo: Ática, 1994.

_____. *Frágil democracia*: Collor, Itamar, FHC e os militares (1990-1998). Rio de Janeiro: Civilização Brasileira, 2005.

ZIRKER, Daniel; MARTINS FILHO, J. R. Property rights, democracy and civil-military relations: Brazilian media accounts of the case of Raposa/Serra do Sol, Brazil. In: PRADERNAS Wilson, D. *Armed Forces and society*: new challenges and environments. Santiago: Instituto Geográfico Militar, 2009. p. 487-504.

Autores

Adriana Marques. Professora adjunta do Bacharelado em Defesa e Gestão Estratégica Internacional do Instituto de Relações Internacionais e Defesa da Universidade Federal do Rio de Janeiro (UFRJ), onde também é diretora de extensão. Professora colaboradora do Programa de Pós-Graduação em Relações Internacionais da Pontifícia Universidade Católica do Rio de Janeiro (PUC-Rio). Coordenadora do Laboratório de Estudos de Segurança e Defesa (Dgei/UFRJ) e coordenadora adjunta do Laboratório de Estudos sobre os Militares (FGV Cpdoc). Pesquisadora do Núcleo Democracia e Forças Armadas (Nedefa/PUC-Rio). Membro do Comitê Executivo RC01 – Armed Forces and Conflict Resolution da International Sociological Association (2023-2027). Foi diretora da Associação Brasileira de Estudos de Defesa (Abed), na qual exerceu as funções de secretária adjunta, secretária-executiva (2012-2014) e vice-presidente (2014-2016). Atualmente coordena a área temática de ensino, formação profissional e pesquisa em defesa da associação.

Alexandre Fuccille. Professor da Universidade Estadual Paulista (Unesp) e coordenador do Programa de Pós-Graduação em Relações Internacionais San Tiago Dantas (Unesp/Unicamp/PUC-SP), além de docente permanente no Programa de Pós-Graduação em Ciências Sociais da Unesp-Araraquara. Possui mestrado em ciência política pela Universidade Federal de São Carlos (UFSCar), doutorado em ciência política pela Universidade Estadual de Campinas (Unicamp), pós-doutorado em ciência política pela Universidade de São Paulo (USP) e pós-doutorado em Relações Internacionais pela Universidad Complutense de Madrid (UCM), onde também foi *visiting scholar*. Presidiu a Associação Brasileira de Estudos de Defesa (Abed, 2014-2016) e foi diretor da Associação Brasileira de Ciência Política (ABCP-Regional Sudeste, 2019-2021). E-mail: <alexandre.fuccille@unesp.br>.

Ana Penido. Possui graduação em ciências sociais pela Universidade Federal de Minas Gerais (UFMG), mestrado em estudos estratégicos pela Universidade Federal Fluminense (UFF) e doutorado em relações internacionais pelo Programa San Tiago Dantas (Unesp/Unicamp/PUC-SP). Atualmente é bolsista Fapesp de pós-doutorado em ciência política na Universidade Estadual de Campinas (Unicamp). É pesquisadora do Grupo de Estudos em Defesa e Segurança Internacional (Gedes) e coordenadora do Observatório de Defesa do Instituto Tricontinental. Autora de *Ninguém regula a América* (2021). E-mail: <anapenido@gmail.com>.

Anaís Medeiros Passos. É professora adjunta de ciência política da Universidade Federal de Santa Catarina (UFSC). Pesquisa sobre relações civil-militares em perspectiva comparada na América Latina, fenômenos de democratização e desdemocratização, emprego de militares na segurança pública. Doutora em ciência política (Sciences Po Paris), com pós-doutorado em política internacional pela Universidade de São Paulo (USP). Foi pesquisadora convidada nas seguintes instituições: University of California, Riverside, Colégio de la Frontera, Tijuana, e Universidad de Buenos Aires. Contemplada com bolsas da Capes e da Fulbright. Publicou o livro *Democracy at war against drugs: the military mystique in Brazil and Mexico* (2022) e artigos nas revistas *Armed Forces and Society*, *Cahier des Amériques Latine* e *Revista de Adminstração Pública*. Participa de diferentes núcleos de pesquisa: Núcleo de Estudos em Comportamento e Instituições Políticas (UFSC), Instituto Memória e Direitos Humanos (UFSC) e Núcleo de Pesquisa da Política (UFRGS). Diretora financeira adjunta da Associação Brasileira de Estudos de Defesa (Abed, 2023-2024) e da rede Military in Politics (King's College London). E-mail: <clari.passos@gmail.com>.

Carlos Artur Gallo. Professor do Departamento de Sociologia e Política e do Programa de Pós-Graduação em Ciência Política da Universidade Federal de Pelotas (UFPel). Doutor em ciência política pela Universidade Federal do Rio Grande do Sul (UFRGS), com estágio doutoral realizado na Universidad Complutense de Madrid (UCM). Coordenador do Núcleo de Pesquisa sobre Políticas de Memória (Nuppome), desenvolve pesquisas sobre políticas de memória. Autor de artigos, livros e capítulos de livros, tendo organizado, entre outras, a coletânea *Nas trincheiras da memória: lutas pelo passado, políticas de memória e justiça de transição no Sul da Europa e na América do Sul* (2021). E-mail:<galloadv@gmail.com>.

José Augusto Zague. Doutor em relações internacionais pelo Programa de Pós-Graduação San Tiago Dantas (Unesp/Unicamp/PUC-SP), pesquisador do Grupo de Estudos de Defesa e Segurança Internacional (Gedes), do Projeto Internacional de Extensão "Observatório de Política Exterior" e da Rede PAET&D – Rede de Pesquisa em Autonomia Estratégica, Tecnologia e Defesa (Capes/Procad/Defesa). Desenvolve pesquisa sobre os processos de desenvolvimento e produção colaborativa internacional de armamentos. Atua na área de relações internacionais, com ênfase em integração internacional, segurança internacional, cooperação em defesa, indústria de defesa. E-mail: <j.zague@unesp.br>.

Juliano da Silva Cortinhas. Professor do Instituto de Relações Internacionais da Universidade de Brasília (Irel/UnB) desde junho de 2016. É também coordenador-geral do Grupo de Estudos e Pesquisas em Segurança Internacional (Gepsi/UnB). Foi professor visitante (bolsista Capes) na University of Virginia (EUA) no primeiro semestre de 2022. Foi chefe de gabinete do Instituto Pandiá Calógeras, no Ministério da Defesa (2013-2016) e professor visitante na University of Delaware (EUA) entre 2011 e 2012. Atua na área de relações internacionais, nos seguintes temas: teoria de relações internacionais, segurança e defesa, política externa brasileira e política externa estadunidense. E-mail: <jcortinhas@gmail.com>.

Kai Michael Kenkel. Professor associado do Instituto de Relações Internacionais da Pontifícia Universidade Católica do Rio de Janeiro (IRI/PUC-Rio) e, em 2022-2023, pesquisador visitante no Dartmouth College (EUA). Possui doutorado e mestrado pelo atual Graduate Institute em Genebra (então IUHEI) e graduação pela Johns Hopkins University. É coordenador-geral do Núcleo Democracia e Forças Armadas da PUC-Rio. Publica, ensina e orienta na área de segurança internacional, com ênfase em operações de paz, intervenção humanitária, relações cívico-militares e armas leves. Lecionou em universidades renomadas no Brasil, nos Estados Unidos, no Canadá, na Alemanha e na Suíça. E-mail: <kenkel.iri@gmail.com>.

Lucas Pereira Rezende. Professor do Departamento de Ciência Política da Universidade Federal de Minas Gerais (UFMG). Possui doutorado em ciência política pela Universidade Federal do Rio Grande do Sul (UFRGS), mestrado e bacharelado em relações internacionais pela Pontifícia Universidade Católica de Minas Gerais (PUC Minas). Foi professor da Universidade Federal de Santa Catarina (UFSC) na graduação e no Programa de Pós-Graduação em Relações Internacionais. Pela Associação Brasileira de Estudos de Defesa (Abed), foi secretário executivo (2014-2018) e, no mesmo período, editor da *Revista Brasileira de Estudos de Defesa*, posição que voltou a ocupar como diretor de publicações para o biênio 2023-2024. Foi *visiting fellow* do German Institute of Global and Area Studies e fez pós-doutorado pelo Instituto de Relações Internacionais da Universidade de São Paulo (USP). E-mail: <lucasprezende@fafich.ufmg.br>.

Maíra Siman. Professora adjunta do Instituto de Relações Internacionais da Pontifícia Universidade Católica do Rio de Janeiro (IRI/PUC-Rio). Possui graduação em relações internacionais pela Pontifícia Universidade Católica de Minas Gerais (PUC-Minas), graduação em história pela Universidade Federal de Minas Gerais (UFMG), mestrado em *international studies* pelo Graduate Institute of International and Development Studies (Suíça) e doutorado em relações internacionais pela PUC-Rio. Bolsista Jovem Cientista do Nosso Estado (Faperj) e bolsista Produtividade em Pesquisa (CNPq). Coordenadora do projeto Espaço Política Externa (EPE/IRI-PUC-Rio), coordenadora acadêmica do Núcleo de Estudos Democracia e Forças Armadas (Nedefa/PUC-Rio) e pesquisadora da Unidade do Sul Global para Mediação (GSUM), pertencente ao Brics Policy Center (IRI/PUC-Rio). Suas áreas de interesse e pesquisa são: estudos de paz e conflitos; estudos críticos de segurança, estudos críticos militares e análise de política externa. E-mail: <mairasiman@yahoo.com>.

Marco Cepik. Professor titular de relações internacionais e política comparada na Universidade Federal do Rio Grande do Sul (UFRGS). Doutor em ciência política pelo Instituto Universitário de Pesquisas do Rio de Janeiro da Universidade Candido Mendes (Iuperj-Ucam). Foi professor do Departamento de Ciência Política da Universidade Federal de Minas Gerais (UFMG, 1995-2003), pesquisador visitante (pós-doutorado CNPq) na Universidade de Oxford e no Instituto de Relações Internacionais da Pontifícia Universidade Católica do Rio de Janeiro (IRI/PUC-Rio). Professor visitante na University of Denver (DU), na Renmin University of China (RUC), na Universidade Joaquim Chissano of Mozambique (UJC), na Naval Post Graduate School (NPS), na Facultad

Latinoamericana de Ciencias Sociales (Flacso, Equador) e na Indiana University of Pennsylvania (IUP). Tem 11 livros publicados como autor e editor. Atua nas áreas de segurança internacional, governança digital e estudos de inteligência em perspectiva comparada. Em 2023, assumiu a direção da Escola de Inteligência e, em 2024, o cargo de diretor adjunto da Agência Brasileira de Inteligência (Abin). E-mail: <mcepik@gmail.com>.

Maria Cecília de Oliveira Adão. Doutora em história política pela Faculdade de Ciências Humanas e Sociais da Universidade Estadual Paulista (FCHS-Unesp Franca) e membro do Grupo de Estudos de Defesa e Segurança Internacional (Gedes). Sua formação acadêmica passa pelo estudo da participação das mulheres na resistência à ditadura civil-militar no Brasil, bem como pela pesquisa acerca da formação das famílias de oficiais do Exército brasileiro a partir da década de 1960. Foi pesquisadora sênior na Comissão Nacional da Verdade (CNV), entre 2014 e 2015, coordenando o grupo de pesquisa relativo à Guerrilha do Araguaia, tema que também trabalhou na Comissão Especial sobre Mortos e Desaparecidos Políticos (CEMDP), entre 2016 e 2018. Ainda em 2015, participou da diretoria da Associação Brasileira de Estudos de Defesa (Abed). Atualmente, além de exercer a atividade docente, pesquisa temas relacionados a gênero, forças armadas, direitos humanos, memória e justiça de transição. E-mail: <cecilia.adao@gmail.com>.

Maria Celina D'Araujo. Doutora e mestre em ciência política pelo Iuperj. Atualmente é pesquisadora visitante na Pontifícia Universidade Católica do Rio de Janeiro (PUC-Rio). Foi pesquisadora e professora titular do FGV Cpdoc, professora da Universidade Federal Fluminense (UFF) e visitante em algumas universidades do Brasil e do exterior. Foi editora da revista *Estudos Históricos*, membro do Comitê Assessor do CNPq na área de antropologia, arqueologia, ciência política, direito e sociologia de junho 2015 a julho 2017, coordenadora da área de sociologia da Faperj de setembro de 2018 a agosto de 2022. Publicou dezenas de livros e artigos sobre militares, partidos políticos e era Vargas. Cientista do Nosso Estado (CNE) pela Faperj e bolsista de produtividade do CNPq. E-mail: <mariacelina@daraujo.net>.

Piero Leirner. Pesquisa temas ligados aos militares e guerras desde 1990. Mestre e doutor em antropologia pela Universidade de São Paulo (USP), professor titular do Departamento de Ciências Sociais da Universidade Federal de São Carlos (UFSCar) e pesquisador do CNPq. Entre outros, publicou *O Brasil no espectro de uma guerra híbrida* e, junto com Celso Castro, *Antropologia dos militares*. E-mail: <pierolei@gmail.com>.

Priscila Brandão. Possui graduação em história pela Universidade Federal de Ouro Preto (Ufop), mestrado em ciência política pela Universidade Federal Fluminense (UFF), doutorado em ciências sociais pela Universidade Estadual de Campinas (Unicamp) e pós-doutorado em defesa pela National Defense University (EUA), em direito pela Universidade de Burgos (Espanha) e em história pela UFF. É professora titular da Universidade Federal de Minas Gerais (UFMG), onde entrou em 2006. Possui experiência na área de história, com ênfase em história das instituições políticas contemporâneas, atuando principalmente nos temas sobre ditadura militar, comunidade de inteligência, Agência Brasileira de Inteligência (Abin), América Latina e inteligência de segurança. E-mail: <priscilahis@gmail.com>.

Suzeley Kalil. Pesquisadora do CNPq (PQ 2); livre-docente (2006) da Universidade Estadual Paulista (Unesp); professora na graduação em relações internacionais (FCHS-Franca) e no Programa de Pós-Graduação em Relações Internacionais San Tiago Dantas. Foi *visiting scholar* na University of Waikato (Nova Zelândia). No campo de pesquisa em relações civil-militares, gênero e segurança, e defesa na América do Sul, publicou mais de 100 artigos, capítulos de livros e livros, entre os quais *Autonomia na lei: as forças armadas nas constituições nacionais*, premiado pela Associação Brasileira de Ciência Política (ABCP), e *A militarização da burocracia: a participação militar na administração federal das comunicações e da educação*. E-mail: <suzeley.kalil@unesp.br>.

Victória M. S. Santos. Professora do Instituto de Relações Internacionais da Pontifícia Universidade Católica do Rio de Janeiro (IRI/PUC-Rio). Doutora e mestre pelo mesmo instituto e bacharela em relações internacionais pela Universidade de Brasília (UnB). Pesquisadora do Núcleo Democracia e Forças Armadas (Nedefa/PUC-Rio) e da Unidade do Sul Global para Mediação

(GSUM) do Brics Policy Center. Autora e coautora de trabalhos sobre violência organizada na América Latina e suas conexões com processos de militarização, mecanismos de justiça transicional e práticas de produção de conhecimento, publicados em periódicos como *Critical Military Studies*, *InternationalAffairs*, *Global Studies Quarterly* e *Revista Brasileira de Estudos de Defesa*, entre outros. E-mail: <victoria.mssantos@gmail.com.